本书由湖南省应用特色学科"中国语言文学"、湖南省高等学校哲学社会科学重点研究基地"南岭走廊与潇湘文化研究基地"、湖南省社科研究基地"潇湘文化对外交流传播研究基地"资助

本书为湖南省教育厅重点项目"元结年谱长编"（18A473）最终研究成果

南岭走廊与潇湘文化丛书

Revise the
Chronology of
Yuan Cishan

重订元次山年谱

肖献军 ———— 著

中国社会科学出版社

图书在版编目（CIP）数据

重订元次山年谱/肖献军著.—北京：中国社会科学出版社，2022.7

（南岭走廊与潇湘文化丛书）

ISBN 978-7-5227-0055-7

Ⅰ.①重… Ⅱ.①肖… Ⅲ.①元结(719-772)—年谱 Ⅳ.①K825.6

中国版本图书馆 CIP 数据核字(2022)第 057278 号

出 版 人	赵剑英	
选题策划	宋燕鹏	
责任编辑	金　燕	
责任校对	王　龙	
责任印制	李寡寡	

出　　版	中国社会科学出版社	
社　　址	北京鼓楼西大街甲 158 号	
邮　　编	100720	
网　　址	http://www.csspw.cn	
发 行 部	010-84083685	
门 市 部	010-84029450	
经　　销	新华书店及其他书店	
印　　刷	北京君升印刷有限公司	
装　　订	廊坊市广阳区广增装订厂	
版　　次	2022 年 7 月第 1 版	
印　　次	2022 年 7 月第 1 次印刷	
开　　本	710×1000　1/16	
印　　张	17.5	
插　　页	2	
字　　数	259 千字	
定　　价	98.00 元	

凡购买中国社会科学出版社图书，如有质量问题请与本社营销中心联系调换

电话：010-84083683

版权所有　侵权必究

总　　序

自秦以来，中原南下岭南有5条古道：越城岭道、萌渚岭道、都庞岭道、骑田岭道、大庾岭道。此外还有一条零陵桂阳峤道，横跨萌渚岭、都庞岭、骑田岭。同时，长江水系和珠江水系的诸多支流也形成了民族迁徙与融合的诸多东西向通道。湘南永州在这几条通道中独占四条，实际处于南岭走廊的核心位置，处于海陆丝绸之路转换之要冲，是沟通中原文明与岭南文明、海外文明的重要文化通道，也是汉、瑶、壮等民族的生存与迁移通道，各民族在南岭地区迁徙流动，民族文化不断碰撞、交流、融合，南岭走廊事实上成为了"中华民族多元一体格局"的最佳样板，具有独特的自然与人文环境，蕴含着丰富多彩、特色彰显的民族文化。

"潇湘"一词据传始于尧时，载籍则出现于《山海经·中次十二经》言洞庭之山"帝之二女居之，是常游于江渊。澧沅之风，交潇湘之渊"。最具体的是特指今湖南省永州市，潇水和湘江的融汇处在今湖南省永州市零陵区萍洲，永州因此雅称"潇湘"。宋代诗人陆游用"挥毫当得江山助，不到潇湘岂有诗"的诗句来称赞永州人杰地灵如诗如画的美景。自潇水源头顺流而下，分别蕴含有舜文化（宁远、蓝山）、瑶文化（江华、蓝山、江永）、女书文化（江永）、濂溪文化（道县）、古稻作文化（道县）、古制陶文化（道县）、书法文化（零陵）、柳文化（零陵）、摩崖文化（祁阳）。这里山水灵秀、人文荟萃，自然风景与人文胜景相融为一，亦被誉为"锦绣潇湘"。

习近平总书记在《建设中国特色中国风格中国气派的考古学，更好认识源远流长博大精深的中华文明》（《求是》2020年第23期）指出：“我国考古发现，展示了中华文明起源和发展的历史脉络，实证了我国百万年的人类史、一万年的文化史、五千多年的文明史；展示了中华文明的灿烂成就，是坚定文化自信的重要源泉。”永州有十万年的智人史（道县福岩洞智人）、一万年的文化史（道县玉蟾岩最早栽培稻和最早制陶工艺），五千年文明史（舜歌南风），更有千年理学史（周敦颐），百年党史（李达），其厚重人文足令我们自信、自豪！

　　湖南科技学院地处潇湘交汇之零陵古城，为永州唯一本科院校，人文社会科学研究蔚然成风，学人接武而起，学术佳作迭见，尤以舜文化、理学文化、柳文化、摩崖文化、瑶文化为显。湖南舜文化研究基地、湖南濂溪学研究基地、湖南李达研究基地、湖南南岭走廊与潇湘文化研究基地先后落户学校。因思谋出版"南岭走廊与潇湘文化研究丛书"，以存其盛，播其声，扬其名。每年出版 3–5 部，希假以时日而成大观。

　　凡我校学人，在自愿前提下：与南岭走廊、永州、潇湘相关的文学文化研究专著皆可入选，以切地域文化主题；凡出自我校学人的人文与社会科学专著亦可酌情入选，以彰地灵人杰。是所望焉。

　　是为序。

湖南科技学院校长　李　䶮

自　序

我最先对元结的了解源于其在《系乐府》中的文学主张，只是在文学史中不经意地点到。作为唐代复古运动的一个环节，比起韩柳来说元结影响甚微。元结的作品，自小学至大学都未曾进教材，如果从文学作品的普及率而言，元结可能连三流作家都算不上。即使我在硕士、博士期间一直从事唐代文学研究，即使2012年我进入湖南科技学院工作后，也有很长一段时间没有关注他，有舜帝、柳宗元、怀素、周敦颐、何绍基这些大家存在的永州，这样一个"不入流"的作家又能算什么呢！

我对于元结的注意，已经到了2015年。一个偶然的机会我进入学校附近的朝阳岩公园，见到了朝阳岩石刻。虽然我对于石刻是外行，但仍为其古朴的艺术形式而震撼。后来得知朝阳岩石刻是元结开创的，便感到十分惊讶，元结居然有如此大魅力，能够吸引这么多的文学家、艺术家在其周围题字。但当时我并没有见到元结的《朝阳岩铭》，内心生出了些许遗憾。大约在游览朝阳岩后三个月，有好友来永，我作陪去了趟祁阳的浯溪碑林，这里的摩崖石刻数量之多、规模之大、艺术之精，着实令人惊叹。除了黄庭坚、米芾、何绍基等书法名家的作品外，我印象最深的便是元结的作品了。特别是刻在龟石上的《浯溪铭》和《庼铭》，用不同篆体摹刻，那古老的线条、斑驳的文字，似乎在诉说着历史的沧桑。而被称为"三绝碑"的《大唐中兴颂》，为唐代大书法家颜真卿用楷书书写，文字方方正正，有如二公之为人，其中饱含的爱国热情，感染着无数驻足游览的人。后来我进一步了解到，元结虽然是一个"不入流"的作家，但却是南岭走廊摩崖石刻的开创者，对湘粤桂摩崖石刻艺术群的形成有重大影响。如此看来，元结不仅"入流"了，而且可以归于"大家""名家"之列，更何况在重视德治的今天，元结还是中国历史上道德完美的榜样人物，在道德教育上有重大意义。

再后来，我夫人想从事一些地方文化研究，最先准备研究柳宗元，毕竟近水楼台，柳子庙就在学校边上，很是便利。但柳宗元是文学大家，作品极多，思想复杂，难以把握，于是我便建议她从元结开始，这样，我也便参与了进来。元结作品不多，仅两百多首，其在永州境内留有不少石刻，具有较强的现实意义，而且还可以边研究、边欣赏，能够把研究与爱好结合起来，于是便这样决定了。研究是从元结的版本整理开始的，其主要目的是熟悉作品，好为后来的研究打下基础。我们陆陆续续收集了版本十来种，后来又整理出了四种，并最终结集由团结出版社出版，题为《元次山集版本四种》。现在看来，这只是一个基础性工作，并无多大学术价值。但在文献整理过程中，对元结其人、其文、其石刻的了解也就逐渐多了起来，做相关的研究也便成了顺理成章的事情。我先后撰写了《无端一首黄诗在，长与江山起是非——论黄庭坚〈书磨崖碑后〉在〈大唐中兴颂〉传播史上的意义》《元结、柳宗元湘南山水文学之比较》《论元结散文自我创变过程中的骈散互融现象》等文章。后来，便以这些研究为基础，申报了教育部社科规划课题《历代元结文献整理与研究》，夫人也在同一年申报了省社科基金《元结文集编年校注汇评》和省社科评审课题《元结作品地理笺证与实地考录》，而我的学生周贤斌、张津芝也成功申报了省级大学生创新创业课题《元结浯溪遗迹考证、重构与开发》，元结的系统研究也因此而展开。在研究元结的过程中，我们除了继续分类收集整理资料外，还对元结作品进行了校注、汇评，对元结遗迹的考察也在同步展开。

在研究进行到一定程度后，编订《元结年谱》也就提上了日程。在申报省教育厅重点课题《元结年谱长编》时，我存在过犹豫，重编元结年谱意义何在，是否能有所创新，或者说能在多大程度上创新，都存在较大的不确定性。但最后还是决定申报，其主要原因有以下几个方面：一是方便个人学术研究。在研究元结过程中，会遇到涉及元结生平和创作背景等许多相关问题，仅凭元结现存资料或已有年谱难以解决，与其遇见一个问题解决一个问题，还不如一次性解决绝大多数问题，这样可以节约不少时间。二是现存年谱存在较大缺陷。虽然目前有孔德、孙望、杨承祖等人编订了元结年谱，李建昆《元次山传略》也接近年谱，但这些年谱或类年谱大多编于20世纪，彼时与元结相关文献资料尚未完全发掘出来，元结生平中不少经历如蜀地之行、东吴之行、郴州之行、连州之行基本上在这些年谱中找不到，或者即使有记载，也考证不详，留下了不少遗憾。三是为了个人创作的需要。虽然与元结相关的传记比较多，但这些其实并非真正意义上的传记，很多只是评传而已。这实在是一大遗憾，因为在元结身上有太多的内容可写。他是一个传奇式的人物，以文人身份起家，却长期干着带兵打仗的事，在他军事生涯中，似乎从来没有打过败仗；元结中年时期，遭遇了安史之乱，在乱世之中，不少人不是死于非命就是死于政治斗争，而元结却是一个官场的不倒翁；元结最终只是做到了容管经略使，以如此才能，却不能受到重用，致使他"将兵不得授，作官不至达，母老不得尽其养，母丧不得终其哀"，其中缘由都是值得大书特书的。因此在很长时间里，我有比较强烈的创作元结传记的愿望，而要真正创作一部完整的传记文学作品，必须掌握传主详细的生平资料。与其在创作时到处去查找资料，还不如编写一部适合于创作传记的年谱。

本年谱最先准备以《元结年谱长编》命名，因为年谱确实编得够长，有近二十万字，在现存元结年谱中可以算是最长的了。但年谱的编订是文献不断积累的过程，本年谱的构建绝对不是要推翻孔德、孙望、杨承祖、李建昆等人编订的年谱或者类年谱，事实上也不存在这种可能性。虽然21世纪以来新发现了不少与元结生平相关的文学史料，但年谱的编订还得依靠元结作品、颜真卿的《元君表墓碑铭并序》及《新唐书·元结传》等基本文学史料，而这些基本的文学史料上面几位先生已经利用得较为充分了。故本年谱是在充分吸收上述学术成果的基础上编订的。君子不夺人之美，故把《元结年谱长编》改名为《重订元次山年谱》，以示是在前人研究的基础上对元结年谱编订工作的持续推进，所谓"重订"也非就某部年谱而言，而是对近现代以来诸家年谱存在之缺失的重新订正，也是对本人之前所作《元结湖湘诗文系年》的拓展。

年谱的修订对我而言虽非全新的工作，之前也出版过《唐代湖湘客籍文人年谱》，但所编订年谱或为大作家之局谱，或为小作家之全谱。如此长篇就个人而言还是一个挑战，但毕竟有先前经验，又曾作过元结局谱，因而具有一定可行性。经过一年多的努力，《重订元次山年谱》终于得以定稿。具体而言，本《年谱》具有如下特点：一是文学史料的相关性大。20世纪以来的年谱编订，越来越注重罗列文学史料，但是部分文学史料的罗列缺乏相关性。本年谱的编订虽然也注重罗列史料，甚至罗列的史料更繁复，但凡与元结关系不大的文学史料都剔除了出去。如与元结生活在同一历史时期的文人，有李白、岑参、王维、高适、杜甫、刘长卿等，但李白、岑参、王维、高适等人与元结没有直接和间接交往，虽然他们是盛中唐之际的重要诗人，但为了突出谱主地位，基本上没有采用这些文学史料。杜甫、刘长卿则与元结有直接或间接的往来，他们什么时候开始与元结交往，并不具备太多确定性，存在多种可能，在编订年谱时，当他们人生经历与元结有可能交叉时，往往会以文学史料的形式客观呈现在年谱中，不作主观推测，但根据这些文学史料，研究者可以获悉他们之间可能存在着交往。另外，盛中唐时发生了许多重大历史事件，但并不是所有历史事件都会在年谱中得以体现，如河北道、山南西道、剑南道等地发生的历史事件与元结关系不大，基本上不予采用。而一些与元结有重大关系的历史事件则予以详细记载，即使这些事件在整个历史中并不那么重要，但能透过这些历史事件展现元结的思想、性格等。如庞承鼎事件，该事件虽然没有造成社会巨大动荡，但却展现了元结刚正不阿的品质，故予以详细记载。二是文献间的内在逻辑性强。要探究元结的完整人生，仅凭罗列元结作品及相关文学史料是难以做到的，还必须探寻文学史料与作品之间的关联。如通过元结作品我们可以了解到元结曾于上元年间镇兵九江。九江属于江南西道，元结在荆南幕府做判官，何以能镇兵九江？在《与韦洪州书》

中，为什么与元结有一点姻亲关系的韦元甫会拒绝元结这次出兵？元结为什么最终能够镇兵九江，又为什么在该年秋天从九江撤兵，这中间究竟经历了什么？仅凭文学史料的记载是难以作出合理的推论。但如果能结合当时的时代背景，特别是刘展之乱造成的社会动荡去进行推理，就能解决这些问题。刘展之乱发生后，韦元甫担心淮西兵乱波及江西，故可能请求荆南出兵，但荆南之兵尚未抵达，刘展之乱已平息大半，特别是淮西节度使王仲升于元结抵达九江之前就已抵达洪州，而且当时各节度之间，互不信任，不难看出韦元甫对荆南之兵的担心。当然，在元结劝说下，最终韦元甫同意了元结镇兵九江，后来动乱完全平息，而荆南节度使吕諲又病重，元结虑荆南生变，于是撤兵返回。通过对相关文献的推理，元结镇兵九江这段历史就基本解密了。本年谱中不少元结生活经历都是通过这种推理展现出来的。三是注重对文学史料、观点的笺证。在引用文献以证明观点时，文献与文献间存在矛盾处不少，各家年谱中观点也存在相左之处，但事实只能是一个，故存在对文献及观点笺证的必要。这种情况不仅只出现在笔记、小说中，正史、碑传也有错误。如《新唐书·元结传》中，对元结身世经历的记载错误之处达十余处，研究者往往把《新唐书·元结传》当成重要史料来引用，只有对这些史料进行笺证，才能明辨是非，保证史料引用的准确性。如《新唐书·元结传》："瑱诛，结摄领府事。会代宗立，固辞，丐侍亲归樊上。"来瑱被诛已是宝应二年，时元结已隐居武昌，不可能摄领府事，《新唐书·元结传》误把知荆南节度观察使事移接至山南东道节度府上了。另外，孔德、孙望、杨承祖等人编订的年谱，也有不少地方存在失误，需要重新考证、辨别。可以说对文学史料、观点进行笺证是本年谱的重要内容。四是大量运用新发现的文学史料丰富年谱。文人年谱的构建是一个不断丰富的过程，伴随着新的文学史料的发现，年谱也必将不断丰富。元结年谱的构建也是如此，如日本藤原佐理书写的《海阳泉帖》，包括元结在连州所作的十三首诗及一篇铭文，各家年谱均未注意到这组材料，而这组材料在日本昭和三十年（1955）太田晶二郎先生就撰文《海阳泉帖考》，发表在日本《历史地理》第86卷第二号

（总第 540 号），1994 年王汉民、陶敏翻译此文，题为《无名氏〈海阳泉〉诗当为元结作》，通过这组资料，不仅可以获悉元结曾代摄连州刺史，修建了海阳湖，同时还可以间接证明《橘井》诗是元结的作品，并补充元结曾有郴州之行。

能够在如此短的时间内成书，不仅直接得益于孔德、孙望、杨承祖、李建昆等前辈学人在年谱上的耕耘，而且与严耕望、傅璇琮、郁贤皓、陶敏、孟二冬、陈尚君等学者在唐代文学上的耕耘相关，没有他们多年在唐代文学上的耕耘，就不可能有今天我的成果。

本书也部分吸收了我夫人胡娟多年来在元结研究上取得的成果，诸如有关浯溪碑林元结石刻的考证、《新唐书·元结传》的考证等，也正因为她多年的付出，本书才得以不断完善。

在本书即将出版之际，内心诚惶诚恐，期待大方之家批评指正。

肖献军于湘科院桂园
2022 年 4 月

编排体例

1. 本《年谱》按公元纪年—干支纪年—庙号—帝王—年号—月日的顺序排列。

2. 本《年谱》以按条目概述谱主家世、生平、交游、著述，并对文字进行加粗处理；每条目之下列考证、辨析性文字，以证谱主行状之实。

3. 本《年谱》述谱主行状时，把谱主行状分为十七小节，除第一小节述谱主家世、家庭外，其余十六小节皆按谱主行迹分割，第十八小节为未编年作品。

4. 本《年谱》对于与谱主有重大关系的历史事件与相关人物，如科举考试、藩镇战争、刺史活动等予以详细列出；对帝王的更替、太子的册立等事件，仅作简要说明；历史事件与相关人物活动和谱主行迹混排在一起，以展示谱主生活背景及交游情况。

5. 诗文中原缺字用□代替，所校原文用［］标识，校字、补字用（）标识。

6. 本《年谱》末附录"相关人物之著述"，为《年谱》编订依据的重要史料来源。

7. 本《年谱》引文较多，所引文献标点少量不符《标点符号用法》（2018），引用时予以订正，不另加说明。

目 录

一 家世、家庭	1
二 出生、求学	14
三 初次科考	31
四 习静商余	42
五 再次科考	58
六 逃难猗玗	74
七 避乱瀼溪	92
八 入朝为官	97
九 参山南幕	106
十 参荆南幕	119
十一 退居武昌	147
十二 一任道州刺史	167
十三 二任道州刺史	185
十四 代摄连州	207
十五 经略容管	216
十六 守孝祁阳	224
十七 薨于长安	235

十八　未编年作品 …………………………………… 239
附录一　相关人物之著述 …………………………… 240
附录二　主要参考文献 ……………………………… 249
后　　记 …………………………………………… 264

一　家世、家庭

公自称郡望河南，其得姓先祖始封常山，后家族徙居太原，为望族。

元结《自释》："河南，元氏望也。"① 《别王佐卿序》："河南元结次山年四十五。"《送张玄武序》："乙未中，……河南元次山将辞宴言。"《右堂铭》石刻题下有："河南元结字次山撰。"② 《浯溪铭》《峿台铭》石刻题下也有类似记载。按：唐人自称某地人，或以郡望称，或以出生地称。又唐人所言郡望，有多种情形，有称其姓氏发祥地的，亦有称其先祖聚集或变迁地的。对于同一姓而言，姓氏发祥地更显尊贵，更为唐人常用。元结自称河南人，实乃称其郡望，且以姓氏发祥地称，而并非先祖聚集地或个人出生地。考元结之先人，多提及后魏常山王拓跋遵。从西汉直至西晋，常山国、常山郡治所在元氏。北魏孝文帝迁都河南洛阳后下诏改拓跋为元氏，此为鲜卑元姓得姓之始。然元结之直系先人与河南并无关系，元结的十二世祖拓跋遵便被封为常山王。《魏书·昭成子孙》有载："少而壮勇，不拘小节。……慕容宝之败也，别率骑七百邀其归路，由是有参合之捷。及平中山，拜尚书左仆射，加侍中，领勃海之合口。及博陵、勃海群盗起，遵讨平之。迁州牧，封常山王。"③ 又据颜真卿《唐故容州都督兼御史中丞本管经略使元君表墓碑铭并序》（下文称《元君表墓碑铭并序》）："高祖善祎，皇朝尚书都

---

① 凡元结诗文，均引自本人编订的《元次山作品整理与资料汇编》。
② 著录于浯溪石刻，陆增祥《八琼室金石补正》卷五九亦有辑录。
③ （北齐）魏收：《魏书》卷一五《昭成子孙列传》，中华书局1974年版，第374—375页。

官郎中常山郡公。曾祖仁基，朝散大夫、褒信令，袭常山公。"① 元结得姓始祖拓跋遵封为常山王，高祖、曾祖也曾封为常山郡公，常山为元结先祖之聚集地无疑，则元结当可称为常山人。也有人认为其郡望为太原，如《元和姓纂》："太原：唐都官郎中元善祎，称昭成帝后。《南宫故事》云：代居太原，著姓。"② 元善祎乃其高祖，其先人代居太原，则太原为元氏之变迁地。又《唐尚书省郎官石柱题名考》："容府经略、兼中丞元结生友直。为京兆少府。太原人。"③ 太原为元氏著姓所在地，元结儿子元友直为太原人，元结也应当为太原人。元结父亲元延祖就是从外地迁入鲁山的，清王雍《鲁山县志》卷五《人物志》中把元延祖归于"流寓"类中，而元结本人也不大可能出生于河南鲁山。据王国维考，元结出生于开元七年（719），而其出生地最有可能是绵州魏城（成）县④，《元君表墓碑铭》："父延祖，清净恬俭，历魏成主簿、延唐丞。思闲辄自引去，以鲁县商余山多灵药，遂家焉。"又载："及终，门人谥曰太先生，宝应元年（762）追赠左赞善大夫。"《新唐书·元结传》："逮长，不仕，年过四十，亲娅强劝之，再调舂陵丞，辄弃官去。"⑤ 故元结虽自称为河南人，但其直系先祖当以常山或太原为是。元延祖卒年七十六，其追赠左赞善大夫在宝应元年，其卒年必在宝应元年或稍前，以此逆推36年，则元延祖任魏成主簿在开元十四年或稍前，调舂陵丞则在稍后，其后才隐居于河南鲁山。也就是说，至少在元结出生七年之后，元延祖才开始隐居河南鲁山的，故元结自称为河南人，不是称其出生地、先祖聚集地或变迁地，而是称其姓源地。

元结不称自己为"常山人"或"太原人"，主要原因如下：元结少

---

① （清）董诰等编：《全唐文》卷三四四颜真卿《唐故容州都督兼御史中丞本管经略使元君表墓碑铭》，中华书局1983年版，第3494页。凡引本文均出自《全唐文》卷三四四，第3494—3496页，不再另注明。
② （唐）林宝撰，岑仲勉校记：《元和姓纂》卷四《元》，中华书局1994年版，第430页。
③ （清）劳格、赵钺撰，徐敏霞、王桂珍点校：《唐尚书省郎官石柱题名考》，中华书局1992年版，第679页。
④ 参见"开元七年条"。
⑤ （宋）欧阳修、宋祁：《新唐书》卷一四三《元结传》，中华书局1975年版，第4681—4682页。凡引本文均出自《新唐书·元结传》，第4681—4686页，不再另注明。

年和青年时期是在河南鲁山度过的，而且虽然常山、太原元氏为大姓，但其影响力远比不上河南元氏。据宋郑樵《通志》元姓是："又拓跋氏，云黄帝子昌意之后。昌意少子悃，居北土，世为鲜卑君长。……至孝文帝，更为元氏，都洛阳。"① 盖自孝文帝始，河南不仅为元姓姓氏发源地，而且为望族，具有皇室血脉。唐人以姓氏发源地为自己郡望也是通常做法。故元结曰"河南，元氏望也"，当源于此，而非随其父迁往河南鲁山之地。孝文帝虽非其直系，但改元姓亦自其始。元结称自己郡望为河南，不仅在于孝文帝更改姓氏，更在于迁都洛阳的北魏在孝文帝时创造了鲜卑史上最为辉煌的文化，这足以引起元结的文化自豪感与归属感，故自称郡望河南或"河南人"，而不称常山或太原人。

公讳结，字次山，号漫叟。又称元子、猗玕子、浪士、聱叟、漫郎等。

颜真卿《元君表墓碑铭并序》："君讳结，字次山。"元结《自释》："结，元子名也。次山，结字也。"元结《自释》云："结，元子名也。次山，结字也。……少居商余山，著《元子》十篇，故以元子为称。天下兵兴，逃乱入猗玕洞，始称猗玕子。后家瀼滨，乃自称浪士。及有官，人以为浪者亦漫为官乎，呼为漫郎。既客樊上，漫遂显。樊左右皆渔者，少长相戏，更曰聱叟。彼诮以聱者，为其不相从听，不相钩加，带笭箵而尽船，独聱牙而挥车。酒徒得此，又曰：'公之漫其犹聱乎？公守著作，不带笭箵乎？又漫浪于人间，得非聱牙乎？公漫久矣，可以漫为叟。'"考元结《文集》，元子出现79次，次山出现52次，漫叟出现27次，猗玕子出现5次，浪士出现3次，聱叟出现3次，漫郎出现1次。元子多出现在前期作品中，漫叟出现在后期作品中，次山则前后期作品中皆可见称。又《唐语林·栖逸》："结，天宝中称中行子。"② 则误，元结《时规》载："乾元己亥，漫叟待诏在长安。时中行公掌制在中书。"陈思编著《宝刻丛编》卷五《汝州》："唐《商余操》，唐苏预

---

① （宋）郑樵：《通志二十略》之《氏族略》第三，中华书局1995年版，第87页。
② （宋）王谠撰，周勋初校证：《唐语林校证》卷四《栖逸》，中华书局2008年版，第400页。

撰，韩择木八分书。预友元结隐居教授于商余之肥溪，预为作此辞。预时为河南令，自号中行子。"①《太平广记》引《唐语林》作"师中行子"，当为是。

公乃黄帝子昌意之后，后魏昭成皇帝拓跋什翼犍为其十四世祖、拓跋寿鸠为其十三世祖、常山王拓跋遵为其十二世祖。

颜真卿《元君表墓碑铭并序》："盖后魏昭成皇帝孙曰常山王遵之十二代孙。"宋晁公武《郡斋读书志》："右唐元结次山也，后魏之裔。"②元马端临《文献通考·经籍考》所载同。按：宋郑樵《通志》载元姓："又拓跋氏，云黄帝子昌意之后。昌意少子悃，居北土，世为鲜卑君长。《宋书》云，李陵之后。自昌意三十九世至昭成皇帝什翼犍，始号代王，都云中。"③《魏书·昭成子孙》："常山王遵，昭成子寿鸠之子也。少而壮勇，不拘小节。太祖初，有佐命勋，赐爵略阳公。慕容宝之败也，别率骑七百邀其归路，由是有参合之捷。及平中山，拜尚书左仆射，加侍中，领勃海之合口。及博陵、勃海群盗起，遵讨平之。迁州牧，封常山王。遵好酒，天赐四年，坐醉乱失礼于太原公主，赐死，葬以庶人礼。"④拓跋遵（？—407），北魏拓跋寿鸠之子，昭成皇帝拓跋什翼犍之孙。以此上推，元结当为后魏昭成皇帝拓跋什翼犍十四世孙。

又《新唐书·元结传》："元结，后魏常山王遵十五代孙。"宋章定《名贤氏族言行类稿》卷一三："唐元结后魏常山王遵十五代孙。"祝穆《方舆胜览·湖南路》："元结，后魏常山王十五代孙。"皆与颜真卿《元君表墓碑铭并序》不合，对此宋赵明诚《金石录·唐元结碑》已作辩误："右《唐元结碑》，颜鲁公撰并书。按《唐书·列传》，结，后魏常山王遵十五世孙，而《碑》与《元氏家录序》皆云'十二世'，盖

---

① （南宋）陈思编：《宝刻丛编》卷五《汝州》，浙江古籍出版社2012年版，第327页。
② （宋）晁公武撰，孙猛校证：《郡斋读书志校证》卷一七，上海古籍出版社2011年版，下册，第855页。
③ （宋）郑樵：《通志二十略》之《氏族略》第三，中华书局1995年版，第87页。
④ （北齐）魏收：《魏书》卷一五《昭成子孙列传》，中华书局1974年版，第374—375页。

《史》之误。"① 赵明诚见《元结文集》前的《元氏家录序》，则元结当为拓跋遵十二世孙。又据2020年新出土《大唐故朝议郎行绛州龙门县令上护军元府君墓志铭》载，墓主人元大谦，北魏常山王拓跋寿鸠七代孙，开元六年（718）三月卒于绛州龙门县令任上，卒年58岁。元结较元大谦迟出生59年，但与其差距已达六代，应不存在差距九代之可能，故元结不可能为拓跋遵十五世孙。

自公之先祖常山王拓跋遵后七叶，王公相继。

颜真卿《元君表墓碑铭并序》："自遵七叶，王公相继，著在惇史。"《北史·昭成子孙》："昭成皇帝九子：庶长曰寔君，次曰献元帝，次曰秦王翰，次曰阏婆，次曰寿鸠，次曰纥根，次曰地干，次曰力真，次曰窟咄。"②《元和姓纂》卷四则载："常山王寿鸠生遵。遵生素达。素达生羽邻、忠、倍斤、尉、货敦、菩萨、淑。"③ 则素达为其十一世祖。然自素达之后六世，公之先祖具体已不可考。

公之高祖善祎（禘），代居太原，唐尚书都官郎中、常山郡公。

颜真卿《元君表墓碑铭并序》："高祖善祎，皇朝尚书都官郎中常山郡公。"《元和姓纂》："唐都官郎中元善祎，称昭成帝后。"④ 三长物斋本《金石录·唐元结碑》："又《碑》与《元和姓纂》皆云'结高祖名善祎'，而《家录》作'善禘'，未知孰是也。"⑤ "祎"又作"禕"，然吕无党本作"祎"，今姑且从"祎"。而"善禘"之名，源自《家录》，又为赵明诚所亲见，其可信度不低，故姑且存疑。又《唐尚书省郎官石柱题名考》卷七：（司勋郎中）"元玄祎"活动于唐太宗、中宗年间，与元善祎活动于同一时期。都官郎中属刑部尚书，唐代郎中之间调动频繁，则元善祎又或为元玄祎。《新唐书·元结传》未载元善祎。《元和姓纂》引《南宫故事》云："（元姓）代居太原，著姓。祎曾孙

---

① （宋）赵明诚撰，金文明校证：《金石录校证》，广西师范大学出版社2005年版，第486页。
② （唐）李延寿：《北史》卷一五《昭成子孙列传》，中华书局1974年版，第560页。
③ （唐）林宝撰，岑仲勉校记：《元和姓纂》卷四《元》，中华书局1994年版，第400页。
④ （唐）林宝撰，岑仲勉校记：《元和姓纂》卷四《元》，中华书局1994年版，第430页。
⑤ （宋）赵明诚撰，金文明校证：《金石录校证》，广西师范大学出版社2005年版，第486页。

谷神，扶州刺史；堂侄俯，宋州刺史。元孙结，容府经略兼中丞；生友直，为京兆少府。"①

公之曾祖元仁基，曾官朝散大夫、宁塞令、褒信令，袭常山公。

颜真卿《元君表墓碑铭并序》："曾祖仁基，朝散大夫、褒信令，袭常山公。"《新唐书·元结传》："曾祖仁基，字惟固，从太宗征辽东，以功赐宜君田二十顷，辽口并马牝牡各五十，拜宁塞令，袭常山公。"按：太宗征辽东事《旧唐书·太宗纪》有载："十九年（645）春二月庚戌，上亲统六军发洛阳。……五月丁丑，车驾渡辽。甲申，上亲率铁骑与李世勣会围辽东城，因烈风发火弩，斯须城上屋及楼皆尽，麾战士令登，乃拔之。……秋七月，李世勣进军攻安市城，至九月不克，乃班师。"②元仁基随太宗征辽东当在此时。又《旧唐书·地理一》："陇右节度使，以备羌戎，统临洮、河源、白水、安人、振威、威戎、莫门、宁塞、积石、镇西等十军。"③同书同卷载："新蔡，隋旧。武德四年，于此置舒州，领新蔡、褒信二县。"④《旧唐书·职官一》："（从第五品下阶）朝散大夫、文散官。"⑤品阶较县令要高。

公之祖元亨，为霍王府参军，随霍王李元轨镇改襄州，垂拱元年或稍后卒。

颜真卿《元君表墓碑铭并序》："祖利贞，霍王府参军，随镇改襄州。"《新唐书·元结传》："祖亨，字利贞，美姿仪。尝曰：'我承王公余烈，鹰犬声乐是习，吾当以儒学易之。'霍王元轨闻其名，辟参军事。"颜真卿称元亨字，不称其名，乃为避肃宗李亨讳，孙谱与杨谱皆有详考。明朱国祯《涌幢小品》载："元次山之祖曰元亨，字利贞，全用《易》四字，可异。"⑥《旧唐书·李元轨传》："霍王元轨，高祖第十四子也。……（贞观）十年，改封霍王，授绛州刺史，寻转徐州刺

---

① （唐）林宝撰，岑仲勉校记：《元和姓纂》卷四《元》，中华书局1994年版，第430页。
② （后晋）刘昫等：《旧唐书》卷三《太宗下》，中华书局1975年版，第57—58页。
③ （后晋）刘昫等：《旧唐书》卷三八《地理一》，中华书局1975年版，第1388页。
④ （后晋）刘昫等：《旧唐书》卷三八《地理一》，中华书局1975年版，第1435页。
⑤ （后晋）刘昫等：《旧唐书》卷四二《职官一》，中华书局1975年版，第1795页。
⑥ （明）朱国祯撰，王根林校点：《涌幢小品》卷一八，上海古籍出版社2012年版，第362页。

史。……垂拱元年，加位司徒，寻出为襄州刺史，转青州。"① 可知，元亨在垂拱元年或稍后与霍王元轨随镇改襄州。按：据《新唐书·元结传》："父延祖，三岁而孤，仁基敕其母曰：'此儿且祀我。'因名而字之。"元延祖乾元元年（758）或稍后卒，卒年七十六，以此逆推73年，其卒年当在垂拱元年（685）或稍后卒。

公之父延祖，弘道元年（683）前后生，不乐仕进，四十始为官，任魏成主簿、延唐丞，后归隐鲁山，乾元元年或稍后卒，卒年七十六。

颜真卿《元君表墓碑铭并序》："父延祖，清净恬俭，历魏成主簿、延唐丞。思闲辄自引去，以鲁县商余山多灵药，遂家焉。及终，门人谥曰太先生，宝应元年追赠左赞善大夫。"《新唐书·元结传》："父延祖，三岁而孤，仁基敕其母曰：'此儿且祀我。'因名而字之。逮长，不仕，年过四十，亲娅强劝之，再调舂陵丞，辄弃官去，曰：'人生衣食，可适饥饱，不宜复有所须。'每灌畦掇薪，以为'有生之役，过此吾不思也'。安禄山反，召结戒曰：'而曹逢世多故，不得自安山林，勉树名节，无近羞辱'云。卒年七十六，门人私谥曰太先生。"按：元延祖经历了安史之乱，约乾元元年（758）卒，卒年七十六，以此逆推，当在弘道元年（683）或稍后生。元延祖之生平，后文将系于年，此处不作详细考证。

公之母为陈郡汝南袁氏，大历四年（769）四月卒于永州祁阳。

元结《再让容州表》："草土臣结言：伏奉四月十三日敕，以臣前在容州，殊有理政，使司乞留，以遂人望。……不图恩敕未到，臣丁酷罚，哀号冤怨，无所逮及。今陛下又夺臣情，礼授容州。臣遂行，则亡母旅榇，归葬无日；几筵漂寄，奠祀无主。……臣今寄住永州，请刺史王庭璬为臣进表，陈乞以闻。"颜真卿《元君表墓碑铭并序》："丁陈郡太夫人忧，百姓诣使请留，大历四年夏四月拜左金吾卫将军，兼御史中丞，管使如故。君矢死陈乞者再三，优诏褒许。"《新唐书·元结传》："结为民营舍给田，免徭役，流亡归者万余。进授容管经略使，身谕蛮

---

① （后晋）刘昫等：《旧唐书》卷六四《霍王元轨》，中华书局1975年版，第2429—2431页。

豪，绥定八州。会母丧，人皆诣节度府请留，加左金吾卫将军。民乐其教，至立石颂德。"可知元结母为陈郡人，大历四年四月卒于永州。按：又《旧唐书·袁滋传》："袁滋字德深，陈郡汝南人也。弱岁强学，以外兄道州刺史元结有重名，往来依焉。每读书，玄解旨奥，结甚重之。"①《新唐书·袁滋传》："袁滋字德深，蔡州朗山人，陈侍中宪之后。强学博记。少依道州刺史元结，读书自解其义，结重之。"②"朗山"隋大业初属汝南郡，唐属蔡州。"外兄"初指父亲的姊妹（姑母）的儿子，如《后汉书·来歙传》："君叔虽单车远使，而陛下之外兄也。"③李贤注："光武之姑子，故曰外兄也。"后亦指母亲兄弟的儿子，《隋书·皇甫绩传》："绩三岁而孤，为外祖韦孝宽所鞠养。尝与诸外兄博奕，孝宽以其惰业，督以严训，愍绩孤幼，特舍之。"④则指母亲兄弟的儿子。又从元结母亲为陈郡人，而袁滋亦陈郡人，则袁滋可能为元结母亲兄弟之子，亦由此可推之元结母亲与袁滋同姓。浯溪碑林中今有《唐颅铭》，题曰"陈郡袁滋篆"。

有兄妹五人。其兄不可考；其弟元融，字季川，卒于安史之乱中；有姊妹二人，一嫁于李氏，生子叔静；一嫁于韦氏，生子叔闲。

孙谱与杨谱均作"无兄弟"⑤。上元元年（760）元结作《辞监察御史表》："臣老母多病，又无弟兄，漂流殊乡，孤弱相养。"又上元二年（761）作《与吕相公书》："某又三世单贫，年过四十，弱子无母，年未十岁，孤生嫁娶者一人。"从元结自我表述看，元结当无亲兄弟。但元结字"次山"，排行第二无疑。古人排行未必是同一家庭内，有时会按同一家族排。如刘禹锡在家族中排行第二十八，故称刘二十八。从

---

① （后晋）刘昫等：《旧唐书》卷一八五下《袁滋传》，中华书局1975年版，第4830页。
② （宋）欧阳修、宋祁：《新唐书》卷一五一《袁滋传》，中华书局1975年版，第4824页。
③ （南朝宋）范晔撰，（唐）李贤等注：《后汉书》卷一五《来歙传》，中华书局1965年版，第586页。
④ （唐）魏征、（唐）令狐德棻：《隋书》卷三八《皇甫绩传》，中华书局1973年版，第1139页。
⑤ 孙望：《元次山年谱》，上海古典文学出版社1957年版，第6页。凡引自本年谱下文简称《孙谱》。杨承祖《元结研究》，台湾"国立"编译馆2002年版，第209页。凡引自本书中的《元次山年谱》下文简称《杨谱》。

元结诗文看,他有一从兄元德秀,与其同为河南人,且曾活动于鲁山一带,元结与他关系密切,是亦师亦友的关系。如此元德秀可能为"元大",但据李华《元鲁山墓碣铭并序》载:"公自幼居贫,累服齐斩,故不及亲在而娶。既孤之后,单独终身,人或以绝后谕焉。对曰:'兄有息男,不旷先人之祀矣。'"① 则元德秀另有亲兄弟在,但早逝,仅留下子。《元和姓纂》卷四:"河南洛阳元氏":"思温,郴州刺史,平阴公。生若拙、德秀。"则若拙为元德秀之兄,元德秀在家庭中不是元大,可以推之按家族排元结至少是"元三"了,不可谓之"次山"。可见元结为"次山"须有亲兄弟在。在元结不少诗文中另有"元季川"在,如《处规》:"季川问曰:'烷终不复二论,烷有意乎?'于戏季川!"《恶圆》:"元子召季川,谓曰:'吾自婴儿戏圆……公植其操矛戟刑我乎?'"《订司乐氏》也提到季川:"乐官去,季川问曰:'向烷谢乐官,不亦过甚?'"烷为兄之意。元结安史之乱前的文学作品中提及的人物中,元季川出现的频率最高。根据元结《二风诗序》:"天宝丁亥中……后三岁,以多病习静于商余山。"元结曾隐居商余山,在隐居期间作下《述居》,该篇写道:"予当乘时和,望年丰,耕艺山田,兼备药石,与兄弟承欢于膝下,与朋友和乐于琴酒,寥然顺命,不为物累,亦自得之分,在于此也。"膝下是指人幼年时常依于父母膝旁或父母的身边,元季川与元结隐居且共依于"膝下",则元季川当为元结亲弟。再分析元结与元季川名、字,晋孙绰《游天台山赋》:"融而为川渎,结而为山阜。"② 二人名、字皆来源于此,元季川即元融无疑。计有功《唐诗纪事》:"一曰季川名融,元次山之弟也。"③ 明胡应麟《诗薮》:"兄弟则……元结、元融。"④《全唐诗》:"元季川,大历、贞元间诗人

---

① (清)董诰编:《全唐文》卷三二〇李华《元鲁山墓碣铭并序》,中华书局1983年版,第3249页。
② (清)严可均编:《全上古三代秦汉三国六朝文》之《全晋文》卷六一孙绰《游天台山赋》,中华书局1958年版,第3611页。
③ (宋)计有功撰,王仲镛校笺:《唐诗纪事校笺》卷三二《元季川》,中华书局2007年版,第1124页。
④ (明)胡应麟:《诗薮·外编》卷三《唐上》,中华书局1958年版,第161页。

也。一云名融,元结弟。"① 季川与次山为二人字,其中暗喻排行,季为第三,次为第二,则可以肯定元结为"元二"。但如作元季川为元结亲弟推断,则与《辞监察御史表》《与吕相公书》相矛盾。解决这一矛盾不妨作如下推论,元季川为元结弟弟,但在安史之乱发生后,元季川可能在与叛军作战中死去。作出这一推断有如下理由:(1)据《元君表墓碑铭并序》:"及羯胡首乱,逃难于猗玗洞,因招集邻里二百余家奔襄阳,元宗异而征之。值君移居瀼溪,乃寝。"宋王谠《唐语林》:"天宝之乱,元结自汝坟率邻里南投襄汉,保全者千余家。乃举兵宛、叶之间,有城守扞寇之力。"② 计有功《唐诗纪事》:"时思明攻河阳……(元结)发宛叶军屯泌阳,全十五城。"③ 元结在抵抗安史叛军取得重大胜利情况下,突然移居瀼溪,这不合常理,必然是其家中发生重大变故,不排除元季川就是在这一段时间去世。元结《与李相公书》:"中逢丧乱,奔走江海,当死复生,见有今日"也可谓证。故在上元元年元结作《辞监察御史表》中称:"臣老母多病,又无弟兄。"(2)从元结作品看,元结与元季川曾一起隐居,关系十分密切,但元结所有关于元季川交往的作品均作于天宝十四年前。安史之乱后便不再有与元季川交往的诗文。(3)乾元三年(760)元结编次《箧中集》,并作《箧中集序》曰:"元结作《箧中集》……于戏!自沈公及二三子,皆以正直而无禄位,皆以忠信而久贫贱,皆以仁让而至丧亡。异于是者,显荣当世,谁为辩士,吾欲问之?天下兵兴于今六岁,人皆务武,斯焉谁嗣?已长逝者,遗文散失;方祖师者,不见近作,尽箧中所有,总编次之,命曰《箧中集》。且欲传之亲故,冀其不忘。"编订《箧中集》其一目的是为纪念逝者,并希冀其作品能永久流传,而逝者中可能包括了元季川,因在元结此后的诗文中元季川再也没有提及。另据清永瑢等撰《四库全书总目提要》:"季川即结弟元融,独书其字,未详其故。或融

---

① (清)彭定求等编:《全唐诗》卷二五九《元季川》,中华书局1960年版,第2894页。
② (宋)王谠撰,周勋初校证:《唐语林校证》卷四《栖逸》,中华书局2008年版,第400页。
③ (宋)计有功撰,王仲镛校笺:《唐诗纪事校笺》卷二二《元结》,中华书局2007年版,第730—731页。

之子孙所录，如《玉台新咏》之称徐孝穆欤？"①《总目》推断元季川之文为其逝世后所录是正确的，但疑其作品为"融之子孙所录"为误，元结所有作品均自编文集，考《文编》《箧中集》的编订都在天宝之后，故称元融为季川，不直称其名，这也间接印证了元季川的早逝。可见，元结有亲兄弟三人，元大不见元结《文集》，已不可考，或早逝；元结为元二，元融则排行第三。

又元结有《将牛何处去二首》其二："将牛何处去，耕彼西阳城。叔闲修农具，直者伴我耕。"其后有自注："叔闲，漫叟韦氏甥"；《将船何处去二首》其一："将船何处去，钓彼大回中。叔静能鼓枻，正者随弱翁。"自注："叔静，漫翁李氏甥。"《说文》解释"甥"曰："甥，谓我舅者，我谓之甥。"《释名》："甥，亦生也。出配他男而生，故其制字男傍作生也。"② 可见，古时称姊妹之子为"甥"，也可知其姊妹一嫁韦氏，一嫁李氏。

有妻室二人，其名不可考。生子三人，一曰元友直，建中元年进士及第，后为京兆少府；一曰元友正，生平不可考；一曰元友让，曾假道州长史。又有从子元友谅，元和进士。

颜真卿《元君表墓碑铭并序》："二子以方、以明，能世其业，名虽著而官未立。"《将牛何处去二首》其二："将牛何处去，耕彼西阳城。叔闲修农具，直者伴我耕。"其后有自注："直者，漫叟长子也。"《将船何处去二首》其一："将船何处去，钓彼大回中。叔静能鼓枻，正者随弱翁。"自注："正者，漫翁次子也。"又《元和姓纂》卷四："元孙结，容府经略兼中丞；生友直，为京兆少府。"③ 又岑仲勉校记："《结碑》，二子以方、以明，无友直，殆即其一之号也。友直，建中元年及第，见《会要》七六。《雪堂金石文字跋》四云：'据《（墓）

---

① （清）永瑢等：《四库全书总目》卷一八六《总集类一·箧中集》，中华书局1965年版，下册，第1688页。
② （汉）刘熙撰，（清）毕沅疏证，（清）王先谦补：《释名疏证补》卷三《释亲属》第一一，中华书局2008年版，第103页。
③ （唐）林宝撰，岑仲勉校记：《元和姓纂》卷四《元》，中华书局1994年版，第430页。

表》则二子以方、以明，《次山集》则长子友直，次子友正。唐韦（辞）[词]《修浯溪记》又称结季子友让（友让又见《新唐书·顾少连传》），诸说不同，著之俟考．'余按《次山集》中，无长子友直、次子友正之文，罗氏误引。"① 岑校以为误引，实为名之简称。又考，古人成年之后方有字，而出生不久便有名。考以上二诗前有序："壬寅中，漫叟得免职事，漫家樊上。"壬寅年为宝应元年（762），本年秋元结以侍亲固辞，归于武昌樊上。元友直天宝九载（750）前后生②，尚未成年，友正年更幼，又方直、明正相连，则元友直字以方、元友正字以明可知。又元结《漫酬贾沔州》："人谁年八十，我已过其半。家中孤弱子，长子未及冠。且为儿童主，种药老溪涧。"该文作于广德元年（763），称自己长子为"孤弱子"，则其元妻当在此前去世。

唐韦辞《修浯溪记》："元公再临道州，有妪伏活乱之恩，封部歌吟，旁浃于永。故去此五十年，而俚俗犹知敬慕。……今年春，公季子友让，以逊敏知治术，为观察使袁公所厚，用前宝鼎尉假道州长史。……余嘉其损约贫寓，而能以章复旧志为急，思有以白之，故不得用质俚辞命。元和十三年十二月六日，江州员外司马韦辞记。"③ 元和十三年（818）上推五十年，元结家于浯溪当在大历二年（767）左右。又元友让《复游浯溪》也记载幼年居浯溪事："昔到才三岁，今来鬓已苍。剥苔看篆字，薙草觅书堂。"④ 则元友让之出生在广德二年（764）前后，此时元结元妻已去世。但据颜真卿《元君表墓碑铭并序》元结有子元友直、元友正，未提有元友让之名，则或元结在元妻去世后并未正娶，故不书。又据桂多荪《浯溪志》采民间传闻："（瞿令问）传为次山内弟，当是次山道州续娶夫人之弟，友让之母。"考元结在道州刺史任期和守孝祁阳期间，与瞿令问交往密切，元结去世之后，

---

① （唐）林宝撰，岑仲勉校记：《元和姓纂》卷四《元》，中华书局1994年版，第431页。
② 参见"天宝九载"条。
③ （清）董诰编：《全唐文》卷七一七韦辞《修浯溪记》，中华书局1983年版，第7373页。
④ （清）彭定求等编：《全唐诗》卷二五八《元友让》，中华书局1960年版，第2882页。

又为其"竭资鬻石",传闻具有一定可信度,但尚无可信材料可以证实。

元结另有从子一人。清嘉庆《全唐文》卷六二〇:"友谅,河南人,容管经略使结从子。"《汶志纪略·选举》卷三:"元友谅,唐元和进士。"(参考罗宝川《元友谅籍贯考辨》)

二　出生、求学

719 己未

开元七年　公出生，一岁

颜真卿《元君表墓碑铭并序》："（大历）七年正月朝京师，上深礼重，方加位秩，不幸遇疾，中使临问者相望。夏四月庚午，薨于永崇坊之旅馆，春秋五十，朝野震悼焉。"《新唐书·元结传》："罢还京师，卒，年五十，赠礼部侍郎。"如以此推算，则元结出生于开元十一年。然据王国维《观堂别集》卷二考："颜公《次山墓表》：'次山卒于大历七年夏四月庚午，春秋五十。'然据次山《别王佐卿序》云：'癸卯岁，京兆王契佐卿年四十六，河南元结次山年四十五。'按癸卯为代宗广德元年，则下讫大历七年壬子，次山之卒得年五十有四，非五十也。以此推之，次山实生于开元七年己未。《新唐书·本传》亦仍《颜表》之误，附正于此。"[1] 又元结《唐㢊铭》，据浯溪原石："有唐大历三年岁次戊申闰六月九日林云刻。"其铭曰："功名之位，贵得茅土。林野之客，所眈水石。年将五十，始有唐㢊。"按：唐大历三年为公元768年，《唐㢊铭》中元结自己说年将五十，以此逆推五十年，正好为本年出生。又据《杨谱》考，另有《漫酬贾沔州》《与韦尚书书》《与吕相公书》《别崔漫序》四文中，也提及自己年岁，虽不如《别王佐卿序》《唐㢊铭》精确，但也与元结卒年五十四不相违

---

[1]（民国）王国维撰，彭林整理：《观堂集林·观堂别集》卷二，河北教育出版社2001年版，第824—825页。

背，而明显与墓志和本传所载年五十不合。但颜真卿毕竟是元结生前好友，不大可能在墓表中出现如此错误，考颜真卿《次山墓表》，宋元时有过多次毁损，尤其是元代历经兵火之后，碑刻原文所剩无几，今所见《次山碑》多为后人重刻；而后人校勘文本时，又常以碑刻为准。故颜真卿《次山墓表》或有文字脱落，应为"五十四"或"五十又四"，今从王说。

本年，元延祖约三十七岁，元德秀二十四岁；颜真卿十一岁；沈千运约十二岁；杜甫八岁；王佐卿两岁。

元结《上李相公书》："中逢丧乱，奔走江海，当死复生，见有今日。"明本题下注曰："乾元二年，李揆为中书侍郎平章事。"乾元二年为759年，可知本年以前，元结家庭发生丧乱。《辞监察御史表》："臣老母多病，又无弟兄，漂流殊乡，孤弱相养。"此表下有自注："上元元年进"，上元元年即760年，从此表可以看出，元结所经历丧乱与其父亲、弟弟去世相关。又《新唐书·元结传》："安禄山反，召结戒曰：'而曹逢世多故，不得自安山林，勉树名节，无近羞辱'云。卒年七十六，门人私谥曰太先生。"则可知，元结之父在天宝十四载（755）安史之乱发生后，尚在世。又颜真卿《元君表墓碑铭并序》："祖利贞，霍王府参军，随镇改襄州。"《旧唐书·李元轨传》："霍王元轨，高祖第十四子也。……（贞观）十年，改封霍王，授绛州刺史，寻转徐州刺史。……垂拱元年，加位司徒，寻出为襄州刺史，转青州。"①据《新唐书·元结传》："父延祖，三岁而孤，仁基敕其母曰：'此儿且祀我。'因名而字之。"元结祖父元亨至少在垂拱元年（685）尚在世。则元延祖当至少在弘道元年（683）或稍后出生。以此顺推76年，则为乾元元年（758）或稍后去世。结合前所分析，元延祖去世当在乾元元年至乾元二年间。而此时元结隐居于瀼溪，远离安史战乱。又按：《大唐开元礼》卷三载："凡斩衰三年，齐衰三年者，并解官。"②元结是极

---

① （后晋）刘昫等：《旧唐书》卷六四《霍王元轨》，中华书局1975年版，第2429—2431页。

② 刘俊文：《唐律疏议笺解》卷二五《诈伪》，中华书局1996年版，第1756页。

讲孝道之人，这从其母去世后，虽升为容管经略使也坚决辞官以守孝三年可以看出，但元结在乾元二年就应诏做官了，并未遵守三年孝期。或与元延祖临终前所言"而曹逢世多故，不得自安山林，勉树名节，无近羞辱"相关。由此可知，元结隐居于瀼溪为其父故；而未满孝期出来做官也为其父故。由此可以推出，元结出生时，元延祖约37岁。

又按：元结《元鲁县墓表》："天宝十三年，元子从兄前鲁县大夫德秀卒。……明月十二日，窆于所居南冈。"新、旧《唐书》皆曰"天宝十三载卒"。然李华《元鲁山墓碣铭并序》曰："维唐天宝十二载九月二十九日，鲁山令河南元公终于陆浑草堂，春秋五十九。"① 今姑从元结文②，以此逆推，元德秀本年二十四岁。

又按：殷亮《颜鲁公行状》："贞元元年，河南王师复振。贼虑蔡州有变，乃使其将辛景臻，于龙兴寺积薪，以油灌。既纵火，乃传希烈之命：若不能屈节，自即裁之。公应声投地，臻等惊惭，扶公而退。希烈审不为己用，其年八月二十四日，又使景臻等害于龙兴寺幽辱之所，凡享年七十七。"③ 贞元元年即785年，以此逆推，颜真卿本年十一岁。

又按：元稹《唐故工部员外郎杜君墓系铭并序》："扁舟下荆、楚间，竟以寓卒，旅殡岳阳，享年五十九。"④ 拙文《杜甫湖湘诗系年》⑤，杜甫大历五年（770）去世，以此逆推，杜甫本年八岁。

又按：《唐才子传·沈千运》："千运，吴兴人。……肃宗议备礼征致，会卒而罢。有诗传世。"⑥ 天宝十五载七月，唐肃宗李亨即位于灵

---

① （清）董诰编：《全唐文》卷三二〇李华《元鲁山墓碣铭并序》，中华书局1983年版，第3248页。
② 参考"天宝十三载"条。
③ （清）董诰编：《全唐文》卷五一四殷亮《颜鲁公行状》，中华书局1983年版，第5231页。
④ （唐）元稹原著：《新编元稹集》之《元和八年》，三秦出版社2015年版，第3288页。
⑤ 文章收入《唐代湖湘客籍文人年谱》中，中国社会科学出版社2017年版。
⑥ （元）辛文房撰，孙映逵校注：《唐才子传校注》卷二《沈千运》，中国社会科学出版社1991年版，第220页。

武，改元至德，是为至德元载（756）。其议备礼征致当在本年或稍后，又元结《箧中集序》："吴兴沈千运，独挺于流俗之中，强攘于已溺之后，穷老不惑，五十余年，凡所为文，皆与时异。"《唐五代文学编年史》定为至德二载或稍后卒，姑从之，则沈千运本年约十二岁。

又按：元结《别王佐卿序》："癸卯岁，京兆王契佐卿年四十六，河南元结次山年四十五。"则王契较元结长一岁。

本年左右，公之父元延祖任魏城（成）主簿，则公之出身地或在绵州。

颜真卿《元君表墓碑铭并序》："父延祖，清净恬俭，历魏成主簿、延唐丞。"《新唐书·元结传》："年过四十，亲娅强劝之，再调舂陵丞，辄弃官去。……卒年七十六，门人私谥曰太先生。"舂陵和延唐实为一地，古今名称不同。元结出生时元延祖三十七岁，四十岁时任舂陵丞，以唐官职四年一任期算，则任魏成主簿当在本年。"魏成"新、旧《唐书》不载，仅有"魏城"县，属绵州。《旧唐书》："绵州上，隋金山郡。武德元年，改为绵州，领巴西、昌隆、涪城、魏城、金山、万安、神泉七县。……魏城，隋置。"① 治所在今绵阳市东南，元结之父或为"魏城"主簿。唐县设主簿一名，《唐六典》载："主簿掌付事勾稽，省署抄目，纠正非违，监印，给纸、笔杂用之事。"② 品秩较低，多为文官担任。

720 庚申

开元八年　公二岁

721 辛酉

开元九年　公三岁

---

① （后晋）刘昫等：《旧唐书》卷四一《地理四》，中华书局1975年版，第1669页。
② （唐）李林甫等：《唐六典》卷三〇《天下诸县官吏》，中华书局1992年版，第753页。

722 壬戌

开元十年　公四岁

本年或稍后，公之父元延祖年四十，任延唐丞，公随行，后有诗忆及童年事。

颜真卿《元君表墓碑铭并序》："父延祖，清净恬俭，历魏成主簿、延唐丞。"《新唐书·元结传》："年过四十，亲娅强劝之，再调春陵丞，辄弃官去。……卒年七十六，门人私谥曰太先生。"本年元延祖年约四十，言再调，则指由魏城（成）主簿调春陵丞。春陵，地名。汉侯国，故址在今湖南省宁远县西北，这里是指延唐县，按：《旧唐书·地理三》："延唐……属零陵郡，古城在今县东界南四十里。……神龙元年，复为唐兴。天宝元年，改为延唐。"① 元结《春陵行并序》也提及"春陵"："癸卯岁，漫叟授道州刺史。……此州是春陵故地，故作《春陵行》以达下情。"

又按：根据玄宗时期编订的《唐六典》，唐官吏四年一大考，根据考核的优劣决定升降，元延祖由魏城（成）主簿调为春陵丞为升任，唐代县丞根据县等级不同，官品在正八品至从九品间。

又按：元结《思太古》："东南三千里，沅湘为太湖。湖上山谷深，有人多似愚。婴孩寄树颠，就水捕鳝鲈。所欢同鸟兽，身意复何拘。"言语颇含儿童语气，或为回忆童年生活所作。又有《欸乃曲》："谁能听《欸乃》，《欸乃》感人情。不恨湘波深，不怨湘水清。所嗟岂敢道，空羡江月明。"而根据《系乐府》十二首序："天宝辛未中，元子将前世尝可称叹者，为诗十二篇，为引其义以名之，总命曰《系乐府》。"此诗创作于天宝年间。元结广德二年才任道州刺史，如此前无湘水之行，断不可能作此二诗，则公随父延祖至春陵可知。

---

① （后晋）刘昫等：《旧唐书》卷四〇《地理三》，中华书局1975年版，第1617页。

二 出生、求学

723 癸亥

开元十一年　公五岁

724 甲子

开元十二年　公六岁

725 乙丑

开元十三年　公七岁

本年左右，孟云卿生。

元结《送孟校书往南海并序》："次山今且未老，云卿少次山六七岁。"元结本年七岁。据此推算，孟云卿当为本年前后生。《唐才子传·孟云卿》："云卿，关西人。天宝间不第，气颇难平，志亦高尚，怀嘉遁之节。与薛据相友善。尝流寓荆州，杜工部多有与云卿赠答之作，甚爱重之。……云卿禀通济之才，沦吞噬之俗，栖栖南北，苦无所遇，何生之不辰也。身处江湖，心存魏阙，犹杞国之人忧天坠，相率而逃者。匹夫之志，亦可念矣。"①

又《全唐诗·孟云卿》："孟云卿，河南人，一曰武昌人。第进士，为校书郎。"②元结《送孟校书往南海并序》："平昌孟云卿，与元次山同州里。"《新唐书·地理三·河北道》："德州平原郡……县六：安德、长河、平原、平昌、将陵、安陵。"③又元结《茅阁记》："乙巳中，平昌孟公镇湖南。"孟皞也为平昌人。《新唐书·孟简传》："孟简，字几道，德州平昌人。"④唐诗人另有孟士源、孟郊也为平昌人，则平昌为

---

① （元）辛文房著，傅璇琮等校笺：《唐才子传校笺》卷二《孟云卿》，中华书局1995年版，第431—438页。
② （清）彭定求等编：《全唐诗》卷一五七《孟云卿》，中华书局1960年版，第1606页。
③ （宋）欧阳修、（宋）宋祁：《新唐书》卷三九《地理三》，中华书局1975年版，第1018页。
④ （宋）欧阳修、（宋）宋祁：《新唐书》卷一六〇《孟简传》，中华书局1975年版，第4968页。

孟氏之郡望可知，非孟云卿之出生地。① 又州里在古代多指乡里，孟郊曾作有《哀孟云卿嵩阳荒居》，孟云卿家于嵩阳可知。嵩阳临近汝州，与汝州同属河南府，故元结可称为"同州里"。《全唐诗》又曰："武昌人。"是与孟世源相混。《唐才子传·孟云卿》曰："关西人。"则是对杜甫《寄张十二山人彪三十韵》中"历下辞姜被，关西得孟邻"的误解，《唐才子传校笺》已有详细考证，不再赘述。

726 丙寅

  开元十四年　公八岁

727 丁卯

  开元十五年　公九岁

728 戊辰

  开元十六年　公十岁

729 己巳

  开元十七年　公十一岁

730 庚午

  开元十八年　公十二岁

731 辛未

  开元十九年　公十三岁

732 壬申

  开元二十年　公十四岁

---

① 参考孙望《〈箧中集〉作者事辑》及傅璇琮等《唐才子传校笺》。

二 出生、求学

733 癸酉

开元二十一年　公十五岁

本年，公之从兄元德秀，自负母入京师参加进士考试，以才行第一，登进士第。稍后，元德秀之母卒。

《旧唐书·元德秀传》："元德秀者，河南人，字紫芝。开元二十一年登进士第。性纯朴，无缘饰，动师古道。"① 同书同卷："开元中，从乡赋，岁游京师，不忍离亲，每行则自负板舆，与母诣长安。"② 《新唐书·元德秀传》："少孤，事母孝，举进士，不忍去左右，自负母入京师。"③ 孟二冬《登科记考补正》："（开元二十一年）进士二十五人：徐徵……元德秀。"④ 李华《元鲁山墓碣铭并序》："及应府贡，如京师，不忍离亲，躬负安舆，往复千里。以才行第一，进士登科。"⑤ 又李华《元鲁山墓碣铭并序》："丁艰，声动于心。既过苴枲，刺血画佛像、写经，以不赀之身，申罔极之报，食无盐酪、居无爪翦者三年。"⑥ 《旧唐书·元德秀传》："登第后，母亡，庐于墓所，食无盐酪，藉无茵席，刺血画像写佛经。"⑦ 《新唐书·元德秀传》："既擢第，母亡，庐墓侧，食不盐酪，藉无茵席。服除，以窭困调南和尉。"⑧ 按：从以上材料可以看出，元德秀中进士后，在授予官职前，其母已卒。

按：李华《元鲁山墓碣铭并序》："公讳德秀，字紫芝，延州使君

---

① （后晋）刘昫等：《旧唐书》卷一九〇下《元德秀传》，中华书局1975年版，第5050页。
② （后晋）刘昫等：《旧唐书》卷一九〇下《元德秀传》，中华书局1975年版，第5050页。
③ （宋）欧阳修、宋祁：《新唐书》卷一九四《元德秀传》，中华书局1975年版，第5563页。
④ （清）徐松撰，孟二冬补正：《登科记考补正》卷八，中华书局2019年版，第274页。
⑤ （清）董诰编：《全唐文》卷三二〇李华《元鲁山墓碣铭并序》，中华书局1983年版，第3249页。
⑥ （清）董诰编：《全唐文》卷三二〇李华《元鲁山墓碣铭并序》，中华书局1983年版，第3249页。
⑦ （后晋）刘昫等：《旧唐书》卷一九〇下《元德秀传》，中华书局1975年版，第5051页。
⑧ （宋）欧阳修、宋祁：《新唐书》卷一九四《元德秀传》，中华书局1975年版，第5563页。

之子。"①《元和姓纂》卷四："河南洛阳元氏"："思温,郎州刺史,平阴公。生若拙、德秀。"② 元德秀乃元结之从兄,元结《元鲁县墓表》："元子哭之哀。门人叔盈问曰:'夫子哭从兄也哀,不亦过乎礼欤?'"但据《与吕相公书》："某又三世单贫。"元思温与元结之父元延祖并非同父,则所谓从兄,其血缘关系至少当上溯三代。

734 甲戌

开元二十二年　公十六岁

春,颜真卿年二十六,举进士及第。

《颜鲁公行状》："公以家本清贫,少好儒学,恭孝自立。贫乏纸笔,以黄土埽墙,习学书字,攻楷书绝妙。词翰超伦,年弱冠,开元二十二年进士及第登甲科。"③ 据《登科记考》："(开元二十二年)进士二十九人。"孟二冬补正："是年试《梓材赋》《武库诗》,见留元刚《鲁颜公年谱》。按《文苑英华》,《梓材赋》以'理材为器,如政之术。'为韵。"④ 留元刚《鲁颜公年谱》："公年二十六,考功员外郎孙逊下进士及第。"⑤ 据《登科记考补正》,与颜真卿同年中进士,在文学上多有成就的另有阎防（进士科）、杜鸿渐（进士科）、李琚（博学宏词科）、王昌龄（博学宏词科）。

本年,元德秀在鲁山,为其母守孝。

李华《元鲁山墓碣铭并序》："丁艰,声动于心。既过苴枲,刺血画佛像、写经,以不赀之身,申罔极之报,食无盐酪、居无爪翦者三年。"⑥

---

① （清）董诰编：《全唐文》卷三二〇李华《元鲁山墓碣铭并序》,中华书局1983年版,第3249页。
② （唐）林宝撰,岑仲勉校记：《元和姓纂》卷四《元》,中华书局1994年版,第425页。
③ （清）董诰编：《全唐文》卷五一四殷亮《颜鲁公行状》,中华书局1983年版,第5224页。
④ （清）徐松撰,孟二冬补正：《登科记考补正》卷八,中华书局2019年版,第276页。
⑤ （清）徐松撰,孟二冬补正：《登科记考补正》卷八转引,中华书局2019年版,第277页。
⑥ （清）董诰编：《全唐文》卷三二〇李华《元鲁山墓碣铭并序》,中华书局1983年版,第3249页。

二 出生、求学

735 乙亥

开元二十三年　公十七岁

本年，元德秀在鲁山，为其母守孝。

《明皇杂录》卷下："唐玄宗在东洛，大酺于五凤楼下，命三百里县令、刺史率其声乐来赴阙者，或谓令较其胜负而赏罚焉。时河内郡守令乐工数百人于车上，皆衣以锦绣，伏厢之牛，蒙以虎皮，及为犀象形状，观者骇目。时元鲁山遣乐工数十人，联袂歌《于蔿》。《于蔿》，鲁山文也。玄宗闻而异之，征其词，乃叹曰：'贤人之言也。'其后上谓宰臣曰：'河内之人其在涂炭乎？'促命征还，而授以散秩。"①《资治通鉴·开元二十三年》："春，正月……乙亥，上耕藉田，九推乃止；公卿以下皆终亩。赦天下，都城酺三日。上御五凤楼酺宴，观者喧隘，乐不得奏，金吾白梃如雨，不能遏；上患之。高力士奏河南丞严安之为理严，为人所畏，请使止之；上从之。安之至，以手板绕场画地曰：'犯此者死！'于是尽三日，人指其画以相戒，无敢犯者。时命三百里内刺史、县令各帅所部音乐集于楼下，各较胜负。怀州刺史以车载乐工数百，皆衣文绣，服箱之牛皆为虎豹犀象之状。鲁山令元德秀惟遣乐工数人，连袂歌《于蔿》。上曰：'怀州之人，其涂炭乎！'立以刺史为散官。德秀性介洁质朴，士大夫皆服其高。"②《新唐书·元德秀传》："玄宗在东都，酺五凤楼下，命三百里县令、刺史各以声乐集。是时颇言帝且第胜负，加赏黜。河内太守辇优伎数百，被锦绣，或作犀象，瑰谲光丽。德秀惟乐工数十人，联袂歌《于蔿于》。《于蔿于》者，德秀所为歌也。帝闻，异之，叹曰：'贤人之言哉！'谓宰相曰：'河内人其涂炭乎？'乃黜太守，德秀益知名。"③明杨慎《升庵诗话》也载此事。按：怀州即河内郡，史书所载事略同，

---

①（唐）郑处海：《明皇杂录》卷下，中华书局1994年版，第26页。
②（宋）司马光编著，（元）胡三省音注：《资治通鉴》卷二一四《唐纪》三〇，中华书局1956年版，第6809—6811页。
③（宋）欧阳修、宋祁：《新唐书》卷一九四《元德秀传》，中华书局1975年版，第5564页。

但仍有两异处：一是《资治通鉴》系此事为开元二十三年正月，《明皇杂录》及《新唐书》未系年。据《唐刺史考·怀州》，怀州确实在开元二十三年稍后改授刺史，颜真卿《通议大夫守太子宾客东都副留守云骑尉赠尚书左仆射博陵崔孝公宅陋室铭记》："公讳沔，字若冲，博陵安平人。……二十一年迁秘书监，修撰如故。属耕藉田，为居守，赐绢百匹。迁太子宾客，出兼怀州刺史。二十四年罢州，又以本官充东都副留守，累加通议大夫。"然此事依然存在疑点：（1）此事较为重大，然李华《元鲁山墓碣铭并序》、元结《元鲁县墓表》及《旧唐书·元德秀传》皆不载；（2）李华《元鲁山墓碣铭并序》："丁艰，声动于心。既过苴枲，刺血画佛像、写经，以不赀之身，申罔极之报，食无盐酪、居无爪翦者三年。"① 元德秀之母开元二十一年前后卒，至开元二十三年正月，元德秀还在守孝期，不可能为鲁山令。且据《旧唐书》记载："以孤幼牵于禄仕，调授邢州南和尉。佐治有惠政，黜陟使上闻，召补龙武录事参军。"② 在任鲁山县令前还有过邢州南和尉、龙武录事参军等职，故其为鲁山令不可能在开元二十三年，《资治通鉴》所系之年当误。（3）《明皇杂录》及《资治通鉴》载元德秀所歌为"《于蒍》"，《新唐书》为"《于蒍于》"，据李华《元鲁山墓碣铭并序》："寄情性则《于蒍于》。"则当以《于蒍于》为是。事当发生在元结任鲁山县令期间。

本年，公隐居商余山，始折节读书，师事从兄元德秀。公隐居山林时，自为愚巾、凡裘，习古人之道，公后有文忆之。

元结《贼退示官吏》："昔岁逢太平，山林二十年。泉源在庭户，洞壑当门前。井税有常期，日晏犹得眠。忽然遭世变，数岁亲戎旃。"按："忽然遭世变"当指天宝十四载（755）安史之乱的发生，以此逆推二十年，则为公元735年，也即开元二十三年。又《阳华岩铭》：

---

① （清）董诰编：《全唐文》卷三二〇李华《元鲁山墓碣铭并序》，中华书局1983年版，第3249页。

② （后晋）刘昫等：《旧唐书》卷一九〇下《元德秀传》，中华书局1975年版，第5050页。

"吾游处山林几三十年。"《阳华岩铭并序》作于永泰二年（766）六月，也可见本年或稍后，元结开始隐居山林。

据颜真卿《元君表墓碑铭并序》："君聪悟宏达，倜傥而不羁。十七始知书，乃授学于宗兄先生德秀。"《新唐书·元结传》亦载："结少不羁，十七乃折节向学，事元德秀。"故元结师事元德秀，乃始于元德秀为其母守孝期，而非元德秀为鲁山令期。又元结《与何员外书》："次山，漫浪者也，苦不爱便事之服、时世之巾。昔年在山野，曾作愚巾凡裘，异于制度。凡裘领，缁界、缁缘、缁带，其余皆褐。带联后缝，中腰前系。愚巾，顶方、带方、垂方，缁葛为之，玄丝为绥。次山自衣带巾裘，虽不为时人大恶，亦尝辱其嗤诮，方欲杂古人衣带以自免辱。……野服，大抵缁褐布葛为之也，腰担为裳，短襟为衣，裳下及履，衣垂及膝下。"公之好古道，或从此时起。按：元结《与何员外书》作于永泰二年。

本年或稍前，元延祖辞官，以鲁县商余山多灵药，卜居于此。

颜真卿《元君表墓碑铭并序》："父延祖，清净恬俭，历魏成主簿、延唐丞。思闲辄自引去，以鲁县商余山多灵药，遂家焉。"《新唐书》："（元延祖）再调舂陵丞，辄弃官去，曰：'人生衣食，可适饥饱，不宜复有所须。'每灌畦掇薪，以为'有生之役，过此吾不思也'。"从前所述，元结本年十七岁，尚未成年，即隐居山林，当从其父。清嘉庆元年《鲁山县志》："商余山：东南三十五里。今名青山，又名笔架山。南连南召之域，多灵药，唐元延祖之所宅也。"[1] 明宗麟祥有《答商余》，诗曰："古今采大药，辄欲驻朱颜，我有寿民饵，不在商余间。"[2] 元结早期诗文中多次提及商余山，则可知元结当随行。

---

[1] （清）董作栋、武亿修纂：《鲁山县志》卷七《山川》，嘉庆元年（1796）刻本。《中国地方志集成·河南府县志辑》，上海书店出版社2013年版，第519页。
[2] （清）王雍修纂：《鲁山县志》卷七《艺文》，清康熙三十三年（1694）本，2001年5月鲁山地方史志编纂委员会再版，第131页。

736 丙子

开元二十四年　公十八岁

三月，颜真卿中拔萃科。后授朝散郎、秘书省著作局校书郎。

殷亮《颜鲁公行状》："二十四年吏部擢判入高等，授朝散郎、秘书省著作局校书郎。"① 《登科记考补正》："（开元二十四年）拔萃科，颜真卿。"② 《全唐文》卷三三七有颜真卿的《对三命判》。

本年，杜甫游齐赵、登泰山，苏源明在东岳读书，二人开始交往。

杜甫《故秘书少监武功苏公源明》："结交三十载，吾与谁游衍。"③ 按：苏源明广德二年（764）卒，以此逆推，则杜甫与苏源明在本年前后开始交往。又据《新唐书·苏源明传》："工文辞，有名天宝间。及进士第，更试集贤院。"④ 而《故秘书少监武功苏公源明》："读书东岳中，十载考坟典。"⑤ 杜甫在本年游齐赵，登泰山，作有《望岳》，而苏源明在此读书，自本年至广德二年为二八载，则杜甫曰："结交三十载"为约数。

《新唐书·苏源明传》："苏源明，京兆武功人，初名预，字弱夫。少孤，寓居徐、兖。"⑥ 据杜甫《怀旧》诗原注："公前名预，缘避御讳，改为源明。"⑦ 苏源明即苏预，字弱夫，自号中行子，元结《时规》："时中行公掌制在中书。"颜真卿《元君表墓碑铭并序》："常著《说楚赋》三篇，中行子苏源明骇之。""中行"即指苏源明。

---

① （清）董诰编：《全唐文》卷五一四殷亮《颜鲁公行状》，中华书局1983年版，第5224页。
② （清）徐松撰，孟二冬补正：《登科记考补正》卷八，中华书局2019年版，第289页。
③ （唐）杜甫著，（清）仇兆鳌注：《杜诗详注》卷一六《八哀诗》，中华书局1979年版，第1408页。
④ （宋）欧阳修、宋祁：《新唐书》卷二〇二《苏源明传》，中华书局1975年版，第5771—5772页。
⑤ （唐）杜甫著，（清）仇兆鳌注：《杜诗详注》卷一六《八哀诗》，中华书局1979年版，第1403页。
⑥ （宋）欧阳修、宋祁：《新唐书》卷二〇二《苏源明传》，中华书局1975年版，第5771页。
⑦ （清）彭定求等编：《全唐诗》卷二二七杜甫《怀旧》，中华书局1960年版，第2458页。

二 出生、求学

本年左右，元德秀服除；稍后，调授邢州南和尉。

李华《元鲁山墓碣铭并序》："先人未祔于兆，身迫当室，缄未忘之哀，参调求仕。铨试超等，补南和尉。黜陟使以至行上闻，授左龙武军录事，因坠伤足。"①《旧唐书·元德秀传》："久之，以孤幼牵于禄仕，调授邢州南和尉。佐治有惠政，黜陟使上闻，召补龙武录事参军。"②《新唐书·元德秀传》："服除，以婆困调南和尉，有惠政。黜陟使以闻，擢补龙武军录事参军。"③

737 丁丑

开元二十五年　公十九岁

738 戊寅

开元二十六年　公二〇岁

本年，公二十岁，行冠礼，取字次山。

颜真卿《元君表墓碑铭并序》："君讳结，字次山。"《礼记·冠义》："古者冠礼，筮日筮宾，所以敬冠事。"④古代男子未成年前束发而不戴帽，至二十岁成年时才由长辈为其举行冠礼，戴上新帽，并赐以字。

本年或稍后，左右龙武军建制。元德秀因惠政自邢州南和尉调龙武录事参军，当在本年或之后。

《旧唐书·元德秀传》："久之，以孤幼牵于禄仕，调授邢州南和尉。佐治有惠政，黜陟使上闻，召补龙武录事参军。"⑤《通典》卷二八

---

① （清）董诰编：《全唐文》卷三二〇李华《元鲁山墓碣铭并序》，中华书局1983年版，第3249页。
② （后晋）刘昫等：《旧唐书》卷一九〇下《元德秀传》，中华书局1975年版，第5050页。
③ （宋）欧阳修、宋祁：《新唐书》卷一九四《元德秀传》，中华书局1975年版，第5563页。
④ （清）孙希旦：《礼记集解》卷五八《冠义》，中华书局1989年版，第1412页。
⑤ （后晋）刘昫等：《旧唐书》卷一九〇下《元德秀传》，中华书局1975年版，第5050页。

载:"大唐之初有禁兵,号为百骑,属羽林。永昌元年,改羽林百骑为千骑。景龙元年,改千骑为万骑,仍分为左右营。开元二十六年,析羽林军置左右龙武军,以左右万骑营隶焉。"① 然《旧唐书·职官志三》"左右龙武军"注云:"初,太宗选飞骑之尤骁健者,别署百骑,以为翊卫之备。天后初,加置千骑,中宗加置万骑,分为左右营,置使以领之。自开元以来,与左右羽林军名曰北门四军。开元二十七年,改为左右龙武军,官员同羽林军也。"② 左、右龙武军建制一说为开元二十六年,一说为开元二十七年,不知何者为是,但元德秀为龙武录事参军当在建制之后。又按:唐杜佑《通典·选举》:"开元二十五年十二月,命诸道采访使考课官人善绩,三年一奏,永为常式。至二十七年二月,赦文:'三载考绩,黜陟幽明,允叶大猷,以劝天下。比来诸道所通善状,但优仕进之辈,与为选调之资,责实循名,或乖古义。自今以后,诸道使更不须通善状。每至三年,朕自择使臣,观察风俗,有清白政理著闻者,当别擢用之。'"③ 自开元二十四年至开元二十六年前后正好三年,而左、右龙武军正好建制。但元德秀任邢州南和尉可能不止一任。据"天宝六载条"考,元德秀天宝六载任鲁山县令,如在本年调龙武录事参军,则十年间仅任一职,这种情况在唐代少见,故任"邢州南和尉"当不止一任,其调龙武录事参军在本年或稍后。

739 己卯

开元二十七年　公二一岁

740 庚辰

开元二十八年　公二二岁

五月,张九龄病卒于韶州曲江私第。

---

① (唐)杜佑:《通典》卷二八《职官十》,中华书局1988年版,第792页。
② (后晋)刘昫等:《旧唐书》卷四四《职官三》,中华书局1975年版,第1093—1094页。
③ (唐)杜佑:《通典》卷一五《选举三》,中华书局1988年版,第372—373页。

二 出生、求学

参见顾建国《张九龄年谱》。

春，孟浩然卒，刘眘虚寄诗友人，求其遗文。

《全唐诗》卷二五六刘眘虚《寄江滔求孟六遗文》。孟六，当指孟浩然，参见《唐人行第录》。

本年，史称天下无事，海内雄富，行者虽行万里，可不持寸刃。

见《南部新书》辛卷及《资治通鉴·开元二十八年》。

741 辛巳

开元二十九年　公二三岁

742 壬午

天宝元年　公二四岁

743 癸未

天宝二年　公二五岁

本年，孟彦深登进士第。

《唐诗纪事》卷二四："孟彦深，字士源，天宝末为武昌令。……彦深，登天宝二年第。"[①] 《甘泽谣》："客有前进士孟彦深、进士孟云卿、布衣焦遂，各置仆妾共载。"《登科记考补正》也记载本年孟彦深登进士第。按：孟彦深天宝末年至宝应年间为武昌令，多与元结交往，元结作有《漫歌八曲并序》《招孟武昌并序》《雪中怀孟武昌》《酬孟武昌苦雪》等篇。

744 甲申

天宝三载　公二六岁

---

① （宋）计有功撰，王仲镛校笺：《唐诗纪事校笺》卷二四《孟彦深》，中华书局 2007 年版，第 785、787 页。

745 乙酉

天宝四载　公二七岁

本年孟云卿年二十，学业已成。

孟云卿《伤怀赠故人》："二十学已成，三十名不彰。"① 本年，孟云卿正好二十。

本年左右，公与孟云卿交往，并以词学相善。

元结《送孟校书往南海并序》："平昌孟云卿，与元次山同州里。以辞学相友，几二十年。"考孟云卿为嵩阳人，可以算得上与元结同州里。又元结此文作于永泰二年（766），以此类推，公与孟云卿交往当在此年或稍后。公自父延祖隐居鲁山至天宝十四载（755），多居于鲁山，故其交往当发生在元结隐居鲁山期间。

---

① （清）彭定求等编：《全唐诗》卷一五七孟云卿《伤怀赠故人》，中华书局1960年版，第1607页。

三　初次科考

746 丙戌

天宝五载　公二八岁

春，公因科举而游历东吴，自隋河至淮阴，见水坏河防，得隋人《冤歌》五篇，公采其歌，作《闵荒诗》，以广其义。

元结《闵荒诗序》："天宝丙戌中，元子浮隋河，至淮阴间。其年，水坏河防，得隋人《冤歌》五篇。考其歌义，似冤怨时主。故广其意，采其歌，为《闵荒诗》一篇，其余载于《异录》。"其歌曰："自得隋人歌，每为隋君羞。欲歌当阳春，似觉天下秋。更歌曲未终，如有怨气浮。奈何昏王心，不觉此怨尤。遂令一夫唱，四海忻提矛。吾闻古贤君，其道常静柔。慈惠恐不足，端和忘所求。嗟嗟有隋氏，惛惛谁与俦。"此为公之有明确纪年的最早诗篇。

又杜甫诗《送元二适江左》："乱后今相见，秋深复远行。风尘为客日，江海送君情。晋室丹阳尹，公孙白帝城。经过自爱惜，取次莫论兵"[1] 高棅《唐诗品汇》在该诗题下注："元结也。"《钱注杜诗》在《送元二适江左》诗末尾有原注曰："元常应孙吴科举。"[2]《全唐诗》也认定为原注，1960年中华书局出版《全唐诗》校为"元尝应孙吴科举"，《杜诗详注》与《杜诗镜诠》均未列此"原注"于其后。据《登

---

[1]（唐）杜甫撰，（清）钱谦益笺注：《杜工部集》卷一二，清康熙六年（1667）季氏静思堂刻本，第8册，天津图书馆藏。

[2]（唐）杜甫撰，（清）钱谦益笺注：《杜工部集》卷一二，清康熙六年（1667）季氏静思堂刻本，第8册，天津图书馆藏。

科记考补正》，唐代科考在永泰元年（765）前，均在上都长安举行；永泰元年始两都分试；大历十一年（776），取消东都洛阳科考，此后唐代科考地不再有变更。则注中以为"元尝应孙吴科举"，当指参与孙吴乡选。唐人参加进士考试，有多途径。《新唐书·选举上》："唐制，取士之科，多因隋旧，然其大要有三。由学馆者曰生徒，由州县者曰乡贡，皆升于有司而进退之。"① 《新唐书·选举上》："每岁仲冬，州、县、馆、监举其成者送之尚书省。"② 从"元常应孙吴科举"，元结当入孙吴学馆，参与学馆主持的乡选，而后取得天宝六载进士考试资格，此与天宝十三载参与科举考试过程同。

又元结与杜甫在天宝六载参加了这次科举考试，因李林甫原因，均下第。元结在此次科举之前，也即天宝五载作《闵荒诗》，其序曰："天宝丙戌中，元子浮隋河，至淮阴间。"则元结曾去隋河一带，隋河为隋炀帝所修，北抵河北涿郡、南达浙江余杭，元结浮隋河至淮阴，可自北而南或自南而北，但结合元结天宝六载参加科举考试看，他此次浮隋河不只是简单游历，实际上是为科考做准备，事实上元结也为这次科考做了大量准备，如他写下《皇谟》三篇、《二风诗》十首献之朝廷等。考唐代文人参加科举考试的惯例，元结此次浮隋河当是为科考而去游历吴地，同时也为"应孙吴科举"。

公有著有《异录》，当为游历途中所记，或为温卷而做准备。

元结《闵荒诗序》："天宝丙戌中，元子浮隋河……其余载于《异录》。"可见元结有文集《异录》，当作于天宝五载或稍前，元结好奇，先有《异录》，后有《猗玗子》，皆类似于小说类作品，惜今不传。

唐人科考，多行卷、纳卷和温卷之作。《皇谟》三篇、《二风诗》十首当为行卷、纳卷之作，而《异录》或为温卷而做准备。

---

① （宋）欧阳修、宋祁：《新唐书》卷四四《选举志上》，中华书局1975年版，第1159页。
② （宋）欧阳修、宋祁：《新唐书》卷四四《选举志上》，中华书局1975年版，第1161页。

三 初次科考

本年前后，公以科举故，游历东夷之地，又至长安；又或有陇上之行，后有诗纪之。

元结《系乐府·思太古》："吾行遍九州。"又《系乐府·颂东夷》："尝闻古天子，朝会张新乐。金石无全声，宫商乱清浊。来惊且悲叹，节变何烦数。始知中国人，耽此亡纯朴。尔为外方客，何为独能觉。其音若或在，蹈海吾将学。"则元结或东至齐鲁，学儒家礼乐，故此阶段所作作品多为乐歌，包括《补乐歌十首》《二风诗十首》《系乐府十二首》等皆是如此。此后元结再无类似乐歌。

又元结《系乐府·陇上叹》："援车登陇坂，穷高遂停驾。延望戎狄乡，巡回复悲咤。滋移有情教，草木犹可化。圣贤礼让风，何不遍西夏。父子忍猜害，君臣敢欺诈。所适今若斯，悠悠欲安舍。"胡三省注《资治通鉴》曰："陇西、南安、汉阳、永阳，皆陇上诸郡也。"① 元结在《思太古》中说"吾行遍九州"，从《陇上叹》看，元结也当经历过此地。又《系乐府十二首》当作于天宝六载（747）或稍后，陇上在长安西北方，故陇上之行，当在本年或稍后。又《去乡悲》："踟蹰古塞关，悲歌为谁长？日行见孤老，羸弱相提将。"似乎也与本次经历相关。

747 丁亥

天宝六载　公二九岁

正月，公著《皇谟》三篇、《二风诗》十首，献之朝廷。

元结《二风诗序》："天宝丁亥中，元子以文辞待制阙下。著《皇谟》三篇、《二风诗》十篇。将欲求于司匦氏，以裨天鉴。会有司奏待制者悉去之，于是归于州里。后三岁，以多病习静于商余山。"按：在元结集中，有《元谟》《演谟》《系谟》三篇，当即《二风诗序》中的《皇谟》三篇。《元谟》曰："追乎衰世之君，先严而后杀，乃引法树

---

① （宋）司马光编著，（元）胡三省音注：《资治通鉴》卷六六《汉纪》，中华书局1956年版，第2121页。

刑，援令立罚，刑罚积重，其下畏恐；继者先杀而后淫，乃深刑长暴，酷罚恣虐，暴虐日肆，其下须夔；继者先淫而后乱，乃乘暴至亡，因虐及灭，亡灭兆钟，其下愤凶。此颓弊以亡之道也。"《演谟》曰："圣人须极道于常臣，贤人须滋德于庸君，使道德优优，不丰不纷，乃须杀而不淫，罚而不重，戒其虐惑，制其昏纵。"《系谟》则从道德、风教、衣服、饮食、器用、宫室、苑囿、赋役、刑法、兵甲、畋猎、声乐、嫔嫱、选才、郊祀、思虑等方面对帝王的行为作了详细的规范。《皇谟》三篇，实为一篇，谟也即谋之意，是元结为唐王朝开出的治世良方，元结欲"极帝王理乱之道，系古人规讽之流"（《二风诗论》）。系统阐述了元结早期的政治主张。

又有《治风诗》五篇、《乱风诗》五篇，合而为《二风诗》。据《二风诗序》，与《皇谟》三篇当作于先后。其中，《治风诗》五篇主要歌颂仁帝、慈帝、劳王、正王、理王，为后世帝王提供效法的对象。《乱风诗》五篇主要批判荒王、乱王、虐王、惑王、伤王，为后世帝王提供经验教训。《二风诗》与《皇谟》三篇实为一整体，《皇谟》三篇是从理论上进行阐述，《二风诗》则从正反两个方面举例进行论证。然据《二风诗序》："天宝丁亥中……后三岁，以多病习静于商余山。""后三岁"也即天宝九载（750），《二风诗序》当作于此时，与《二风诗》非同时作。

元结《皇谟》三篇及《二风诗》目的是："将欲求于司匦氏，以裨天鉴。"按：元结于本月或稍后参加了制举考试，则《皇谟》《二风诗》当为行卷或纳卷之作，为之后的科举考试做准备。

又《补乐歌十首并序》作于同时或稍前。

按：《补乐歌十首序》："今国家追复纯古，列祠往帝，岁时荐享，则必作乐，而无《云门》《咸池》《韶》《夏》之声，故探其名义以补之。诚不足全化金石、反正宫羽，而或存之，犹乙乙冥冥，有纯古之声，岂几乎司乐君子，道和焉尔。"诗歌歌颂自伏羲氏至有殷氏的帝王，意为后世帝王树立效法对象。而且从《序》看，当献于朝廷，以裨天鉴，与《二风诗》创作目的基本相同。又，天宝十三载元结第二次参加了科考，也有投献之作，但《补乐歌十首》在明郭勋本中列于《二风诗》前，而且明本中无论是诗歌还是文章，大体是按时间顺序排列；从行文风格和内容看，《补乐歌十首》也和《二风诗》一致，故其创作时间当与《二风诗》同时或稍前。

本月或稍后，公与杜甫参与制举考试。李林甫以草野之士卑贱，恐泄露当时之机，故布衣之士无有第者。公后作《喻友》以讽时世。

元结《喻友》："天宝丁亥中，诏征天下士人有一艺者，皆得诣京师就选。相国晋公林甫以草野之士猥多，恐泄漏露时之机，议于朝廷曰：'举人多卑贱愚瞆，不识礼度，恐有诨言，污浊圣听。'于是奏待制者，悉令尚书长官考试，御史中丞监之，试如常吏。已而，布衣之士无有第者。遂表贺人主，以为野无遗贤。……乡人于是与元子偕归。于戏！贵不专权，罔惑上下，贱能守分，不苟求取，始为君子。因喻乡人，得及林甫，言意可存，编为《喻友》。"《资治通鉴·天宝六载》据此演绎为："（正月）上欲广求天下之士，命通一艺以上皆诣京师。李林甫恐草野之士对策斥言其奸恶，建言：'举人多卑贱愚瞆，恐有俚言污浊圣听。'乃令郡县长官精加试练，灼然超绝者，具名送省，委尚书覆试，御史中丞监之，取名实相副者闻奏。既而至者皆试以诗、赋、论，遂无一人及第者。林甫乃上表贺野无遗贤。"① 此处疑点颇多：《资治通鉴》以为"至者皆试以诗、赋、论，遂无一人及第者"，然据《登科记考》，天宝六载有进士二十三人，制科则道举一人，风雅古调科有名可考者一人，并非没有录取一人，本年进士至少录取了二十五人。则后世以为本年"无一人及第"，应该是"布衣之士无一人及第"。《荀子·大略》："古之贤人，贱为布衣，贫为匹夫。"② 则所谓布衣是指社会地位较低的下层士人，而对于当时世家大族人士，则当有录取。又元结《喻友》："天宝丁亥中，诏征天下士人有一艺者，皆得诣京师就选。"唐代的科举分为两类，即常举、制举两类。常举又分为明经科和

---

① （宋）司马光编著，（元）胡三省音注：《资治通鉴》卷二一五《天宝六载》，中华书局1956年版，第6876页。

② （清）王先谦：《荀子集解》卷一九《大略》，中华书局1988年版，第513页。

进士科。制举则时间上不确定，是天子立个名目（祭祀、立太子、寿辰）等，由官员推荐，而召非常之才。据《册府元龟》："六载正月丁亥，南郊。礼毕，制：'选贤推能，常虑不广。三府之辟，则唯采于大名；四科之荐，盖不通于小学。今承平日久，仕进多端，必欲远贲弓旌，载空岩穴，片善必录，末技无遗。天下诸色人通一艺以上，各任荐举。仍委所在郡县长官精加试练，灼然超绝流辈远近所在者，具名送省。仍委尚书及左右丞、诸司委御史中丞更加对试。务取名实相副者，一时奏闻。'"① 元结所参加的这次制举，当是由于皇帝于南郊祭祀，为展示皇恩浩荡而举行的一次考试。然而，当时的唐王朝已现破败危机，李林甫担心下层士人对策时揭露现实，故布衣之士无一中举。元结父亲在开元年间就已辞官，故也属于"布衣之士"之列，而其稍前所作《闵荒诗》正是揭露现实之作，故在下第之列。

公或此时与杜甫有交往。

仇兆鳌《杜甫年谱》天宝六载："天宝六载丁亥。公应诏退下，留长安。元结《谕友》文云：'天宝六载，诏天下有一艺，诣毂下。李林甫命尚书省试，皆下之。遂贺野无遗贤。'时公与结，皆应诏而退。"② 元结或在此时与杜甫开始交往。大历二年，当杜甫读到元结《舂陵行》时，作了一首《同元使君舂陵行》。

本年或稍后，公有感于前世之事，作《系乐府》十二首，对中唐新乐府运动产生一定影响。

元结《系乐府序》："天宝辛未中，元子将前世尝可称叹者，为诗十二篇。"按：天宝中未有辛未年。故辛未必为误书。又《系乐府》第九首为《古遗叹》，其诗曰："古昔有遗叹，所叹何所为？有国遗贤臣，万世为冤悲。所遗非遗望，所遗非可遗。所遗非遗用，所遗在遗之。嗟嗟山海客，全独竟何辞。心非膏濡类，安得无不遗。"从诗意看，该诗应该是针对本年科举考试时李林甫"表贺人主，以为野无遗贤"而发，

---

① （宋）王钦若等编纂：《册府元龟》卷六八《帝王部》，凤凰出版社2006年版，第723页。
② （唐）杜甫著，（清）仇兆鳌注：《杜诗详注》之《杜工部年谱》，中华书局1979年版，第13页。

故《古遗叹》当作于本年科举考试后，与《喻友》前后作。又《系乐府》最后一首为《下客谣》，开篇曰："下客无黄金，岂思主人怜。"下客是指下等宾客，应为元结自喻。又天宝七载（748）元结作有《丐论》，元结与丐为友亦可略知元结此时经济状况，故《下客谣》也当作于天宝六载或稍后。又根据《系乐府序》可知，《系乐府》十二首是元结回忆个人此前生活的作品，其排列应当依据了一定时间顺序，故系此组诗于本年或稍后作。

又元结《系乐府序》又曰："古人歌咏不尽其情声者，化金石以尽之，其欢怨甚耶戏！尽欢怨之声者，可以上感于上，下化于下，故元子系之。"系乐府直接继承了汉乐府用诗歌反映现实的传统，即事名篇，对中唐新乐府运动产生了一定影响。

元结《系乐府》共十二篇，分别为：《思太古》《陇上叹》《颂东夷》《贱士吟》《欸乃曲》《贫妇词》《去乡悲》《寿翁兴》《农臣怨》《谢大龟》《古遗叹》《下客谣》。诗中所述之地，多为元结所经历之地，当是对过去所见所闻的一次总的回忆。诗中表现出了较强烈的关注现实的精神。

本年前后，元德秀为鲁山县令，其为鲁山县令期间，颇有政化之行，《于蒡于》或作于本年。

《新唐书·元德秀传》："初，兄子襁褓丧亲，无资得乳媪，德秀自乳之，数日湩流，能食乃止。既长，将为娶，家苦贫，乃求为鲁山令。"① 李华《元鲁山墓碣铭并序》："乐正之忧，愀然满容，以甥侄婚仕为念。授署鲁山令。"②《旧唐书·元德秀传》："族人以绝嗣规之，德秀曰：'吾兄有子，继先人之祀。'以兄子婚娶，家贫无以为礼，求为鲁山令。"③

唐李翱《秘书少监使馆修撰马君墓志铭》："鲁山令元德秀，行高

---

① （宋）欧阳修、宋祁：《新唐书》卷一九四《元德秀传》，中华书局1975年版，第5563页。
② （清）董诰编：《全唐文》卷三二〇李华《元鲁山墓碣铭并序》，中华书局1983年版，第3249页。
③ （后晋）刘昫等：《旧唐书》卷一九〇下《元德秀传》，中华书局1975年版，第5051页。

一时，公（马君）往师焉。鲁山令奇之，号公为'马儒子'。"殷祝胜据《世说新语》"徐孺子九岁，尝月下戏"之句，推出马君年九岁，又据《墓志铭》，马君卒于"元和十三年"，"年登八十"，推出元德秀在本年已在鲁山县令任上。此推论较为合理。

明李时珍《本草纲目》："阳生阴长，孤阳不生，独阴不长，常理也。而有思士不妻而感，思女不夫而孕，妇女生须，丈夫出湩，男子产儿者，何也？岂其气脉时有变易，如女国自孕，雄鸡生卵之类耶？"《后汉书》也有记载："南阳李元，全家疫死，止一孙初生数旬。苍头李善自哺乳之，乳为生湩。"① 李时珍也对其有怀疑，把其列为人傀："人傀，附之部末，以备多闻昔咎之征。"此事源于唐李肇《唐国史补》卷上："元鲁山自乳兄子，数日，两乳湩流，兄子能食，其乳方止。"② 不见于《墓碣铭》，亦不见于《旧唐书·元德秀传》及元结相关作品，或小说家所作，为虚妄之词。

又李华《元鲁山墓碣铭并序》："授署鲁山令，以痼疾不能趋拜，故后长吏金以客礼待之。常获盗未刑，属滨山之乡称猛兽为害，盗请于庭曰：'感明府慈仁，愿杀兽赎罪。'公哀而许焉，僚佐坚请，公无变虑。乃从破械纵之，盗果尸兽复命。吏人老幼，咨嗟震勤，发于庭宇，播于四邻，则政化之行可知也。"③ 新、旧《唐书》所载略同。又或本年作《于芳于》，联袂歌于帝前。（参考"开元三十三年"）

748 戊子

天宝七载　公三〇岁

本年，公在长安，或再次参加科考，落第后，与丐者为友，作《丐论》。

元结《丐论》："天宝戊子中，元子游长安，与丐者为友。"天宝戊

---

① （南朝宋）范晔，（唐）李贤等注：《后汉书》卷八一，中华书局1965年版，第2679页。
② （唐）李肇：《唐国史补》卷上，上海古籍出版社1979年版，第15页。
③ （清）董诰编：《全唐文》卷三二〇李华《元鲁山墓碣铭并序》，中华书局1983年版，第3249页。

子也即本年。按：据《二风诗序》，元结于天宝六载参加制举考试后，即归于州里。然天宝七载再次入长安，又或为科举故。《丐论》言："呜呼！于今之世，有丐者，丐宗属于人，丐嫁娶于人，丐名位于人，丐颜色于人，甚者，则丐权家奴齿以售邪佞，丐权家婢颜以容媚惑。有自富丐贫，自贵丐贱，于刑丐命。命不可得，就死丐时，就时丐息，至死丐全形，而终有不可丐者。更有甚者，丐家族于仆围，丐性命于臣妾，丐宗庙而不取，丐妻子而无辞。有如此者，不为羞哉！"可以说是对那些豪门权贵及攀附豪门权贵的人的巨大讽刺，元结作此文，或因科举失利而心生怨恨之意。

又《呓论》或作于此时。

元结《二风诗序》："天宝丁亥中，元子以文辞待制阙下。"天宝丁亥即天宝六载（747）。元结《丐论》："天宝戊子中，元子游长安，与丐者为友。"天宝戊子即天宝七载（748），其后元结天宝十二载（753）、天宝十三载（754）皆在长安。文曰："元子天宝中曾预宴于谏议大夫之座。"当作于此数年内。又《呓论》语含讽刺，其风格颇类似《丐论》，现姑系于此。

本年，元德秀在鲁山县令任上。

殷祝胜据《唐元琰墓志》"（元琰）天宝七载八月六日薨于平原官舍……以其载十一月十八日安窆洛阳县崇义乡故城东园"及"从侄临汝郡鲁山令德秀文""侄前左羽林军录事参军辖书"，元德秀官职前未加"前"，推测出元德秀本年在鲁山县令任上。

749 己丑

天宝八载　公三一岁

本年或稍后，公自长安返商余山。

元结《二风诗序》："天宝丁亥中，元子以文辞待制阙下。……会有司奏待制者悉去之，于是归于州里。后三岁，以多病习静于商余山。"按：孙谱以为元结当在制科考试之后当年即归于乡里，杨谱也认为元结天宝七载复游长安。然从"于是归于州里，后三岁，以多病习静于商余山",归于州里后就习静于商余,且元结习静商余正好三年,则自天宝六载至天宝八载间,元结或长时间在长安附近游历,天宝九载春,元结筑居于余中谷,则元结返回商余当在九载稍前,现姑系于此。

本年或稍后,元德秀鲁山令任满,南游陆浑,见佳山水,遂隐居于此。

萧颖士《重阳日陪元鲁山德秀登北城眺对新霁因以赠别》:"人和岁已登,从政复何有。……渐闻惊栖羽,坐叹清夜月。……仅能泯宠辱,未免伤别离。明时当盛才,短伎安所设。何日谢百里,从君汉之滏。"诗有下注"时元兄屡有挂冠之意"。又萧颖士有《伐樱桃树赋并序》:"天宝八载,予以前校理罢免,降资参广陵太府军事。"萧颖士另有《滞舟赋》:"摄提岁,拂衣海岳,应调函洛。……。于时丙丁守位,恢台肇节。朱云四腾,瑶草半歇。……朝发乎荆衡,夕止乎扬越。"可知萧颖士在天宝八、九载间在长安、洛阳、扬越一带活动,且在仕途上处于失意期,有机会在重阳日与元德秀于鲁山相见,而元德秀也当在不久后辞去鲁山县令。

李华《元鲁山墓碣铭并序》:"代下之日,柴车而返。南游陆浑,考一亩之宅,发八筦之直,唯匹帛焉。居无扃钥、墙藩之禁,达生齐物,从其所好。"① 《旧唐书·元德秀传》:"秩满,南游陆浑,见佳山水,杳然有长往之志,乃结庐山阿。"② 秩满,也即任鲁山令后。《新唐书·元德秀传》也载:"所得奉禄,悉衣食人之孤遗者。岁满,笥余一缣,驾柴车去。爱陆浑佳山水,乃定居。"③ 皮日休《元鲁山》:"三年鲁山民,丰稔不暂饥。三年鲁山吏,清慎各自持。只饮鲁山泉,只采鲁山薇。一室冰檗苦,四远声光飞。退归旧隐来,斗酒入茅茨。鸡黍匪家

---

① (清)董诰编:《全唐文》卷三二〇李华《元鲁山墓碣铭并序》,中华书局1983年版,第3249页。
② (后晋)刘昫等:《旧唐书》卷一九〇下《元德秀传》,中华书局1975年版,第5051页。
③ (宋)欧阳修、宋祁:《新唐书》卷一九四《元德秀传》,中华书局1975年版,第5564页。

畜，琴尊常自怡。"① 则元德秀任鲁山县令仅一任期。按：元结之父元延祖、从兄元德秀先后隐逸，对元结思想影响很大，在他出仕阶段，他多次上书辞官，希望过一种隐逸生活。即使在出仕期间，也时刻不忘山水之乐。

---

① （清）彭定求等编：《全唐诗》卷六〇八皮日休《元鲁山》，中华书局1960年版，第7017页。

四　习静商余

750 庚寅

天宝九载　公三二岁

春,公多病,与其弟元季川习静于商余,筑居于余中谷,作《述居》篇。

元结《自述三篇并序》:"天宝庚寅,元子初习静于商余。人闻之非,非曰:'此狂者也。'见则茫然。无几,人闻之是,是曰:'此学者也。'见则猗然。及三年,人闻之参,参曰:'此隐者也。'见则崖然。有惑而问曰:'子其隐乎?'对曰:'吾岂隐者邪?愚者也。穷而然尔。'或者不喻,遂为《述时命》以辩之,先曾为《述居》一篇,因刊而次之,总命曰《自述》。"又元结《述居》:"天宝庚寅,元子得商余之山。"故《述居》当作于天宝九载。又元结《二风诗序》:"天宝丁亥中……后三岁,以多病习静于商余山。"后三岁,也即天宝九载。按:习静也即习养静寂的心性,从元结天宝九载至天宝十二载所著之文看,主要阐释的是山水及隐逸生活之乐,道家思想较浓,同时,兼有儒家思想。《悆官引》:"天下昔无事,僻居养愚钝。山野性所安,熙然自全顺。"也是指这段隐居经历。

在《述居》篇中,元结对居住环境作了细致描写:"天宝庚寅,元子得商余之山。山东有谷,曰余中。谷东有山,曰少余山。谷中有田可耕艺者三数夫,有泉停浸,可畦稻者数十亩。泉东南合肥溪,溪源在少余山下,溪流出谷,与潩水合汇于溘。将成所居,故人李才闻而来会,乃叹曰:'吾未始知夫子之所至焉,今知之矣。'"据实地考录,少余山遗址在今河南鲁山县马楼乡商峪口村，其村民自以为元结故里，当是。又曰："乃相与占山泉，辟榛莽，依山腹，近泉源，始为亭庑，始作堂宇，因而习静，适自保闲。"又曰："予当乘时和，望年丰，耕艺山田，兼备药石，与兄弟承欢于膝下，与朋友和乐于琴酒，寥然顺命，不为物累，亦自得之，分在于此也。"又《处规》："季川问曰：'兟终不复二论，兟有意乎？'于戏季川！"《恶圆》中也提及季川："元子召季川谓曰：'吾自婴儿戏圆……公植其操矛戟刑我乎？'"按：季川即元融，元结之弟。参见"元结家世条"，则可知其弟元融亦当随元结隐居。

四月，颜真卿因事出为东都畿采访处置使判官，与公有交往，公之《戏规》当作此稍后。公与颜真卿交往，也当自此始。

殷亮《颜鲁公行状》："时中丞宋浑，以私怨为御史吉温、崔珪所诬告，谪贺州。公谓珪、温曰：'奈何以一时之忿，而欲危宋璟裔乎？'由是与二人不平。宰相杨国忠初党于温，亦怒公之不附己，令吉温讽中丞蒋洌奏公为东京畿采访判官。"①《资治通鉴本末》载："九载夏四月己巳，御史中丞宋浑坐赃巨万，流潮阳。初，吉温因李林甫得进，及兵部侍郎兼御史中丞杨钊恩遇浸深，温遂去林甫而附之，为钊画代林甫执政之策。萧炅及浑，皆林甫所厚也，求得其罪，使钊奏而逐之，以剪其心腹，林甫不能救也。"② 颜真卿出为东都畿采访判官当与宋浑事相关。

元结《戏规》："元子偶倚于云丘之巅……元子友真卿闻之，书过于元子曰：……元子报真卿曰：'……真卿，吾当以戏为规。'"按：真卿，当指颜真卿。颜真卿与元结多有交往，元结所撰《大唐中兴颂》，颜真卿曾手书。元结去世后，颜真卿为之作《元君表墓碑铭》。故元子友真卿当指颜真卿。又朱光田在《颜真卿年谱》中把《戏规》创作时间定在乾元二年（759），时元结居于瀼溪，颜真卿为饶州刺史。又元结居瀼溪时，称己为"浪士"，已不再称元子。又《戏规》之文，未言

---

① （清）董诰编：《全唐文》卷五一四，殷亮《颜鲁公行状》，中华书局1983年版，第5224页。
② （宋）袁枢：《通鉴纪事本末》卷三一，中华书局2015年版，第2879页。

及安史之乱，风格与瀼溪之作有较大不同。饶州、江州虽为邻州，但二人交往亦不容易。本年，颜真卿为东都畿采访处置使判官，唐代汝州属都畿道，唐开元二十一年时，把全国分为十五道，每道设置采访处置使，简称采访使，掌管检查刑狱和监察州县官吏。汝州也在颜真卿行事职权范围内，故元结和颜真卿有可能在此期间有交往。

元结《戏规》："元子偶倚于云丘之巅……彼行于世上，有爱憎相忌，是非相反，名利相夺，祸福相从，至于有蒙戮辱者，焉得不因苟戏似非，世儿惑之以及者乎？"阐释了元结的处事、处世态度——当以戏为规。

本年，沈千运在濮中，有《濮中言怀》，公或此时与之交往。稍后，沈千运归汝坟，高适北使清夷军送兵过濮阳，有诗相送。

元结《箧中集序》："吴兴沈千运，独挺于流俗之中，强攘于已溺之后，穷老不惑，五十余年，凡所为文，皆与时异。……已长逝者，遗文散失；方阻师者，不见近作。尽箧中所有，总编次之，命曰《箧中集》。"从"尽箧中所有"可以看出《箧中集》诗人都与元结有诗书往来，《濮中言怀》即收录于《箧中集》中，则元结与沈千运之交往当在沈千运居濮中前后。

高适时在封丘尉任，北使清夷军送兵过濮阳（参见周勋初《高适年谱》），作《赠别沈四逸人》送沈千运归汝坟："沈侯未可测，其况信浮沉。……我来遇知己，遂得开清襟。何意阃阈间，沛然江海深。疾风扫秋树，濮上多鸣砧。……平生重离别，感激对孤琴。"① 又有《赋得还山吟赠沈四山人》："还山吟，天高日暮寒山深，送君还山识君心。"② 汝坟指古汝水堤岸，汝水源出河南省嵩县高陵山，流经临汝、许昌、汝南、潢川、新蔡诸县，注入淮河。据张籍《沈千运旧居》："汝北君子宅，我来见颓埔。"③ 沈千运当居于汝北，元结所居鲁山县在汝南。二

---

① （唐）高适著，刘开扬笺注：《高适诗集编年笺注》之《编年诗》，中华书局1981年版，第177—178页。

② （唐）高适著，刘开扬笺注：《高适诗集编年笺注》之《编年诗》，中华书局1981年版，第178页。

③ （清）彭定求等编：《全唐诗》卷三八三张籍《沈千运旧居》，中华书局1960年版，第871页。

四 习静商余

人应有交往。

十二月，颜真卿自东都畿采访处置使判官转侍御史。

殷亮《颜鲁公行状》："九载十二月转侍御史。"① 颜真卿自此离开洛阳。故《戏规》当作于天宝九载四月至天宝九载十二月间。

本年，公在鲁山商余山，作《二风诗序》，又《二风诗论》亦当作于此时。

元结《二风诗序》："天宝丁亥中，元子以文辞待制阙下。……会有司奏待制者悉去之，于是归于州里。后三岁，以多病习静于商余山。病间，遂题括存之，此亦古之贱士不忘尽臣之分耳。其义有论订之。"《二风诗》创作于天宝六载，则《序》创作于九载。又《二风诗论》："客有问元子曰：'子著《二风诗》，何也？'曰：'吾欲极帝王理乱之道，系古人规讽之流。'曰：'何如也？''夫至理之道，先之以仁明，故颂帝尧为仁帝；安之以慈顺，故颂帝舜为慈帝；成之以劳俭，故颂夏禹为劳王；修之以敬慎，故颂殷宗为正王；守之以清一，故颂周成为理王。此理风也。夫至乱之道，先之以逸惑，故闵太康为荒王；坏之以苛纵，故闵夏桀为乱王；覆之以淫暴，故闵殷纣为虐王；危之以用乱，故闵周幽为惑王；亡之于积累，故闵周赧为伤王。此乱风也。'"此或《序》中"题括"之意。天宝丁亥之后三岁即本年。孙谱与杨谱系《二风诗论》于天宝六载，当误。

本年，苏源明自东平太守转河南令，公作《说楚王赋》三篇以献苏源明，又或作有《浮宫记》；苏源明见之，称赞不已，作《商余操》以颂元结。

颜真卿《元君表墓碑铭并序》："常著《说楚赋》三篇，中行子苏源明骇之曰：'子居今而作真淳之语，难哉！然世自浇浮，何伤元子？'"《新唐书·苏源明传》："苏源明，京兆武功人，初名预，字弱夫。……源明雅善杜甫、郑虔，其最称者元结、梁肃。"② 《文苑英华》

---

① （清）董诰编：《全唐文》卷五一四殷亮《颜鲁公行状》，中华书局1983年版，第5224页。
② （宋）欧阳修、宋祁：《新唐书》卷二〇二《苏源明传》，中华书局1975年版，第5773页。

卷七〇一元结《文编序》仲行公，彭叔夏校："集作'中'。"

《宝刻丛编》卷八："《唐商余操》，唐苏预撰，韩择木八分书。预友元结隐居教授于商余之肥溪，预为作此辞。预时为河南令，自号中行子。碑不载刻石年月，在鲁山县。"① 清康熙三十三年王雍《鲁山县志》："肥溪：唐考功郎中苏源明《商余操》曰：'商余之下，肥水之曲'。即此是也。"② 按：《新唐书·苏源明传》："苏源明，京兆武功人，初名预，字弱夫。……工文辞，有名天宝间。及进士第，更试集贤院。累迁太子谕德。出为东平太守。……安禄山陷京师，源明以病不受伪署。肃宗复两京，擢考功郎中知制诰。"③ 苏源明为考功郎中在安史之乱后，此时元结已不居肥溪。又据《唐刺史考·河南府》天宝十载至十三载，河南令尹为裴迥，而据元结《述居》，元结天宝九载才居于肥溪，则苏源明为河南令必然在天宝九载或稍前，也即苏源明为东平太守后还有段时间为河南令尹。故《商余操》必然作于天宝九载。

元白珽《湛渊静语》卷二："舟之最大者，莫若木兰皮国，其舟内有市井买卖，机坊酒肆之类，迤长数丈，中积数年粮食。以此观之，元次山所作《浮宫记》，恐不可谓之寓言。"④《浮宫记》不见于元结作品中，也未见于历代其他文献中。考元结作品，有《说楚王赋》三篇，中有对浮宫描写，现撮其要录之："昔闻臣何荒王使钓翁相水，相置浮宫之所……宫有艎台揭枝，类拟天都。薰珍钿涂，缨佩垂纡，金珠玉炉，萧瀏清泠，苾馥芬敷。……宫有桴堂艀房，舠馆艨廊……宫有联艣，负土以为舲䑿，囷多夭草媚木，淫禽丑兽。宫有海舸之阙，仡倔鲜悬，左曰瑞风，右曰祥烟。宫有四门，青气白云，丹景玄寒。然后始为鹍城，匜宫屯备，交战禁御，䒾罗攒峙。其余骇鲸之䑨、飞龙之舫，凫舼鹤䑠，罗宫上下者，千里相望。"则白珽所谓《浮宫记》或为《说楚

---

① （南宋）陈思编著：《宝刻丛编》卷五《汝州》，浙江古籍出版社2012年版，第327页。
② （清）王雍修纂：《鲁山县志》卷一《舆地志》，清康熙三十三年（1694）本，2001年5月鲁山地方史志编纂委员会再版，第9页。
③ （宋）欧阳修、宋祁：《新唐书》卷二〇二《苏源明传》，中华书局1975年版，第5771—5772页。
④ （元）白珽：《湛渊静语》卷二，文渊阁四库全书本。

四 习静商余

王赋》，且类似于寓言。但元结早年小说、寓言类作品颇多，有《异录》《诸山记》《猗玗子》等，另《元子》中还有数卷小说，元结或另作有《浮宫记》，故存疑。

本年，有门人叔将、叔盈从之游。

元结《出规》："元子门人叔将出游三年，及还，元子问之曰：'……汝忽然望权势而往，自致身于刑祸之方，得筋骨载肉而归，幸也大矣！二三子以叔将为戒乎！'"）又元结有《恶曲》："元子时与邻里会，曲全当时之欢，以顺长老之意。归泉上，叔盈问曰：……东邑有全直之士，闻元子对叔盈，恐曰：'吾闻元次山约其门人曰……'"又《元鲁县墓表》对叔盈也有记载："天宝十三载，元子从兄前鲁县大夫德秀卒，元子哭之哀。门人叔盈问曰……叔盈退谓其徒曰……元子闻之，召叔盈谓曰。"则叔盈亦其门人。开元二十三年元结开始隐居山林读书，十七年尚轻，且始读书，不当有门人。自天宝五载至天宝八载处在游历中，则叔将、叔盈作其门人或在天宝九载。元结《自述三篇并序》："天宝庚寅，元子初习静于商余。人闻之非，非曰：'此狂者也。'见则茫然。无几，人闻之是，是曰：'此学者也。'"叔将、叔盈为其门人或在天宝九载。

本年或稍前，公之长子元友直生。

元结《恶圆》："元子家有乳母，为圆转之器以悦婴儿，婴儿喜之。"按：《恶圆》作于天宝九载至十二载。公有子曰友直，公之长子。《漫歌八首》其六："将牛何处去，耕彼西阳城。叔闲修农具，直者伴我耕。""直者，漫叟长子也。"《漫歌八曲》序曰："壬寅中，漫叟得免职事。"壬寅年即宝应元年（762），如友直本年左右生，则宝应元年友直为十二岁，正是"直者伴我耕"年龄。又据《唐会要》载："建中元年，贤良方正能直言极谏科，姜公辅、元友直、樊泽、吕元膺及第。"[1] 建中元年为公元780年，则元友直为三十岁左右，也符合中进士年龄。又《漫酬贾沔州》："家中孤弱子，长子未及冠。"此文作于广德元年

---

[1] （宋）王溥：《唐会要》卷七六《贡举中》，中华书局1960年版，第1389页。

（763），如元友直本年出生至广德元年已十三岁，初过总角之年，可以算得上"未及冠"。又《恶圆》中提及"乳母"，则孩子尚幼可知，此或为元结归隐商余的另一原因。

本年或稍后，邑人修豢龙氏祠于少余山下，公作《演兴四首》以祷之。又《引极三首》或前后作。

《演兴四首》其序曰："商余山有太灵古祠，《传》云：豢龙氏祠大帝所立。祠在少余西乳之下，邑人修之以祈田。予因为招祠讼闵之文以演兴。"可知此四篇当作于元结迁居少余山后，现姑系于此。

又《引极三首》与《演兴四首》风格类似，皆从楚辞中来，且在明本中编次相先后。又元结楚辞体文学仅《说楚王赋》《演兴》《引极》三篇，中进士后无此类作品，故系于此。

751 辛卯

天宝十载　公三三岁

二月或稍前，公门人叔将游长安。

元结《出规》："元子门人叔将出游三年，及还。"叔将天宝十二载二月前遇挫返回，参见"天宝十二载条"，以此逆推三年，叔将游长安当在本月或稍前。

夏四月，杨国忠令剑南节度使鲜于仲通将兵六万讨云南，官军大败。元结后有文提及此事，杜甫、李白等均有诗作。

《旧唐书·玄宗纪》："（天宝十载）夏四月，剑南节度使鲜于仲通将兵六万讨云南，与云南王阁罗凤战于泸川，官军大败，死于泸水者不可胜数。"[①]《资治通鉴·天宝十载》："夏，四月，壬午，剑南节度使鲜于仲通讨南诏蛮，大败于泸南。时仲通将兵八万分二道出戎、巂州，至曲州、靖州。南诏王阁罗凤谢罪，请还所俘掠，城云南而去，且曰：'今吐蕃大兵压境，若不许我，我将归命吐蕃，云南非唐有也。'仲通不许，囚其使。进军至西洱河，与阁罗凤战，军大败，士卒死者六万

---

① （后晋）刘昫等：《旧唐书》卷九《玄宗下》，中华书局1975年版，第225页。

人，仲通仅以身免。杨国忠掩其败状，仍叙其战功。……制大募两京及河南、北兵以击南诏；人闻云南多瘴疠，未战士卒死者什八九，莫肯应募。杨国忠遣御史分道捕人，连枷送诣军所。旧制，百姓有勋者免征役，时调兵既多，国忠奏先取高勋。于是行者愁怨，父母妻子送之，所在哭声振野。"①

元结《送张玄武序》："乙未中……元子闻之，中有所指：'国家将日极太宁，垂休八荒，故自近年，兵出滇外。'订者或曰：'西南少疲，是以天子特有命也。将天之命，斯未易然。'""兵出滇外"即指出兵云南。

又杜甫时在长安，作《兵车行》："车辚辚，马萧萧，行人弓箭各在腰。耶娘妻子走相送，尘埃不见咸阳桥。牵衣顿足拦道哭，哭声直上干云霄。……君不见青海头，古来白骨无人收。新鬼烦冤旧鬼哭，天阴雨湿声啾啾。"②

又李白有《古风》三十四："羽檄如流星，虎符合专城。……借问此何为，答言楚征兵。渡泸及五月，将赴云南征。怯卒非战士，炎方难远行。长号别严亲，日月惨光晶。泣尽继以血，心摧两无声。困兽当猛虎，穷鱼饵奔鲸。千去不一回，投躯岂全生。如何舞干戚，一使有苗平。"③

本年，公习静于商余山。

参见"天宝九载"条。

本年，沈千运居于汝坟，春作《感怀弟妹》，感叹兄弟之伤亡过半；又有《赠史修文》《山中作》《古歌》数诗，或作此稍后，后被公收录于《箧中集》中。

《全唐诗》卷二五九沈千运《感怀弟妹》题下有注："一作《汝坟示弟妹》。"诗曰："今日春气暖，东风杏花拆。……兄弟可存半，空为

---

① （宋）司马光编著，（元）胡三省音注：《资治通鉴》卷二一六《唐纪》三二，中华书局1956年版，第6906—6907页。
② （唐）杜甫著，（清）仇兆鳌注：《杜诗详注》卷二，中华书局1979年版，第113—116页。
③ （唐）李白著，（清）王琦注：《李太白全集》卷二，中华书局1977年版，第130页。

亡者惜。冥冥无再期，哀哀望松柏。骨肉能几人，年大自疏隔。"① 又有《赠史修文》"畴昔皆少年，别来鬓如丝"② 与《感怀弟妹》"近世多夭伤，喜见鬓发白"③ 类似。《山中作》："栖隐非别事，所愿离风尘。不辞城邑游，礼乐拘束人。迩来归山林，庶事皆吾身。"④ 也可见其归隐后所作。又《古歌》："北邙不种田，但种松与柏；松柏未生处，留待市朝客。"⑤ 北邙在河南洛阳，距汝北不过数十公里，则《古歌》为其居汝北游北邙时作。《箧中集》中收录的五首诗，所作时间和地域大体一致，从中也可见元结和沈千运交往情况。

本年左右，苏源明自河南令转国子司业。

《新唐书·苏源明传》："苏源明，京兆武功人，初名预，字弱夫。少孤，寓居徐、兖。工文辞，有名天宝间。及进士第，更试集贤院。累迁太子谕德。出为东平太守。……召源明为国子司业。"⑥ 据"天宝九载条"，苏源明在东平太守后还曾任河南令。天宝十载河南令为裴迥。又《元君表墓碑铭并序》："会天下乱，沈浮人间。国子司业苏源明见肃宗，问天下士，荐结可用。"则可知苏源明在河南令后曾任国子司业。

本年，孟郊生。

韩愈《贞曜先生墓志》："唐元和九年，岁在甲午，八月乙亥，贞曜先生孟氏卒。……次于阌乡，暴疾卒，年六十四。"⑦ 孟郊元和九年卒，年六十四。以此逆推，当于本年生。孟郊，字东野，湖州武康人，

---

① （清）彭定求等编：《全唐诗》卷二五九沈千运《感怀弟妹》，中华书局1960年版，第2887页。
② （清）彭定求等编：《全唐诗》卷二五九沈千运《赠史修文》，中华书局1960年版，第2888页。
③ （清）彭定求等编：《全唐诗》卷二五九沈千运《感怀弟妹》，中华书局1960年版，第2887页。
④ （清）彭定求等编：《全唐诗》卷二五九沈千运《山中作》，中华书局1960年版，第2888页。
⑤ （清）彭定求等编：《全唐诗》卷二五九沈千运《山中作》，中华书局1960年版，第2888页。
⑥ （宋）欧阳修、宋祁：《新唐书》卷二〇二《苏源明传》，中华书局1975年版，第5771—5772页。
⑦ （唐）韩愈：《韩愈文集汇校笺注》卷一九，中华书局2010年版，第2047—2948页。

生于昆山。与贾岛并称，有"郊寒岛瘦"之说。又与韩愈齐名，时称"孟诗韩笔"。有《孟东野诗集》十卷传世。事见韩愈《贞曜先生墓志》，传在《旧唐书》卷一〇六、《新唐书》卷一七六，近人华忱之著有《孟郊年谱》《孟郊诗集校注》。

752 壬辰

天宝十一载　公三四岁

十一月，李林甫卒，杨国忠代为右相。

《旧唐书·杨国忠传》："十一载，南蛮侵蜀，蜀人请国忠赴镇，林甫亦奏遣之，将辞，两泣恳陈必为林甫所排，帝怜之，不数月召还。会林甫卒，遂代为右相，兼吏部尚书、集贤殿大学士、太清太微宫使、判度支、剑南节度、山南西道采访、两京出纳租庸铸钱等使并如故。"①《资治通鉴·天宝十一年》："十一月，丁卯，林甫薨。上晚年自恃承平，以为天下无复可忧，遂深居禁中，专以声色自娱，悉委政事于林甫。林甫媚事左右，迎合上意，以固其宠；杜绝言路，掩蔽聪明，以成其奸；妒贤嫉能，排抑胜己，以保其位；屡起大狱，诛逐贵臣，以张其势。自皇太子以下，畏之侧足。凡在相位十九年，养成天下之乱，而上不之寤也。庚申，以杨国忠为右相，兼文部尚书，其判使并如故。"②

本年，公习静于商余，《自述三篇序》及《述时》《述命》作于本年。

《自述三篇》包括《述时》《述命》和《述居》三篇及《序》。据《序》所载："天宝庚寅，元子初习静于商余。……及三年，人闻之参……或者不喻，遂为《述时命》以辩之。先曾为《述居》一篇，因刊而次之，总命曰《自述》。"按：元结天宝九载习静于商余，至十一载正好三年，故《序》及《述时》《述命》作于本年。

---

① （后晋）刘昫等：《旧唐书》卷一〇六《杨国忠传》，中华书局1975年版，第3243页。
② （宋）司马光编著，（元）胡三省音注：《资治通鉴》卷二一六《唐纪》三二，中华书局1956年版，第6914页。

《述时》篇曰:"圣皇承之,不言而化,四十余年,天下太平。礼乐化于戎夷,慈惠及于草木。"唐玄宗延和元年(712),受禅即位,改年开元,至今正好四十年。在《述时》中,元结阐释了隐居原因:"由此知官不胜人,逸于司领,使秩次不能损,又休罢以抑之,尚骈肩累趾,受任不暇。予愚愚者,亦当预焉,日觉抵塞,厌于无用,乃以因慕古人清和蕴纯,周周仲仲,瘝然全真,上全忠孝,下尽仁信,内顺元化,外娱太和足矣。"

《述命》篇曰:"后王急济天下,天下从之,救之以权宜,权宜侈恶。天下亦从而侈恶,故赴贪徇纷急之风,以至于今。"借人之口对天宝年间社会现实进行了强烈批判。并提出:"圣贤者兢兢然犹伤命性,愚惑者恩恩然遂忘家国。"表示人生在世,"不如忘情,忘情当学草木"。

又《七不如》当作此前后。

元结《七不如》:"有思虑,不如静而闲;有喜爱,不如忘其情。及其甚也,不如草木。"又《述命》:"草木无心也,天地无情也,而四时自化,雨露自均,根柢自深,枝干自茂。如是,天地岂丑授而成哉,草木岂忧求而生哉?"可见二者表达思想相同,当与《述命》前后作。

本年或稍后,公次子元友正生,友正字以明。

元结《与吕相公书》:"某又三世单贫,年过四十,弱子无母,年未十岁,孤生嫁娶者一人。"该文作于上元二年(761),文中提及"弱子无母,年未十岁",则元友正当于本年或稍后生。

753 癸巳

天宝十二载　公三五岁

正月,杨国忠诬奏李林甫与蕃将阿布思逆谋;二月,制削李林甫官爵,子孙有官者除名,流岭南及黔中。

《旧唐书·李林甫传》:"国忠素憾林甫,既得志,诬奏林甫与蕃将阿布思同构逆谋,诱林甫亲族间素不悦者为之证。诏夺林甫官爵,废为庶人，岫、崿诸子并谪于岭表。"①《新唐书·李林甫传》："国忠素衔林甫，及未葬，阴讽禄山暴其短。禄山使阿布思降将入朝，告林甫与思约为父子，有异谋。事下有司，其婿杨齐宣惧，妄言林甫厌祝上，国忠劾其奸。帝怒，诏林甫淫祀厌胜，结叛虏，图危宗社，悉夺官爵，斫棺剔取含珠金紫，更以小槽，用庶人礼葬之；诸子司储郎中崿、太常少卿岵及岫等悉徙岭南、黔中，各给奴婢三人，籍其家；诸婿若张博济、郑平、杜位、元捴，属子复道、光，皆贬官。"②《资治通鉴·天宝十二年》："杨国忠使人说安禄山诬李林甫与阿布思谋反，禄山使阿布思部落降者诣阙，诬告林甫与阿布思约为父子。上信之，下吏按问；林甫婿谏议大夫杨齐宣惧为所累，附国忠意证成之。时林甫尚未葬，二月，癸未，制削林甫官爵；子孙有官者除名，流岭南及黔中，给随身衣及粮食，自余资产并没官；近亲及党与坐贬者五十余人。剖林甫棺，抉取含珠，褫金紫，更以小棺如庶人礼葬之。"③

二月或稍后，公门人叔将自长安返商余，公作《出规》以规劝之。

元结《出规》："其客得禄位者随死，得金玉者皆孥，参游宴者或刑或免。叔将之身，如犬逃者五六，似鼠藏者八九。当其时，环望天地，如置在杯斗之中。"疑似叔将卷入杨国忠罪李林甫案中，故系于此。又本年七月，元结已准备应进士考试，《出规》当作于此前。《出规》："元子门人叔将出游三年，及还。"又《出规》："元子闻之，叹曰：'叔将，汝何思而为乎？汝若思为社稷之臣，则非正直不进，非忠说不言，虽手足斧钺，口能出声，犹极忠言，与气俱绝；汝若思为禄位之臣，犹当避赫赫之路，晦显显之机，如下厩粟马，齿食而已。汝忽然望权势而往，自致身于刑祸之方，得筋骨载肉而归，幸也大矣！'"此处主要阐述元结处世之道和为政之道。

---

① （后晋）刘昫等：《旧唐书》卷一〇六《李林甫传》，中华书局1975年版，第3241页。
② （宋）欧阳修、宋祁撰：《新唐书》卷二二三《李林甫传》，中华书局1975年版，第6348—6349页。
③ （宋）司马光编著，（元）胡三省音注：《资治通鉴》卷二一六《唐纪》三二，中华书局1956年版，第6917—6918页。

自天宝九载至十二载，元季川与公隐居商余，有诗写隐居生活，后收入《箧中集》中。

元结在其《箧中集》中录元季川诗四首，分别为《登云中》《山中晓兴》《泉上雨后作》《古远行》，诗中前三首均为隐居时作。《登云中》："灌田东山下，取乐在尔休。清兴相引行，日日三四周。"及《泉上雨后作》："流水复檐下，丹砂发清渠。养葛为我衣，种芋为我蔬。"与元结《述居》"天宝庚寅，元子得商余之山。山东有谷，曰余中。谷东有山，曰少余山。谷中有田可耕艺者三数夫，有泉停浸，可畦稻者数十亩"中的描写颇为一致，故当作于隐居商余期间。

公自天宝九载至天宝十二载习静于商余，多有所作。以下作品当作于此三年间：

《水乐说》："元子于山中尤所耽爱者，有水乐。水乐是南磳之悬水。淙淙然闻之多久，于耳尤便。不至南磳，即悬庭前之水，取欹曲窦缺之石，高下承之。水声少似，听之亦便。"南磳之名不可考，然《述居》："天宝庚寅，元子得商余之山。山东有谷曰余中谷，东有山曰少余山。……乃相与占山泉，辟榛莽，依山腹，近泉源，始为亭庑，始作堂宇，因而习静，适自保闲。"与《水乐说》中环境颇近，当作于隐居商余山时，现系此说于此。此《说》后有铭文："烟才通，寒淙淙。隔山风，考鼓钟。"或为元结最早一篇铭文。该文阐述山水之乐。元好问在《论诗绝句三十首》中写道"切响浮声发巧深，研摩虽苦果何心！浪翁水乐无宫徵，自是云山《韶濩》音"，对元结《水乐说》加以赞赏。

《订司乐氏》：按，《订司乐氏》中有句："或有将元子《水乐说》于司乐氏，乐官闻之。"故当作于《水乐说》稍后，文中另有"乐官去，季川问曰"，元结天宝九载《述居》："予当乘时和，望年丰，耕艺山田，兼备药石，与兄弟承欢于膝下。"则《订司乐氏》当作于元结与元季川隐居期间作。

《处规》："州舒吾问元子曰：'吾闻子多矣，意将何为？'对曰：'云山幸不求吾是，林泉又不责吾非，熙然能自全，顺时而老，可矣。复安为哉？'……'吾有言则自是，言达则人非。吾安能使吾身之有是，而令他人之有非，至于闻闻也哉？"《处规》阐释了元结的隐逸思想及处事态度，以及他对不言之言、不辩之辩的理解。故也当作于天宝九载至十二载间。

《心规》："元子病于世，归于商余山中，以酒自肆，有醉歌。"当作于习静于商余期间。在《心规》中，元结曰："子行于世间，目不随人视，耳不随人听，口不随人语，鼻不随人气，其甚也，则须封包裹塞。不尔，有灭身亡家之祸、伤污毁辱之患生焉。虽王公大人亦不能自主口鼻耳目。"表达了元结忧谗惧祸的避世心理。

《恶圆》：文中有"元子召季川"，且曰"吾自婴儿戏圆"，则当作于隐居商余期间，参见"天宝九载"条。文曰："忽乎！吾与汝圆以应物，圆以趋时，非圆不预，非圆不为，公植其操矛戟刑我乎？"亦为阐释处世之道。

《恶曲》："东邑有全直之士，闻元子对叔盈，恐曰：'……今元次山苟曲言矣，强全一欢，以为不丧其直，愿哉！若能苟曲于邻里，旨全一欢，岂不能苟曲于乡县，以全言行？能苟曲于乡县，岂不能苟曲于邦国，以彰名誉？能苟曲于邦国，岂不能苟曲于天下，以扬德义？若言行、名誉、德义皆显，岂有钟鼎不入门、权位不在己乎？'元子闻之，颂曰：'吾以颜貌曲全一欢，全直君子之恶我如此，犹有过于此者，何以自免？'"《恶曲》阐述元结处世之道。

《自箴》："有时士教元子显身之道，曰：'于时不争，无以显荣。与世不佞，终身自病。君欲求权，须曲须圆。君欲求位，须奸须媚。不能此为，穷贱勿辞。'"可与《恶圆》《恶曲》相互补充。又云："与时仁让，人不汝上。处世清介，人不汝害。汝若全德，必忠必直。汝若全行，必方必正。终身如此，可谓君子。"或元结入世前的自我告诫。

《浪翁观化并序》《时化》《世化》：《浪翁观化并序》："浪翁，山野浪老也。闻元子亦浪然在山谷，病中能记水石、草木、虫豸之化，亦来说常所化。凡四说。"此四说包括《有无相化》《有化无》《无化有》《化相化》四篇。元结闻浪翁说化后，又作《时化》篇。篇曰："时之化也，大臣为威权所恣，忠信化为奸谋；庶官为禁忌所拘，公正化为邪佞；公族为猜忌所限，贤哲化为庸愚；人民为征赋所伤，州里化为祸邸；奸凶为恩幸所迫，厮皂化为将相。翁能记于此乎？"对现实多有批判，后浪翁闻元结说时化，又作《世化》："人民相持于死伤之中，裸露而行，霜雪非衣裘也耶？人民劳苦相冤，疮痍相痛，老弱孤独相苦，死亡不能相救，呻吟非常声也耶？人民多饥饿沟渎，病伤道路，粪污非粱肉也耶？人民奔亡潜伏，戈矛相拂，前伤后死，免而存者，一息非千岁也耶？"也是对现实的批判之词。按：《浪翁观化并序》《世化》乃元结记录浪翁言语，然毕竟是元结所书，故依然为元结之作品。《时化》则是元结愤世之作。总体来看，这几篇作品内容多与"化"也即万物的相互转化相关，当为习静时的作品。又疑《无化有》："浪翁曰：人或云，我来于南，北行万里，至无不有。"浪翁盖南方人，非元结虚构之人物。浪翁对元结影响较大，后元结多以"浪"自称。苏轼在《武昌西山》（并叙）中写道："浪翁醉处今尚在，石臼杯饮无樽罍。"此浪翁乃元结，非元结《无化有》中之浪翁。

公在习静商余山期间，或与赵微明、于逖等多人有交往。

《唐才子传·张众甫》："同在一时者，有赵微明、于逖、蒋涣、元季川，俱山颠水涯，苦学贞士，名同兰茝之芳，志非银黄之慕。吟咏性灵，陶陈衷素，皆有佳篇，不能湮落。"① 元结《箧中集》中，录于逖诗两首，赵微明诗三首。《全唐诗》："于逖，开元时人，李白、独孤及皆有诗赠之，亦与元结友善。"② 同书："赵微明，天水人。"

除此外，另有以下人与元结有交往：①舒吾：《处规》："州舒吾问元子曰"，舒吾，当为汝州人。②滕许：《处规》："滕许大夫友元子，闻不应舒吾之说。"时当为鲁山县大夫。③里夫公：《心规》："里夫公闻之，酌元子之酒，请歌之。歌曰：'元子乐矣！'俾和者曰：'何乐亦然？何乐亦然？'我曰：'我云我山，我林我泉。'"盖亦一隐士。④友

---

① （元）辛文房撰，孙映逵校注：《唐才子传校注》卷三《张众甫》，中国社会科学出版社1991年版，第299—300页。

② （清）彭定求等编：《全唐诗》卷二五九《于逖》，中华书局1960年版，第2891页。

人公植:《恶圆》:"友人公植者,闻有戏儿之器,请见之。及见之,趋焚之。"则公植乃一性格耿直人物。⑤清惠先生:《述命》:"元子尝问命于清惠先生,先生曰:'子欲知命,不如平心,平心不如忘情。'"盖当时一隐者。

五　再次科考

753 癸巳

天宝十二载　公三五岁

　　七月，唐玄宗下诏，天下罢乡贡，举人不由国子及郡、县学者，勿举送。

　　《新唐书·选举上》："十二载，乃敕天下罢乡贡，举人不由国子及郡、县学者，勿举送。是岁，道举停《老子》，加《周易》。十四载，复乡贡。"①《登科记考补正》卷九："（天宝十二载）七月壬子，诏天下举人，不得充乡试，皆须补国子学生及郡县学生，然后听举。"②

　　稍后，公当结束商余隐居生活，为应次年进士考试入郡、县学。

　　元结《与李相公书》："辱在乡选，名污上第。"按：唐人参加进士考试，有多途径。《新唐书·选举上》："唐制，取士之科，多因隋旧，然其大要有三。由学馆者曰生徒，由州县者曰乡贡，皆升于有司而进退之。"③《新唐书·选举上》："每岁仲冬，州、县、馆、监举其成者送之尚书省；而举选不由馆、学者谓之乡贡，皆怀牒自列于州、县。试已，长吏以乡饮酒礼，会属僚，设宾主，陈俎豆，备管弦，牲用少牢，歌《鹿鸣》之诗，因与耆艾叙长少焉。既至省，皆疏名列到，结款通保及

---

① （宋）欧阳修、宋祁：《新唐书》卷四四《选举志上》，中华书局1975年版，第1164页。
② （清）徐松撰，孟二冬补正：《登科记考补正》卷九，中华书局2019年版，第333页。
③ （宋）欧阳修、宋祁：《新唐书》卷四四《选举志上》，中华书局1975年版，第1159页。

所居，始由户部集阅，而关于考功员外郎试之。"① 本年唐玄宗罢乡贡，十四载复乡贡，元结天宝十三载中进士，则其举进士非由乡贡。然元结在元结《与李相公书》："辱在乡选。" 则必然入州郡学馆，通过参与考试而获得荐举进士资格。

元结《与吕相公书》："昔天下太平，不敢绝世业，亦欲求文学之官职员散冗者，为子孙计耳！"《避暑录话》卷上："故次山出举进士制科，慨然以当世为念，随其所为皆有以表见，岂延祖亦固知次山可语是耶？"② "不敢绝世业" "为子孙计" 及 "慨然以当世为念"，当为元结再次参与进士考试原因。

仲冬，元结参与乡选，获荐进士资格。

《通志·选举略》："唐人贡士之法，多循隋制。上郡岁三人，中郡二人，下郡一人，有才能者无常数。其常贡之科，有秀才，有明经，有进士，有明法，有书，有算。自京师郡县，皆有学焉。每岁仲冬，郡县馆监课试其成者，长吏会属僚，设宾主，陈俎豆，备管弦，牲用少牢，行乡饮酒礼，歌鹿鸣之诗，征蓍艾、叙少长而观焉。既饯而与计偕。"③ 又曰："其不在馆学而举者，谓之乡贡。"④ 根据元结文，则其参与的是乡选，而非乡贡。杨谱以为元结以乡贡获荐，当误。

本年，公作《订古五篇》，并为之序，以订古前世君臣、父子、兄弟、夫妇、朋友之道，或为行卷之作。

元结《订古五篇》，其序曰："天宝癸巳，元子作《订古》，订古前世君臣、父子、兄弟、夫妇、朋友之道。于戏！上古失之，中古乱之，至于近世，有穷极凶恶者矣。或曰：'欲如之何？'对曰：'将如之何！吾且闻之订之、嗟之伤之、泣而恨之而已也。'" 天宝癸巳年即天宝十二载。按：《订古五篇》与元结习静于商余作品有较大不同。商余作品，出世思想较浓，以宣扬道家思想为主。《订古五篇》则儒家思想较

---

① （宋）欧阳修、宋祁：《新唐书》卷四四《选举志上》，中华书局1975年版，第1161页。
② （宋）叶梦得：《避暑录话》卷上，国家图书馆藏明崇祯汲古阁本，第47页。
③ （宋）郑樵：《通志二十略》之《选举略》第一，中华书局1995年版，第1263页。
④ （宋）郑樵：《通志二十略》之《选举略》第一，中华书局1995年版，第1263页。

浓，入世意图明显。《订古五篇》主要探讨君臣、父子、兄弟、夫妇、朋友之道，指出道废之缘由。

稍后，公至长安，于礼部报到，纳卷《文编》，礼部侍郎杨（阳）浚对其赞赏有加。

元结《文编序》："天宝十二载，漫叟以进士获荐，名在礼部。会有司考校旧文，作《文编》纳于有司。"又曰："侍郎杨公见《文编》，叹曰：'以上第污元子耳！有司得元子是赖。'叟少师友仲行公，公闻之，谕叟曰：'于戏！吾常恐直道绝而不续，不虞杨公于子相续如缕。'"颜真卿《元君表墓碑铭并序》："天宝十二载举进士，作《文编》。礼部侍郎阳浚曰：'一第污元子耳，有司得元子是赖。'遂登高第。"《新唐书·元结传》亦云："天宝十二载举进士，礼部侍郎阳浚见其文，曰：'一第愿子耳，有司得子是赖！'果擢上第。"元结《与李相公书》："辱在乡选，名污上第。"按：元结《文编序》："天宝十二载，漫叟以进士获荐，名在礼部。会有司考校旧文，作《文编》纳于有司。……明年，有司于都堂策问群士，叟竟在上第！"颜真卿《元君表墓碑铭并序》举进士在作《文编》之前，则所谓举进士并非中进士，而是参与进士考试。这与元结《文编序》"天宝十二载，漫叟以进士获荐，名在礼部"一致，后人多误以为元结为天宝十二载中进士，非。

又《文编序》称礼部侍郎"杨公"，李华《三贤论》也谓"礼部侍郎杨浚掌贡举"，《唐语林》《册府元龟》皆作"杨浚"；然颜真卿《元君表墓碑铭并序》及《新唐书·元结传》皆作"礼部侍郎阳浚"，又据《登科记考补正》引岑仲勉考："曲石藏《唐故朝散大夫太子左赞善大夫陇西李府君（咄）墓志铭并序》，咄卒天宝十三载十二月，以翌年十一月葬，撰人题'礼部侍郎集贤院学士阳浚撰'，是作阳者不误，徐氏唯知信《三贤论》，殊不知传刻之讹，固不限于某书也。"然石刻也并非可全信，经刻工之手或碑文磨灭后重刻都可能产生讹误，颜真卿《元君表墓碑铭并序》关于元结卒年记载就存误，姑存疑。

又杨谱引《登科记考》:"(唐制)其应举者,乡贡进士例于十月二十五日集户部。"① 以为元结十月二十五日至京。然据《唐会要》:"至大历十年五月十九日敕:今年诸色举人,悉赴上都,准旧例。十月二十五日随考试,户部著到。"② 此为大历年间所下敕,则元结至京,未必在十月二十五日前。

约与此同时,公把天宝九载至十二载期间作品编撰成集,命为《元子》,李纾为之序,又于文集前作《元氏家录》,或为行卷而作。

元结《自释》:"少居商余山,著《元子》十篇,故以元子为称。"然从元结最早作品看,他在《闵荒诗并序》中就自称为元子,该诗作于天宝五载,而据马端临《文献通考》载《元子》收录的是天宝九载至十二载间作品,可见先有元子之名,后有《元子》文集。《新唐书·艺文三》《郡斋读书志》均作十卷。又元马端临《文献通考》:"初,结居商余山著书,其序谓天宝九年庚寅至十二年癸巳,一万六千五百九十五言,分十卷,是盖有意存焉。卷首有《元氏家录》,具纪其世次。"③ 元结《别韩方源序》也载:"乙未之前,次山有《元子》。"乙未年为天宝十四载,但《元子》收录的作品并非天宝十四载作品,而是收录此前作品,也即天宝九载至天宝十二载隐居商余山时的作品。《自释》与马端临《文献通考》所载并不矛盾。另元结《自释》载:"著《元子》十篇。"盖"篇"为"编",非指十篇文章。

马端临所见《元子》卷首有《元氏家录》,赵明诚《金石录》也载:"右《唐元结碑》……而《碑》与《元氏家录序》皆云……"④ 可知《元子》前有《元氏家录》及《元氏家录序》。据李商隐《容州经略使元结文集后序》,可知元结自编文集皆有自序,则赵、马二人所见

---

① (清)徐松撰,孟二冬补正:《登科记考补正》之《凡例》,中华书局2019年版,第21页。
② (宋)王溥:《唐会要》卷七六《贡举中》,中华书局1960年版,第1384页。
③ (元)马端临:《文献通考》卷二三二《经籍考》,明嘉靖三年(1524)司礼监刻,国家图书馆藏本。
④ (宋)赵明诚撰,金文明校证:《金石录校证》卷二八《唐元结碑》,广西师范大学出版社2005年版,第486页。

当为原本。考元结现存天宝九载至十二载间作品，有《述居》《述时》《述命》《二风诗序》《戏规》《出规》《处规》《心规》《恶圆》《恶曲》《水乐说》《订司乐氏》《浪翁观化》《订古五篇》，仅十四篇左右，字数不到六千，则其所佚作品多达一万余言。洪迈《容斋随笔》："又有《元子》十卷，李纾作序，予家有之，凡一百五篇，其十四篇已见于《文编》，余者大抵澶漫矫亢。"① 据《旧唐书·李纾传》载："李纾字仲舒，礼部侍郎希言之子。少有文学。天宝末，拜秘书省校书郎。大历初，吏部侍郎李季卿荐为左补阙，累迁司封员外郎、知制诰，改中书舍人。寻自虢州刺史征拜礼部侍郎。……卒于官，年六十二。贞元八年，赠礼部尚书。"② 李纾与元结为同时代人，其所作序的《元子》应与元结所自编《元子》为同一著作。"一百五篇"与"一万六千五百九十五言"在数量上大致相当，且《元子》与《文编》并列，则洪迈所见版本当与赵明诚、马端临所见应该一致。从洪迈所述"睿方国二十国事"及《元氏家录》《元氏家录序》等皆佚情况看，《元子》中可能除十四篇见于《文编》的作品外，绝大部分篇章已佚（参考《文编》）。又宋王尧臣《崇文总目·儒家类》载有十卷本《元子》，但同时又载："《元子》二十卷，元结撰。"③ 此版本与其他文献所载皆不合，或后人因《元子》和《文编》重合度小，合并二者而成。因元子为元结最早称号，故以此名其文集。惜此本未得流传。

又《元子》前有《元氏家录》《元氏家录序》，《家录》与后世族谱有一定区别，更注重于对一个家庭先祖的溯源，较族谱相对而言简略些。《元氏家录》《元氏家录序》可能源自于元结自身之手。《金石录》指出："《唐书·列传》，结，后魏常山王遵十五世孙，而《碑》与《元氏家录序》皆云'十二世'，盖《史》之误。"④ 元结为后魏常山王遵

---

① （宋）洪迈：《容斋随笔》卷一四《元次山元子》，中华书局2005年版，第187页。
② （后晋）刘昫等：《旧唐书》卷一三七《李纾传》，中华书局1975年版，第3763—3764页。
③ （宋）王尧臣：《崇文总目》卷三《儒家类》，文渊阁四库全书本。
④ （宋）赵明诚撰，金文明校证：《金石录校证》卷二八《唐元结碑》，广西师范大学出版社2005年版，第486页。

"十二世"孙,与颜真卿《元君表墓碑铭》合,且《家录》指出其高祖"善祎",《家录》由外人编撰的可能性较小。

又《元子》《文编》同编于天宝十二载,元结作《文编》是为了"纳于有司"(《文编序》),其目的是为科举做准备,其编《元子》当也有此目的。但《文编》与《元子》不同,《文编》更多强调的是"其意必欲劝之忠孝,诱以仁惠,急于公直,守其节分",故《文编》"纳于有司";《元子》则不一样,从洪迈所载《窊方国二十国事》:"方国之僧,尽身皆方,其俗恶圆。设有问者,曰'汝心圆',则两手破胸露心,曰'此心圆耶',圆国则反之。言国之僧,三口三舌。相乳国之僧,口以下直为一窍。无手国足便于手。无足国肤行如风。……恶国之僧,男长大则杀父,女长大则杀母。忍国之僧,父母见子,如臣见君。无鼻之国,兄弟相逢则相害。触国之僧,子孙长大则杀之。"① 可以看出,《元子》文风确实"澶漫矫亢",部分篇章类似于小说。值得注意的是唐自贞元、元和以后,参加进士考试的士人不少以传奇小说行卷或温卷,考元结之《元子》之创作时机,或肇其端。

又或于此前后,作有《诸山记》。

考元结《文集》,未载有《诸山记》。颜真卿《元君表墓表铭并序》、唐志及唐代其他文献,皆未提及《诸山记》。北宋王尧臣《崇文总目》始有记载:"《诸山记》一卷,原释阙。"② 南宋曾慥著《类说》,辑录《诸山记》中《武夷君》篇,然仍题"不著撰人"。宋郑樵《通志·地理》:"《诸山记》,一卷。(未注作者)"③ 元脱脱等《宋史·艺文三》:"元结《诸山记》一卷。"④ 不知《宋史》所依何据。考《诸山记》中《武夷君》:"有神人号武夷君,一日语村人曰:'汝等以八月十五日会于山顶。'是日,村人毕集。见彩缦屋宇器用甚设。闻空中人声,不见其形。令男女分坐,食酒肴。须臾乐作,曰……诸仙既去,众

---

① (宋)洪迈:《容斋随笔》卷一四《元次山元子》,中华书局2005年版,第187—188页。
② (宋)王尧臣:《崇文总目》卷二《地理类》,文渊阁四库全书本。
③ (宋)郑樵:《通志二十略》卷六六《地理》,明正德(1506—1521)陈宗夔刻本。
④ (元)脱脱等:《宋史》卷二〇四《艺文三》,中华书局1985年版,第5154页。

皆欣喜曰：'我等凡贱，与神君同会缦亭。'因名其地为同亭。"① 语言通俗，与元结现存早期作品不符，但想象力极为丰富，喜用僻字，且表现出道家思想，这些与元结作品具有一致性。元结小说类作品全佚，无从了解其具体风格，故存疑。有元结小说类作品，皆作于其进入官场之前，其后不见有作，暂系于此。

在此稍前，公或与刘长卿有交往。

刘长卿《赠元容州》："拥旄临合浦，上印卧长沙。……旧游如梦里，此别是天涯。"② 该文作于大历六年。诗中刘长卿称元结为旧游。然安史之乱后，刘长卿主要活跃于吴越一带，中间又遭遇贬谪，与元结并无多少交集。又李肇《国史补》卷下载："天宝中，则有刘长卿、袁咸用分为朋头，是时常重东府西监。"据杨世明考证："刘长卿诗中可以考见的应试在天宝五载（746）……天宝十三载（754）有诏天下举人不得充乡贡，皆须补国子学生及郡县学生，方可听举。……他成了诸生的'朋头'。"③ 又天宝六载元结开始参加进士考试，至本年才中进士，其与刘长卿交往，或在此期间。

754 甲午

天宝十三载　公三六岁

正月前后，公入国子监，谒先师，学官为之开讲，质问疑义。

《唐会要》卷三五："（开元）二十六年正月敕：诸州乡贡见讫，令引就国子监谒先师，学官为之开讲，质问疑义。有司设食。宏文崇文两馆学生、及监内举人，亦听参焉。遂为常式，每年行之。"④ 公以乡选获荐，也当有短暂国子监生活。

---

① （宋）曾慥辑，缪荃孙校：《类说》卷七《诸山记》，明天启6年（1626）刻，国家图书馆藏本。
② （唐）刘长卿著，杨世明校注：《刘长卿集编年校注》，人民文学出版社1999年版，第336页。
③ （唐）刘长卿著，杨世明校注：《刘长卿集编年校注·前言》，人民文学出版社1999年版，第2—3页。
④ （宋）王溥：《唐会要》卷三五《释奠》，中华书局1960年版，第642页。

五 再次科考

二月，唐玄宗下诏求贤，公参加进士考试，中上第，本年知贡举为杨（阳）浚。

《登科记考》卷九："（天宝十三载）二月乙亥，御兴庆殿受徽号。礼毕，大赦天下。制曰：'自临御以来四十余年，械朴延想，寤寐求贤，林薮无遗，旌招不绝。犹虑升平已久，学业增多，至于征求，或遗僻陋。其博通坟典，洞晓玄经，清白著闻，词藻宏丽，军谋出众，武艺绝伦者，任于所在自举。仍委郡县长官精加诠择，必取才实相副者奏闻。且厚其风俗，五教之旨，聿兴贲于邱园，十翼之风斯在。其士庶间众推孝弟，累代义居，高尚确然，隐遁岩穴者，委采访使博访闻荐。'"① 唐玄宗在本月下诏求贤。

元结《文编序》："天宝十二载，漫叟以进士获荐，名在礼部。……明年，有司于都堂策问群士，叟竟在上第。""获荐"只是指获取进士考试资格，并非中举，可知元结在天宝十三载及第。《新唐书·元结传》："果擢上第。复举制科。"又宋晁公武《郡斋读书志》："天宝十三年进士，复举制科。"② 二书皆论及元结先举进士、后举制科，显然是对"天宝十二年，漫叟以进士获荐，名在礼部"的误解。另《元君表墓碑铭并序》："天宝十二载举进士，作《文编》。礼部侍郎阳浚曰：'一第污元子耳，有司得元子是赖。'遂登高第。"也无两次及第记载，《文编序》和《元君表墓碑铭并序》二者并无矛盾之处，《元君表墓碑铭并序》，不过省略了中进士时间。

据《登科记考》："唐制，进士……正月乃就礼部……二月放榜。"此即常科。常科主要有明经和进士，元结不以孔氏为师，不大可能参与明经科考试；又进士科主要考诗赋。除常科外，唐代另有制科。《册府元龟》记载了天宝十三载的制科："十月，御含元殿亲试博通坟典，洞晓玄经，词藻宏丽，军谋出众等举人，命有司供食，既而暮罢。其词藻宏丽科，问策外更试律赋各一首。制举试诗赋，自此始也。时登甲科者

---

① （清）徐松撰，孟二冬补正：《登科记考补正》卷九，中华书局2019年版，第335—336页。
② （宋）晁公武撰，孙猛校证：《郡斋读书志校证》卷一七，上海古籍出版社2011年版，下册，第855页。

三人，太子正字杨绾最为所称。乙第者凡三十余人。"① 制科由皇帝亲试，天宝十三载十月的制科在含元殿进行，然据《文编序》："明年，有司于都堂策问群士，叟竟在上第。"唐尚书省署居中，东有吏、户、礼三部，西有兵、刑、工三部，尚书省的左右仆射总辖各部，称为都省，其总办公处称为都堂。可见元结并非参加制科，参加尚书省礼部举行的常科考试也由此可知。而常科主要为明经和进士两科，乾元二年元结所作《与韦尚书书》："不望尚书不以结齿之于龟，以士君子见礼，问及词赋，许且休息。"韦陟只问元结词赋，则元结当为进士科。《登科记考》载，本年进士三十五人，元结为其中之一。又《孙谱》以为元结所中为词藻宏丽科，孟二冬补正《登科记考》时，引《新唐书·元结传》，并以为"绾首登词藻宏丽科，或结亦其一也"②。本年词藻宏丽科同样试诗赋，但为玄宗亲试，与元结自述不符，且据元结《元鲁县墓表》："天宝十三年，元子从兄前鲁县大夫德秀卒。……明月十二日，窆于所居南冈。"新出土《唐故鲁山县令河南元府君墓志铭并序》："君讳德秀，字紫芝……春秋六十，薨于陆浑南郭草堂之所，梁木其坏，今为古焉。……天宝甲午载冬十月甲申日，葬于草堂南原之野。"③元德秀天宝十三载九月去世，元结和他是亦师亦友关系，当奔丧，不大可能参加十月举行的制科考试，故元结当于天宝十三载春参加进士科考试，《元结传》记载有误。

夏六月，李宓率兵击云南蛮于西洱河，举军皆没。公有文忆及此事，认为应以德化之。

《旧唐书·玄宗纪》："（夏六月）侍御史、剑南留后李宓率兵击云南蛮于西洱河，粮尽军旋，马足陷桥，为阁罗凤所擒，举军皆没。"④

按：天宝年间出征云南有两次，一次发生在天宝十年，再就是本

---

① 王钦若等：《册府元龟》卷六百四十三《贡举部》，凤凰出版社2006年版，第7428页。
② 徐松撰，孟二冬补正：《登科记考补正》卷九，第339页。
③ 吴钢主编：《全唐文补遗》（第六辑）之《唐故鲁山县令河南元府君（德秀）墓志铭》，三秦出版社1999年版，第445页。
④ （后晋）刘昫等：《旧唐书》卷九《玄宗下》，中华书局1975年版，第228页。

年，元结《送张玄武序》："'国家将日极太宁，垂休八荒，故自近年，兵出滇外。'订者或曰：'西南少疲，是以天子特有命也。将天之命，斯未易然。'于戏！蜀之遗民，化于秦汉，纯古之道，其由未知，无置此焉，姑取废也。如德以涵灌，义以封植，其教迟远，其人迎喁。至乎不可，固未必也。"

九月二十九日，公之从兄元德秀饿卒。

元结《元鲁县墓表》："天宝十三载，元子从兄前鲁县大夫德秀卒"。新、旧《唐书》皆曰天宝十三载卒。然李华《元鲁山墓碣铭》（并序）曰："维唐天宝十二载九月二十九日，鲁山令河南元公终于陆浑草堂，春秋五十九。"按：新出土《唐故鲁山县令河南元府君墓志铭并序》："君讳德秀，字紫芝……春秋六十，薨于陆浑南郭草堂之所，梁木其坏，今为古焉。……天宝甲午载冬十月甲申日，葬于草堂南原之野。"① 新出土墓志不大可能作伪，"天宝甲午"即天宝十三载。又欧阳修《集古录跋尾》卷七载《唐龙兴寺四绝碑首》："右《四绝碑首》者，李阳冰篆法慎律师碑额也。在扬州龙兴寺，唐李华文，张从申书，李阳冰篆额。律师者，淮南愚俗素信重之，谓此碑为《四绝碑》。"② 明何良俊《四友斋书论》则曰："余最爱颜鲁公书，多方购之，后亦得其数种。如《元鲁山碑》，乃李华撰文，鲁公书丹，李阳冰篆额，世所称'三绝'者是也。"③ 虽然墓碣所载之文较为可信，然此碑刻于大历八年，据元德秀去世已二十年，又碑刻时代久远之后，笔画时有脱落，"三"较容易脱落为"二"。元结的《唐顾铭》"六月"脱落为"八月"，李华《元鲁山墓碣铭》临摹者较多，难免存在这些问题。故相对而言元结《元鲁县墓表》及出土不久的《唐故鲁山县令河南元府君墓志铭并序》可信度更高。疑李华《元鲁山墓碣铭》"十二载"为"十

---

① 吴钢主编：《全唐文补遗》（第六辑）之《唐故鲁山县令河南元府君（德秀）墓志铭》，三秦出版社1999年版，第445页。
② （宋）欧阳修：《欧阳修全集》卷一四〇《集古录跋尾》卷七，中华书局2001年版，第2248页。
③ （明）何良俊：《四友斋丛说》卷二七《书》，中华书局1959年版，第254页。

三载"之脱笔。

元德秀死因，宋曾慥编《类说》有载："元德秀退居安陆，去家数十里，值大雨水涨，七日不通，饿死空屋。卢载为诔曰：'谁为府君佐，犬必啖肉。谁为府僚，马必食粟，使我元公，馁死空谷。'"按：湖北安陆距陆浑数百公里，安陆应为陆浑。

十月二十二日，陆浑尉乔潭，以个人俸禄，办理元德秀丧葬之事，葬其于所居南冈。公哭之甚哀，并为之《墓表》与《赞》，李华作《墓碣铭》，卢载作《诔》，均盛赞其德。李华又作《三贤论》，对其多有赞赏。

元结《元鲁县墓表》："天宝十三年，元子从兄前鲁县大夫德秀卒。"李华《元鲁山墓碣铭》（并序）曰："维唐天宝十二载九月二十九日，鲁山令河南元公终于陆浑草堂，春秋五十九。……名高之士陆浑尉梁园乔潭，赙以清白之俸，遂其丧葬，以明月十二日，窆于所居南冈，礼也。"① 按：新出土《唐故鲁山县令河南元府君墓志铭并序》："君讳德秀，……天宝甲午载冬十月甲申日，葬于草堂南原之野。"② "天宝甲午载冬十月甲申日"即天宝十三年十月二十二日，新出土墓志不大可能作伪，《元鲁县墓表》及《元鲁山墓碣铭》"十"为"廿"之脱笔。又元结《元鲁县墓表》："元子从兄前鲁县大夫德秀卒，元子哭之哀。门人叔盈问曰：'夫子哭从兄也哀，不亦过乎礼软？'对曰：'汝知礼之过，而不知情之至。'叔盈退谓其徒曰：'夫子之哭元大夫也，兼师友之分，亦过矣。'"元结当参与其葬礼。

又于《表》中盛赞其德："呜呼，元大夫生六十余年而卒，未尝识妇人而视锦绣，不颂之，何以戒荒淫侈靡之徒也哉！未尝求足而言利，苟辞而便色，不颂之，何以戒贪猥佞媚之徒也哉！未尝主十亩之地、十尺之舍、十岁之童，不颂之，何以戒占田千夫、室宇千柱、家童百

---

① （清）董诰编：《全唐文》卷三二〇李华《元鲁山墓碣铭并序》，中华书局1983年版，第3248—3249页。

② 吴钢主编：《全唐文补遗》（第六辑）之《唐故鲁山县令河南元府君（德秀）墓志铭》，三秦出版社1999年版，第445页。

指之徒也哉！未尝皂布帛而衣，具五味而食，不颂之，何以戒绮纨粱肉之徒也哉！于戏！吾以元大夫德行，遗来世清独君子、方直之士也欤！"

又明嘉靖三十一年（1552）姚卿、孙铎所修纂的《鲁山县志·艺文卷》有《元德秀赞》："英英先生，志行卓异。口唾珠玑，襟怀奎壁。家而孝弟，国而忠赤。至今鲁山，琴台百尺。"① 此文不仅郭勋本《元次山集》未收，明后各版本乃至孙望先生所编文集也未收录。但该文应为元结所作。其理由如下：第一，该文在《鲁山县志·艺文》中列于元结《补乐歌十首》后，且作者题为元结。第二，明郭勋本刻于明正德丁丑（1517），此文著录于明嘉靖三十一年（1552），相隔时间不远。从该本所录《补乐歌十首》看，与郭本文字有所出入，仅以《补乐歌·大濩》看，最后一句郭本为"圣人生兮，天下和。万姓熙熙兮，舞且歌"。《鲁山县志》则作："圣人生兮，天下和，万物熙熙舞且歌"②。其中"万姓"改为"万物"，且少了"兮"字，且该《县志》录有《县令箴》《五规序》，而郭本阙，则《鲁山县志》所录元结文极有可能出自另一版本。该版本当录有元结《元德秀赞》，但该版本今已不可考。第三，从内容看，该文可与元结其他文相互印证。元德秀是元结从兄，但与元德秀是亦师亦友的关系。颜真卿《元君表墓碑铭并序》："君聪悟宏达，倜傥而不羁。十七始知书，乃授学于宗兄先生德秀。"《新唐书·元结传》亦载："结少不羁，十七乃折节向学，事元德秀。"③ 元结年十七开始折节读书，师事从兄元德秀。元德秀去世后，元结作《元鲁县墓表》，称元德秀为"夫子"。而在《元德秀赞》中，元结称其为"先生"，先生在唐前有老师之义，《礼记·玉藻》："〔童子〕无事，则立主人之北，南面。见先生从人而入。"④ 孔颖达疏："先生，师也。"

---

① （明）姚卿、孙铎修纂：《鲁山县志》卷九《艺文》，明嘉靖三十一年（1552）刻，宁波天一阁藏本。
② （明）姚卿、孙铎修纂：《鲁山县志》卷九《艺文》，明嘉靖三十一年（1552）刻，宁波天一阁藏本。
③ （宋）欧阳修、宋祁：《新唐书》卷一四三《元结传》，中华书局1975年版，第4682页。
④ （清）孙希旦：《礼记集解》卷三〇《玉藻》，中华书局1989年版，第824页。

在指称老师这一职业上,"先生"与"夫子"同义,也可见元结对元德秀的尊重。另外,元德秀鲁山县令任满,南游陆浑,见该处山水颇佳,遂隐居于此。李华《元鲁山墓碣铭并序》:"代下之日,柴车而返。南游陆浑,考一亩之宅,发八筥之直,唯匹帛焉。居无扃钥、墙藩之禁,达生齐物,从其所好。"①《旧唐书·元德秀传》:"秩满,南游陆浑,见佳山水,杳然有长往之志,乃结庐山阿。"②元结《元鲁县墓表》:"天宝十三载,元子从兄前鲁县大夫德秀卒。"且元结在天宝十三载至安史之乱爆发(天宝十四载)行迹不明,或为其兄守孝故。如以元德秀天宝十三载(754)卒,据其离开鲁山县令任已有五年,"至今鲁山,琴台百尺"也可以说通。故《元德秀赞》不仅为元结所撰写,撰写时间也与《元鲁县墓表》相前后,作于天宝十三载。《赞》和《墓表》均表达了对元德秀钦佩、感激和悲伤情绪。

据《旧唐书·元德秀传》:"门人相与谥为文行先生。士大夫高其行,不名,谓之元鲁山。"③李华《元鲁山墓碣铭》赞曰:"天地元醇,降为仁人。隐耀韬精,凝和葆神。道心元微,消息诎伸。载袭先猷,竭尽报亲。贞玉白华,不缁不磷。纵翰祥风,蜕迹泥尘。今则已矣,及吾无身。仰德如在,瞻贤靡因。怀哉永思,泣涕铭云。"④卢载在《元德秀诔》中赞曰:"谁为府君,犬必啗肉。谁为府僚,马必食粟。谁死元公,馁死空腹。"⑤

又李华《三贤论》:"元之志行,当以道纪天下……元齐愚智……元之道,刘之深,萧之志,及于夫子之门,则达者其流也。元病酒……元奉亲孝,居丧哀,抚孤仁,徇朋友之急,莅职明于赏罚,终身贫,而乐天知命焉。以为王者作乐崇德,殷荐上帝,以配祖考,天人之极致

---

① (清)董诰编:《全唐文》卷三二〇李华《元鲁山墓碣铭并序》,中华书局1983年版,第3249页。
② (后晋)刘昫等:《旧唐书》卷一九〇下《元德秀传》,中华书局1975年版,第5051页。
③ (后晋)刘昫等:《旧唐书》卷一九〇下《元德秀传》,中华书局1975年版,第5051页。
④ (清)董诰编:《全唐文》卷三二〇李华《元鲁山墓碣铭并序》,中华书局1983年版,3249页。
⑤ (清)董诰编:《全唐文》卷四三五卢载《元德秀诔》,中华书局1983年版,第4437页。

也。而词章不称，是无乐也，于是作《破阵乐词》。是乐也，协商周之《颂》。推是而论，则见元之道矣。……元据师保之席，瞻其形容，不俟其言而见其仁。"① 按：元结一生，受元德秀影响巨大，好道、病酒、重孝、喜欢过隐逸生活。元德秀虽然去世较早，但其思想深远影响着元结的思想和生活。

元德秀一生著作颇丰，然存留较少；门人弟子甚众，与李华、苏源明、萧颖士、刘迅、房琯交好。

李华《元鲁山墓碣铭并序》："所著文章，根元极则《道演》，寄情性则《于芳于》，思善人则《礼咏》，多能而深则《广吴公子观乐》，旷达而妙则《现题》，穷于性命则《蹇士赋》，可谓与古同辙、自为名家者也。"②

又李华《三贤论》："广平程休士美端重寡言，河间邢宇绍宗深明操持不苟，宇弟宙次宗和而不流，南阳张茂之季丰守道而能断，赵郡李崿伯高含大雅之素，崿族子丹叔南诚庄而文，丹族子惟岳谟道沈邃廉静，梁国乔潭德源昂昂有古风，宏农杨拯士扶敏而安道，清河房垂翼明志而好古，河东柳识方明遐旷而才，是皆慕于元者也。"③ 又同书同卷："若太尉房公，可谓名公矣。每见鲁山，则终日叹息，谓予曰：'见紫芝眉宇，使人名利之心尽矣。'若司业苏公，可谓贤人矣。每谓当时名士曰：'使仆不幸生于衰俗，所不耻者，识元紫芝。'"④《新唐书·元德秀传》所载与此略同。

秋，武昌西塞山回山崩圮，有泉涌出，公后作《异泉铭》以纪之。

元结《异泉铭并序》："天宝十三年，春至夏甚旱，秋至冬积雨。西塞西南有回山，山颠是秋崩圮，有穴出泉。泉垂流三四百仞，浮江中可望。于戏！阴阳旱雨，时异；以至柔破至坚，事异；以至下处至高，

---

① （清）董诰编：《全唐文》卷三一七李华《三贤论》，中华书局1983年版，第3214页。
② （清）董诰编：《全唐文》卷三二〇李华《元鲁山墓碣铭并序》，中华书局1983年版，第3249页。
③ （清）董诰编：《全唐文》卷三一七李华《三贤论》，中华书局1983年版，第3214—3215页。
④ （清）董诰编：《全唐文》卷三一七李华《三贤论》，中华书局1983年版，第3214页。

理异。故命斯泉曰'异泉',铭于泉上,其意岂独旌异而已乎?"

按：唐代诗文中与西塞山相关的有两处,一处在湖州。《湖州市地名志》载："旧郡志谓严尚书震直墓在西塞山,尚书自号西塞翁,殁葬其山,土人至今曰西塞山。"清雍正《浙江通志》卷一二载："吴兴南门二十余里,下菰青山之间一带远山为西塞山。山明水秀,真是绝境。其谓之西塞者,下菰城为（楚春申君）屯兵之处,坐西向东故也。"今人多以为张志和的《渔歌子》"西塞山前白鹭飞"之西塞山即作于此地。另一处在今湖北黄石,刘禹锡之《西塞山怀古》即作于此地。又据元结《异泉铭并序》："西塞西南有回山,山颠是秋崩坼,有穴出泉,泉垂流三四百仞,浮江中可望。"可知此西塞当指今黄石之西塞山。明北魏郦道元《水经注》载："江之右岸有黄石山,水迳其北,即黄石矶也。……山连延江侧,东山偏高,谓之西塞。"① 袁中道《东游记》载："过道士洑,见怪石一壁,苍藤绿莎纠结,倩媚韶秀。近洑为西塞山,山突出江,悬岩如削,激湍传籁,即'桃花流水鳜鱼肥'处也。其右为回山,有洞三：上洞出云,中洞出水,下洞出风。元结所云'异泉'者在焉。"②

《异泉铭》所谓"天宝十三年"并非指元结抵武昌时期,乃异泉形成时间。考元结行迹,元结本年无武昌（黄石）之行,天宝十四载和宝应年间曾居于武昌,《异泉铭》当作此时。

本年,公在商余,与友韩方源分别,约不终岁再见,公后又文忆及此事。

元结《别韩方源序》："昔元次山与韩方源别于商余,约不终岁复相见于此山。忽八年,于今始获相见,悲欢之至,言可极耶!……今方源欲安家肥阳,次山方理兵九江。"按：元结理兵九江在上元二年（761）,以此逆推八年,当为本年。

---

① （北魏）郦道元著,陈桥驿校证：《水经注校证》卷三五《江水》,中华书局2007年版,第808—809页。

② （明）袁中道著,钱伯诚点校：《珂雪斋集》卷一三《东游记》,上海古籍出版社1989年版,第574页。

五 再次科考

　　本年前后，孟云卿之长安，参与进士考试，不第，秋，或作诗与公以自伤。

　　孟云卿《伤怀赠故人》："二十学已成，三十名不彰。岂无同门友，贵贱易中肠。驱马行万里，悠悠过帝乡。"① 孟云卿开元十三年（725）生（参见"开元十三年"条），至今三十岁。《唐才子传·孟云卿》："云卿……天宝间不第，气颇难平，志亦高尚，怀嘉遁之节。"② 又《伤怀赠故人》，言为故人，当指元结乎？元结与孟云卿同居鲁山，本年中进士。诗中"幸因弦歌末，得上君子堂。众乐互喧奏，独子备笙簧。坐中无知音，安得神扬扬。愿因高风起，上感白日光"③ 皆与元结合。又孟"二十学已成"，而元结天宝六载开始参加科举考试，则二人同时参与科举亦有数年。又此诗为元结《箧中集》所收。

---

　　① （清）彭定求等编：《全唐诗》卷一五七孟云卿《伤怀赠故人》，中华书局1960年版，第1607页。
　　② （元）辛文房：《唐才子传校笺》卷二《孟云卿》，中华书局1995年版，第431—432页。
　　③ （清）彭定求等编：《全唐诗》卷一五七孟云卿《伤怀赠故人》，中华书局1960年版，第1607页。

六　逃难猗玗

755 乙未

天宝十四载　公三七岁

本年，召吴兴张某为玄武县大夫，公与柳潜夫、裴季安、窦伯明等旧友有诗相送，公为之序。

元结《送张玄武序》：文曰："乙未中，诏吴兴张公为玄武县大夫。公旧友河东柳潜夫、裴季安，扶风窦伯明，赵郡李长源，河南元次山将辞宴言，悉以言赠。"乙未年即天宝十四载（755）又文曰："国家将日极太宁，垂休八荒，故自近年，兵出滇外。"《旧唐书·玄宗纪》："（天宝十三载夏六月）侍御史、剑南留后李宓率兵击云南蛮于西洱河，粮尽军旋，马足陷桥，为阁罗凤所擒，举军皆没。"① 故文当作于天宝十四载（755），文不及安史之乱，当在本年十一月前。玄武：玄武县。《旧唐书·地理四》："玄武，汉底道县，属蜀郡。晋改为玄武。武德元年，属益州。三年，割属梓州也。"②

十一月，安禄山率兵十余万，以诛杨国忠为名，自幽州南下，安史之乱起。公后多次作文提及此事。

元结《大唐中兴颂》："噫嘻前朝，孽臣奸骄，为昏为妖。边将骋兵，毒乱国经，群生失宁。"《请节度使表》："自兵兴已来，今八年矣。使战争未息，百姓劳弊，多因任使不当，致使败亡。"《旧唐书·玄宗

---

① （后晋）刘昫等：《旧唐书》卷九《玄宗下》，中华书局1975年版，第228页。
② （后晋）刘昫等：《旧唐书》卷四一《地理四》，中华书局1975年版，第1672页。

纪》："（天宝十四载）十一月……丙寅，范阳节度使安禄山率蕃、汉之兵十余万，自幽州南向诣阙，以诛杨国忠为名，先杀太原尹杨光翙于博陵郡。"①《资治通鉴·天宝十四载》："十一月，甲子，禄山发所部兵及同罗、奚、契丹、室韦凡十五万众，号二十万，反于范阳。命范阳节度副使贾循守范阳，平卢节度副使吕知诲守平卢，别将高秀岩守大同；诸将皆引兵夜发。诘朝，禄山出蓟城南，大阅誓众，以讨杨国忠为名，牓军中曰：'有异议扇动军人者，斩及三族！'于是引兵而南。禄山乘铁舆，步骑精锐，烟尘千里，鼓噪震地。时海内久承平，百姓累世不识兵革，猝闻范阳兵起，远近震骇。河北皆禄山统内。所过州县，望风瓦解，守令或开门出迎，或弃城窜匿，或为所擒戮，无敢拒之者。"②

安禄山反，公友颜真卿首起抗贼。诸郡多有响应。

《旧唐书·颜真卿传》："玄宗初闻禄山之变，叹曰：'河北二十四郡，岂无一忠臣乎！'得平来，大喜，顾左右曰：'朕不识颜真卿形状何如，所为得如此！'禄山初尚移牒真卿，令以平原、博平军屯七千人防河津，以博平太守张献直为副。真卿乃募勇士，旬日得万人，遣录事参军李择交统之简阅，以刁万岁、和琳、徐浩、马相如、高抗朗等为将。"③《资治通鉴·天宝十四载》："初，平原太守颜真卿知禄山且反，因霖雨，完城浚壕，料丁壮，实仓廪；禄山以其书生，易之。及禄山反，牒真卿以平原、博平兵七千人防河津，真卿遣平原司兵李平间道奏之。上始闻禄山反，河北郡县皆风靡，叹曰：'二十四郡，曾无一人义士邪！'及平至，大喜曰：'朕不识颜真卿作何状，乃能如是！'真卿使亲客密怀购贼牒诣诸郡，由是诸郡多应者。"④公能在安史之乱初期率领族人抗贼，或受颜真卿影响。

---

① （后晋）刘昫等：《旧唐书》卷九《玄宗下》，中华书局1975年版，第230页。
② （宋）司马光编著，（元）胡三省音注：《资治通鉴》卷二一七《唐纪》三三，中华书局1956年版，第6934—6935页。
③ （后晋）刘昫等：《旧唐书》卷一二八《颜真卿传》，中华书局1975年版，第3590页。
④ （宋）司马光编著，（元）胡三省音注：《资治通鉴》卷二一七《唐纪》三三，中华书局1956年版，第6938页。

十二月，禄山陷洛阳，杀东京留守李憕、中丞卢奕、采访使判官蒋清。

元结《大唐中兴颂》："天宝十四载，安禄山陷洛阳。"《旧唐书·安禄山传》："十二月，东京留守李憕、中丞卢奕、采访使判官蒋清烧绝河阳桥。禄山怒，率军大至。封常清自苑西隤墙使伐树塞路而奔。禄山入东京，杀李憕、卢奕、蒋清，召河南尹达奚珣，使之莅事。"①《资治通鉴·天宝十四载》："（十二月）丁酉，禄山陷东京，贼鼓噪自四门入，纵兵杀掠。……留守李憕谓御史中丞卢奕曰：'吾曹荷国重任，虽知力不敌，必死之！'奕许诺。憕收残兵数百，欲战，皆弃憕溃去；憕独坐府中。奕先遣妻子怀印间道走长安，朝服坐台中，左右皆散。禄山屯于闲厩，使人执憕、奕及采访判官蒋清，皆杀之。"②

本年左右，孟彦深在武昌令上。

《唐诗纪事》卷二四："孟彦深，字士源，天宝末为武昌令。"③按：孟彦深与孟云卿交好，《甘泽谣》："陶岘者，彭泽之子孙也。开元中，家于昆山。……自制三舟，备极坚巧，一舟自载，一舟致宾，一舟贮饮馔。客有前进士孟彦深、进士孟云卿、布衣焦遂，各置仆妾共载。"元结也交好孟云卿，从元结作品看，孟彦深在武昌令时间较长，直至宝应二年（763）才离任。元结天宝乱后，逃往武昌或与其相关。

本月前后，元延祖召公戒之不得自安山林，公此后沉浮人间多年。

《新唐书·元结传》："安禄山反，召结戒曰：'而曹逢世多故，不得自安山林，勉树名节，无近羞辱'云。"同书同卷："会天下乱，沉浮人间。"

---

① （后晋）刘昫等：《旧唐书》卷二〇〇上《安禄山传》，中华书局1975年版，第5370页。
② （宋）司马光编著，（元）胡三省音注：《资治通鉴》卷二一七《唐纪》三三，中华书局1956年版，第6939页。
③ （宋）计有功撰，王仲镛校笺：《唐诗纪事校笺》卷二四《孟彦深》，中华书局2007年版，第785页。

六　逃难猗玗

756 丙申

唐肃宗李亨

天宝十五载　至德元载　公三八岁

正月，乙卯朔，安禄山据洛阳，自称大燕皇帝。

《旧唐书·玄宗纪》："十五载春正月乙卯，御宣政殿受朝。其日，禄山僭号于东京。"① 又《资治通鉴·天宝十五载》："春，正月，乙卯朔，禄山自称大燕皇帝，改元圣武，以达奚珣为侍中，张通儒为中书令。高尚、严庄为中书侍郎。"②

本月或稍后，公颠沛流离，逃难至武昌猗玗洞（今黄石市内），稍后作《猗玗子》三篇以讽时世；公始称猗玗子。

元结《辞监察御史表》："臣在至德元年举家逃难，生几于死，出自贼庭，远如海滨，敢望冠冕？"又《别韩方源序》："乙未之后，次山有《猗玗子》。"本年即"乙未之后"。又颜真卿《元君表墓碑铭并序》："及羯胡首乱，逃难于猗玗洞，因招集邻里二百余家奔襄阳……兵起，逃难于猗玗洞，著《猗玗子》三篇。"《新唐书·元结传》："会天下乱，沉浮人间。"安禄山十二月攻陷洛阳，元结家乡鲁县距离洛阳尚有一百多公里，据《辞监察御史表》"出自贼庭"，河南已陷落。元结逃难当在安禄山洛阳称帝稍后。按：宋王尧臣《崇文总目》卷三："《猗玕子》一卷，元结撰。"③ 宋晁公武《郡斋读书志》则作："《琦玗》一卷。"④ 元马端临《文献通考》则作："《琦玗子》一卷。"⑤ 名称各不相同。考《元君表墓碑铭》作《猗玗子》，元结《虎蛇颂》："猗玗子逃乱在砲，南人云：猗玗洞中，是王虎之宫。"又元结《自释》：

---

① （后晋）刘昫等：《旧唐书》卷九《玄宗下》，中华书局1975年版，第231页。
② （宋）司马光编著，（元）胡三省音注：《资治通鉴》卷二一七《唐纪》三三，中华书局1956年版，第6951页。
③ （宋）王尧臣：《崇文总目》卷三《小说类》，文渊阁四库全书本。
④ （宋）晁公武：《郡斋读书志》卷一七，清嘉庆二十四年（1819）汪氏艺芸书舍刻本，第4册。
⑤ （元）马端临：《文献通考》卷二三二《经籍考》，明嘉靖三年（1524）司礼监刻本。

"天下兵兴，逃乱入猗玗洞，始称猗玗子。"二者一致，故当以《猗玗子》为是。

又《猗玗子》今已佚。《崇文总目》《通志略》都列为小说类。又《四库全书总目提要》："结所著有《元子》十卷，李商隐为作序；《文编》十卷，李纾为作序；又《猗玗子》一卷，并见《唐志》，今皆不传。"① 则《猗玗子》已佚。

据颜真卿《元君表墓碑铭并序》："及羯胡首乱，逃难于猗玗洞，因招集邻里二百余家奔襄阳。"李肇《唐国史补》卷上："元结，天宝之乱，自汝濆大率邻里，南投襄汉，保全者千余家。乃举义师，宛叶之间，有婴城捍寇之功。"②《新唐书·元结传》："史思明乱，帝将亲征，结建言：'贼锐不可与争，宜折以谋。'帝善之，因命发宛、叶军挫贼南锋，结屯泌阳守险，全十五城。"可见元结安史之乱后先逃难猗玗洞，然后召集邻里奔襄阳，最后居于瀼溪；而"发宛、叶军挫贼南锋，结屯泌阳守险，全十五城"则已至唐肃宗时期。桂多荪《浯溪志》卷三载："猗玗洞，或谓在湖北大冶，显然不是。若天宝十五载（756）已至湖北大冶，至德二年（758），改元乾元，史思明南犯，'次山乃招集邻里二百余家自猗玗洞奔襄阳，复自襄阳将家自全于瀼溪（江西瑞昌）'。哪有如此走法？据河南鲁山《文史资料》，宋李璧《王荆公诗集》注：'猗玗洞在商於山西南八十里。'则可止讼了。"然猗玗洞在河南鲁山为孤证，史料笔记及地志均无猗玗洞在鲁山之说。

宋祝穆《方舆胜览》卷二二："回山：在大冶东五十里，山有泉。元结名之曰'异泉'，乃作铭。"③ 明解缙《永乐大典残卷》："猗玗洞，在湖广武昌府与国州大冶县东五十里，地名回山。有飞云洞，在道士矶侧，唐元次山结屋读书处，号猗玗子，故曰猗玗洞。……元结曾自释曰：天下兵兴，逃难猗玗之洞矣。唐天宝十三年，有飞泉涌出，垂流于

---

① （清）永瑢等：《四库全书总目提要》卷一四九《别集类二·次山集》，中华书局1965年，下册，第1283页。
② （唐）李肇：《唐国史补》卷上《鲁山乳兄子》，上海古籍出版社1979年版，第21页。
③ （宋）祝穆撰，（宋）祝洙增订：《方舆胜览》卷二二，中华书局2003年版，第400页。

洞，名之曰异泉。"同治《大冶县志·山川志·洞》云："飞云洞，在县西九十里回山之上，唐元结避兵于此，号猗玗子，故亦称猗玗洞。"《大清一统志·武昌府·山川》："回山：在大冶县东九十里。《明统志》：在西塞山之右，上有飞云三洞，上洞出云，中洞出水，下洞出风，为唐元结读书之所。《县志》：上有百丈泉、锦云幄、滴乳岩。"同书同卷引《名胜志》："琦玗洞在西塞山之侧，元结自号琦玗子本此。"考元结《虎蛇颂并序》："猗玗子逃乱在砠，南人云：猗玗洞中，是王虎之宫；中砠之阴，是均蛇之林。"中有"南人"，则元结之逃难已离开河南，也即猗玗洞不在河南境内。则历代地志之记载较为可信。猗玗洞也即今天之飞云洞，在唐属鄂州武昌县，在今黄石市西塞山区狮子山上。飞云洞为地下溶洞，可容较多人遮蔽风雨，元结在战乱期间率领族人二百于家避难于此可信度较高。

又公之《异泉铭》作于此时或稍后。

考元结之行迹，本年逃难猗玗洞，异泉在洞侧，故《异泉铭》作于此时或稍后。参见"天宝十三载"条。北魏郦道元《水经注》载："江之右岸有黄石山，水迳其北，即黄石矶也。……山连延江侧，东山偏高，谓之西塞。"① 袁中道《东游记》载："过道士洑，见怪石一壁，苍藤绿莎纠结，倩媚韶秀。近洑为西塞山，山突出江，悬岩如削，激湍传籁，即'桃花流水鳜鱼肥'处也。其右为回山，有洞三：上洞出云，中洞出水，下洞出风。元结所云'异泉'者在焉。"② 明周圣楷《楚宝》："异泉，在大冶县西塞山。"③ 同书注："西塞山在武昌大冶县东九十里。《旧志》云：'高百六十尺，周三十七里。'《江夏风俗记》云：'延连江侧，东望偏高，谓之西塞。'西塞稍西为回山，上有飞云三洞。上洞出云，中洞出水，下洞出风。一名琦玗洞。元结避难于此，称琦玗

---

① （北魏）郦道元著，陈桥驿校证：《水经注校证》卷三五《江水》，中华书局 2007 年版，第 808—809 页。

② （明）袁中道著，钱伯诚点校：《珂雪斋集》卷一三《东游记》，上海古籍出版社 1989 年版，第 574 页。

③ （明）周圣楷编纂，（清）邓显鹤增辑：《楚宝》卷三九，岳麓书社 2016 年版，第 1153 页。

子云。"考今之回山中洞中，有《异泉铭》碑刻，则元结逃难猗玗洞可证。

又元结《异泉铭并序》："于戏！阴阳旱雨，时异；以至柔破至坚，事异；以至下处至高，理异。故命斯泉曰异泉。"元结似有感于安史之乱而发。

四月，以赞善大夫来瑱为颍川太守、招讨使。

《旧唐书·玄宗纪》："（天宝十五载）夏四月丙午，以赞善大夫来瑱为颍川太守、招讨使。"① 同书《来瑱传》："安禄山反，张垍复荐之，起复兼汝南郡太守，未行，改颍川太守。"②

本月或稍后，公作《虎蛇颂》，赞王虎、均蛇之让德。

颜真卿《元君表墓碑铭并序》："及羯胡首乱，逃难于猗玗洞。"《虎蛇颂并序》："猗玗子逃乱在砠，南人云：猗玗洞中，是王虎之宫；中砠之阴，是均蛇之林。居之三月，始知王虎如古君子，始知均蛇如古贤士。"如以元结本年正月逃难至猗玗洞算，则《虎蛇颂》当作此时或稍后。

稍后，公召集邻里二百余家奔襄阳。

颜真卿《元君表墓碑铭并序》："及羯胡首乱，逃难于猗玗洞，因招集邻里二百余家奔襄阳。元宗异而征之。值君移居瀼溪，乃寝。"李肇《唐国史补》卷上："元结，天宝之乱，自汝濆大率邻里，南投襄汉，保全者千余家。乃举义师，宛叶之间，有婴城捍寇之功。"③ "襄汉"指襄水和汉水流域共同流经区域的统称。时元结已自鲁山南逃猗玗洞，然后却又自猗玗洞沿汉水北山至襄阳，临近抗击安史叛军前线，在民众纷纷南下逃难时，元结能带领邻里北上襄阳，故在当时造成了一定影响。

本月前后，李峘在襄阳太守任上，后玄宗征召公或与其相关。

贾至《授李峘武部侍郎制》："前襄阳太守李峘，贞固简肃，宗枝

---

① （后晋）刘昫等：《旧唐书》卷九《玄宗下》，中华书局1975年版，第231页。
② （后晋）刘昫等：《旧唐书》卷一一四《来瑱传》，中华书局1975年版，第3365页。
③ （唐）李肇：《唐国史补》卷上《鲁山乳兄子》，上海古籍出版社1979年版，第21页。

六 逃难猗玗

标秀，历践中外，咸克有声。今巴蜀之地，停銮驻跸，举尔以文武之才，倚尔以维城之固。且小司马之职，连率之重，兼而处之，不曰厚寄？懋哉厥德，无替朕命。可行武部侍郎。"①《旧唐书·玄宗纪》："八月癸未朔，御蜀都府衙。"② 与文中提及"今巴蜀之地，停銮驻跸"合，当在至德元载八月。《新唐书·李峘传》："峘性质厚，历宦有美名……方入计，而玄宗入蜀，即走行在。除武部侍郎，兼御史大夫。"③ 与《旧唐书》所载同。故制当作于本年八月，则可知李峘八月前在襄阳太守任上。

六月，哥舒翰战败，潼关失守，长安陷落，公文有载。

元结《大唐中兴颂》："天宝十四载，安禄山陷洛阳。明年，陷长安。"《旧唐书·玄宗纪》："（天宝十五载六月）辛卯，哥舒翰至潼关，为其帐下火拔归仁以左右数十骑执之降贼，关门不守，京师大骇，河东、华阴、上洛等郡皆委城而走。"④《资治通鉴》卷二一八也有载。

本月，乙未，玄宗自长安西走，丙辰，至马嵬驿，兵变，诛杀杨国忠，又命杨贵妃自尽，公文有载。

元结《大唐中兴颂》序曰："明年，陷长安。天子幸蜀。"颂曰："大驾南巡，百僚窜身，奉贼称臣。"《旧唐书·玄宗纪》："丙辰，次马嵬驿，诸卫顿军不进。龙武大将军陈玄礼奏曰：'逆胡指阙，以诛国忠为名，然中外群情，不无嫌怨。今国步艰阻，乘舆震荡，陛下宜徇群情，为社稷大计，国忠之徒，可置之于法。'会吐蕃使二十一人遮国忠告诉于驿门，众呼曰：'杨国忠连蕃人谋逆！'兵士围驿四合。及诛杨国忠、魏方进一族，兵犹未解。上令高力士诘之，回奏曰：'诸将既诛国忠，以贵妃在宫，人情恐惧。'上即命力士赐贵妃自尽。"⑤《资治通鉴·天宝十五载》："丙申，至马嵬驿，将士饥疲，皆愤怒。陈玄礼以

---

① （清）董诰编：《全唐文》卷三六六贾至《授李峘武部侍郎制》，中华书局1983年版，第3724页。
② （后晋）刘昫等：《旧唐书》卷九《玄宗下》，中华书局1975年版，第234页。
③ （宋）欧阳修、宋祁：《新唐书》卷八〇《李峘传》，中华书局1975年版，第3568页。
④ （后晋）刘昫等：《旧唐书》卷九《玄宗下》，中华书局1975年版，第232页。
⑤ （后晋）刘昫等：《旧唐书》卷九《玄宗下》，中华书局1975年版，第232页。

祸由杨国忠，欲诛之，因东宫宦者李辅国以告太子，太子未决。会吐蕃使者二十余人遮国忠马，诉以无食，国忠未及对，军士呼曰：'国忠与胡房谋反！'或射之，中鞍。国忠走至西门内，军士追杀之，屠割支体，以枪揭其首于驿门外，并杀其子户部侍郎暄及韩国、秦国夫人。御史大夫魏方进曰：'汝曹何敢害宰相！'众又杀之。韦见素闻乱而出，为乱兵所挝，脑血流地。众曰：'勿伤韦相公。'救之，得免。军士围驿，上闻喧哗，问外何事，左右以国忠反对。上杖屦出驿门，慰劳军士，令收队，军士不应。上使高力士问之，玄礼对曰：'国忠谋反，贵妃不宜供奉，愿陛下割恩正法。'上曰：'朕当自处之。'入门，倚杖倾首而立。久之，京兆司录韦谔前言曰：'今众怒难犯，安危在晷刻，愿陛下速决！'因叩头流血。上曰：'贵妃常居深宫，安知国忠反谋？'高力士曰：'贵妃诚无罪，然将士已杀国忠，而贵妃在陛下左右，岂敢自安！愿陛下审思之，将士安，则陛下安矣。'上乃命力士引贵妃于佛堂，缢杀之。舆尸置驿庭，召玄礼等入视之。玄礼等乃免胄释甲，顿首请罪，上慰劳之，令晓谕军士。玄礼等皆呼万岁，再拜而出，于是始整部伍为行计。"①

六月，永王李璘为江陵郡大都督。

《旧唐书·李璘传》："十五载六月，玄宗幸蜀，至汉中郡，下诏以璘为山南东路及岭南黔中江南西路四道节度采访等使、江陵郡大都督，余如故。"②

本月，苏源明在长安，以病不受伪署。

《新唐书·苏源明传》："安禄山陷京师，源明以病不受。"③

本月左右，李峘离开襄阳，奔赴行在。

《旧唐书·李峘传》："李峘，太宗第三子吴王恪之孙。……属禄山之乱，玄宗幸蜀，峘奔赴行在，除武部侍郎，兼御史大夫。俄拜蜀郡太

---

① （宋）司马光编著，（元）胡三省音注：《资治通鉴》卷二一八《唐纪》三四，中华书局1956年版，第6973—6974页。
② （后晋）刘昫等：《旧唐书》卷一〇七《李璘传》，中华书局1975年版，第3264页。
③ （宋）欧阳修、宋祁：《新唐书》卷二〇二《苏源明传》，中华书局1975年版，第5772页。

守、剑南节度采访使。"① 李峘为皇室宗亲，故在安史叛军攻克长安后，李峘追随玄宗入蜀。元结为天宝年间进士，其率邻里投奔襄阳为李峘悉知，故后有玄宗征召之。

七月，李亨即位于灵武，改元至德，是为至德元载；肃宗即位后，处事颇为勤勉，公后有文赞之。

元结《大唐中兴颂》其序曰："天子幸蜀，太子即位于灵武。"其颂曰："天将昌唐，繄晓我皇，匹马北方。独立一呼，千麾万旟，我卒前驱。"《时议上篇》："往年逆乱之兵，东穷江海，南极淮汉，西抵秦塞，北尽幽都……天子独以数骑，仅至灵武，引聚余弱，凭陵强寇。……若天子能视今日之安，如灵武之危，事无大小，皆若灵武，何寇盗强弱可言，当天下日无事矣。"《旧唐书·肃宗纪》："七月辛酉，上至灵武，时魏少游预备供帐，无不毕备。裴冕、杜鸿渐等从容进曰：'今寇逆乱常，毒流函谷，主上倦勤大位，移幸蜀川。……伏愿殿下顺其乐推，以安社稷，王者之大孝也。'上曰：'俟平寇逆，奉迎銮舆，从容储闱，侍膳左右，岂不乐哉！公等何急也？'冕等凡六上笺。辞情激切，上不获已，乃从。是月甲子，上即皇帝位于灵武。"②

八月二十一日，玄宗为防止诸王争斗，停颍王、永王、丰王等节度使，令诸子听取肃宗处分。

《唐大诏令集》卷三六贾至《停颍王等节度诰》："颍王、永王、丰王等，朕之诸子，早承训诲。琢磨《诗》《书》之教，佩服仁义之方。乐善无厌，好学不倦。顷之委任，咸缉方隅。今者皇帝即位，亲统师旅，兵权大略，宜有统承，庶若网在纲，惟精惟一。颍王以下节度使并停。其诸道先有节度等副使，便令知事。仍并取皇帝处分。李岘未到江陵，永王且莫离使，待交付兵马了，永王、丰王并赴皇帝行在。"③ 按："《全唐文》卷三八作玄宗《停颍王等节度诰》，今从《唐大诏令集》。

---

① （后晋）刘昫等：《旧唐书》卷一一二《李峘传》，中华书局1975年版，第3342页。
② （后晋）刘昫等：《旧唐书》卷一〇《肃宗纪》，中华书局1975年版，第242页。
③ （宋）宋敏求编：《唐大诏令集》卷三六，贾至《停颍王等节度诰》，中华书局2008年版，第155页。

又其文末注曰：'至德元年八月二十一日。'"①

九月，李璘至江陵，召募士将数万人，有异志，不奉诏归蜀，并授董某为江夏郡太守，公文有记。

《旧唐书·李璘传》："九月至江陵，召募士将数万人，恣情补署，江淮租赋，山积于江陵，破用钜亿。以薛镠、李台卿、蔡垧为谋主，因有异志。肃宗闻之，诏令归觐于蜀，璘不从命。"② 当是指此事，然非肃宗，而是玄宗。元结《为董江夏自陈表》："及永王承制，出镇荆南，妇人童子，忻奉王教，意其然者，人未离心。臣谓此时，可奋臣节。王初见臣，谓臣可任，遂授臣江夏郡太守。"

十二月，永王璘擅自引兵东巡，江、淮大震。

元结《为董江夏自陈表》："近日王以寇盗侵逼，总兵东下，旁牒郡县，皆言巡抚。今诸道节度以为王不奉诏，兵临郡县，疑王之议，闻于朝廷。"《资治通鉴·至德元年》："甲辰，永王璘擅引舟师东巡，沿江而下，军容甚盛，然犹未露割据之谋。吴郡太守兼江南东路采访使李希言平牒璘，诘其擅引兵东下之意。璘怒，分兵遣其将浑惟明袭希言于吴郡，季广琛袭广陵长史、淮南采访使李成式于广陵。璘进至当涂，希言遣其将元景曜及丹徒太守阎敬之将兵拒之，李成式亦遣其将李承庆拒之。璘击斩敬之以徇，景曜、承庆皆降于璘，江、淮大震。"③

本年左右，西原蛮首领黄乾曜等反，合众二十万，攻桂管十八州。

《新唐书·西原蛮传》："至德初，首领黄乾曜、真崇郁与陆州、武阳、朱兰洞蛮皆叛，推武承斐、韦敬简为帅，僭号中越王，廖殿为桂南王，莫淳为拓南王，相支为南越王，梁奉为镇南王，罗诚为戎成王，莫浔为南海王，合众二十万，绵地数千里，署置官吏，攻桂管十八州。所至焚庐舍，掠士女，更四岁不能平。"④

---

① （宋）宋敏求编：《唐大诏令集》卷三六贾至《停颍王等节度诰》，中华书局2008年版，第155页。
② （后晋）刘昫等：《旧唐书》卷一〇七《李璘传》，中华书局1975年版，第3264页。
③ （宋）司马光编著，（元）胡三省音注：《资治通鉴》卷二一九《唐纪》三五，中华书局1956年版，第7009页。
④ （宋）欧阳修、宋祁：《新唐书》卷二二二《西原蛮传》，中华书局1975年版，第6329页。

六 逃难猗玗

本年，岭南溪獠梁崇牵陷容州。

《新唐书·肃宗纪》："（天宝十五载）岭南溪獠梁崇牵陷容州。"①又据《旧唐书·王翃传》："岭南溪洞夷獠乘此相恐为乱，其首领梁崇牵自号'平南十道大都统'，及其党覃问等，诱西原贼张侯、夏永攻陷城邑，据容州。"②又同书同卷："前后经略使陈仁琇、李抗、侯令仪、耿慎惑、元结、长孙全绪等，虽容州刺史，皆寄理藤州，或寄梧州。"③按：自本年至大历六年，容州一直为梁崇牵所据。元结为容州刺史、客管经略使也借理梧州。

757 丁酉
至德二载　公三九岁

正月，安禄山为其子庆绪所杀。

《旧唐书·肃宗纪》："（正月）乙卯，逆胡安禄山为其子庆绪所杀。"④《旧唐书·安禄山传》："至德二年正月朔受朝，疮甚而中罢。以疾加躁急，动用斧钺。严庄亦被捶挞，庄乃日夜谋之。立庆绪于户外，庄持刀领竖李猪儿同入禄山帐内，猪儿以大刀斫其腹。禄山眼无所见，床头常有一刀，及觉难作，扪床头不得，但撼幄帐大呼曰：'是我家贼！'腹肠已数斗流在床上，言讫气绝。"⑤

本月，以襄阳太守李峘为蜀郡长史、剑南节度使；魏仲犀为襄阳、山南道节度使。

《旧唐书·肃宗纪》："二载春正月……甲寅，以襄阳太守李峘为蜀郡长史、剑南节度使，将作少监魏仲犀为襄阳、山南道节度使。"⑥

---

① （宋）欧阳修、宋祁：《新唐书》卷六《肃宗纪》，中华书局1975年版，第157页。
② （后晋）刘昫等：《旧唐书》卷一五七《王翃传》，中华书局1975年版，第4143—4144页。
③ （后晋）刘昫等：《旧唐书》卷一五七《王翃传》，中华书局1975年版，第4144页。
④ （后晋）刘昫等：《旧唐书》卷一〇《肃宗纪》，中华书局1975年版，第245页。
⑤ （后晋）刘昫等：《旧唐书》卷二〇〇《安禄山传》，中华书局1975年版，第5371页。
⑥ （后晋）刘昫等：《旧唐书》卷一〇《肃宗纪》，中华书局1975年版，第245页。

本月，安庆绪以尹子奇为河南节度使。

《资治通鉴·至德二载》："庆绪以尹子奇为汴州刺史、河南节度使。甲戌，子奇以归、檀及同罗、奚兵十三万趣睢阳。"①

本月或稍后，江夏郡太守董某因受李璘事件影响而被贬谪，公有文记之。

元结《为董江夏自陈表》："臣又顷年贬谪，罪未昭洗。"

二月，肃宗幸凤翔。

元结《大唐中兴颂》其序曰："明年，皇帝移军凤翔。"其颂曰："我师其东，储皇抚戎，荡攘群凶。复服指期，曾不逾时，有国无之。"《旧唐书·肃宗纪》："二月戊子，幸凤翔郡。文城太守武威郡九姓齐庄破贼五千余众。上议大举收复两京，尽括公私马以助军。"②

本月，永王璘兵败被杀。

《旧唐书·李璘传》："高仙琦等四骑与璘南奔，至鄱阳郡，司马陶备闭城拒之。璘怒，命焚其城。至余干，及大庾岭，将南投岭外，为江西采访使皇甫侁下防御兵所擒，因中矢而薨。"③《资治通鉴·至德二载》："（二月）戊戌，永王璘败死，其党薛镠皆伏诛。"④

本月稍后，朝廷重授原江夏郡太守董某官，公为董某作表陈情。

元结《为董江夏自陈表》："臣则王所授官，有兵防御，邻郡并邑，疑臣顺王，旬日之间，致身无地。臣本受王之命，为王奉诏，王所授臣之官，为臣许国。忠正之分，臣实未亏；苍黄之中，死几无所。不图今日得达圣听。今臣年六十，老母在堂，纵未能奉义捐生，则岂忍两忘忠孝？臣少以文学为诸生所多，中年自颐，逸在山泽，圣明无事，甘为外臣。无何以鄙僻之故，反为人知，遂污官次，以至今日。臣又顷年贬谪，罪未昭洗，今所授官，复越班秩，罢归待罪，是臣之分。"

---

① （宋）司马光编著，（元）胡三省音注：《资治通鉴》卷二一九《唐纪》三五，中华书局1956年版，第7016页。

② （后晋）刘昫等：《旧唐书》卷一〇《肃宗纪》，中华书局1975年版，第245页。

③ （后晋）刘昫等：《旧唐书》卷一〇七《李璘传》，中华书局1975年版，第3266页。

④ （宋）司马光编著，（元）胡三省音注：《资治通鉴》卷二一九《唐纪》三五，中华书局1956年版，第7019页。

春，颜真卿自河北次襄阳，时南阳为贼围数月，真卿取襄阳粮救南阳，南阳因此久守不陷。

《旧唐书·鲁炅传》："炅收合残卒，保南阳郡，为贼所围。……炅城中食尽，煮牛皮筋角而食之，米斗至四五十千，有价无米，鼠一头至四百文，饿死者相枕藉。肃宗使中官将军曹日升来宣慰，路绝不得入。日升请单骑入致命，仲犀曰：'不可，贼若擒吾敕使，我亦何安！'颜真卿适自河北次于襄阳，谓仲犀曰：'曹使既果决，不顾万死之地，何得沮之！纵为贼所获，是亡一使者；苟得入城，则万人之心固矣。公何爱焉？'中官冯廷环曰：'将军必能入，我请以两骑助之。'日升又自有傔骑数人，仲犀又以数骑共十人同行。贼徒望见，知其骁锐，不敢逼。日升既入城，炅众初以为望绝，忽有使来宣命，皆踊跃一心。日升以其十人至襄阳取粮，贼虽追之，不敢击，遂以一千人取音声路运粮而入，贼亦不能遏，又得相持数月。"① 本年，元结避祸襄阳，或与颜真卿有交往。按：《旧唐书·颜真卿传》："二年四月，朝于凤翔，授宪部尚书，寻加御史大夫。"② 颜真卿四月已至凤翔，则至襄阳当在本年春。

四月左右，泌南地区为安史叛军攻陷，元结后因理兵于此，有文记之。又或此先后，公在唐、邓、汝、蔡等州招缉义军抗击叛军。

元结《哀丘表》："泌南至德丁酉为陷邑。"泌水为唐河上游别称，在河南省西南部。泌南地区在唐属唐州。《请省官状唐邓等州县官》："自经逆乱，州县残破。唐、邓两州，实为尤甚。荒草千里，是其疆畎；万室空虚，是其井邑；乱骨相枕，是其百姓；孤老寡弱，是其遗人。"据《资治通鉴·至德二载》："（四月）山南东道节度使鲁炅守南阳，贼将武令珣、田承嗣相继攻之。……炅在围中凡周岁，昼夜苦战，力竭不能支，壬戌夜，开城帅余兵数千突围而出，奔襄阳。承嗣追之，转战二日，不能克而还。时贼欲南侵江、汉，赖炅扼其冲要，南夏得全。"③ 南阳攻破，

---

① （后晋）刘昫等：《旧唐书》卷一一四《鲁炅传》，中华书局1975年版，第3362页。
② （后晋）刘昫等：《旧唐书》卷一二八《颜真卿传》，中华书局1975年版，第3591页。
③ （宋）司马光编著，（元）胡三省音注：《资治通鉴》卷二一九《唐纪》三五，中华书局1956年版，第7024—7025页。

则其临近的唐、邓诸州当在此先后被攻破。颜真卿《元君表墓碑铭并序》："乃拜君右金吾兵曹，摄监察御史，充山南东道节度参谋，仍于唐、邓、汝、蔡等州招缉义军。"按：元结于乾元二年在唐、邓、汝、蔡等州招缉义军。颜真卿《元君表墓碑铭并序》言"仍"则在乾元二年前就有招缉义军行为，而稍后元结移居瀼溪，故其招募义军必然在避祸襄阳期间。

九月，广平王李豫统朔方、安西、回纥、南蛮、大食之众二十万，收复西京。

元结《大唐中兴颂》其序曰："其年复两京。"其颂曰："事有至难，宗庙再安，二圣重欢。"《时议上篇》："天子独以数骑，仅至灵武，引聚余弱，凭陵强寇，顿军岐阳，师及渭西，曾不逾时，竟摧坚锐，复两京，逃降逆类，悉收河南州县。"《旧唐书·肃宗纪》："（至德二载）九月丁丑，上党节度使程千里与贼挑战，为贼将蔡希德所擒。敦煌王承寀自回纥使还，拜宗正卿；纳回纥公主为妃，回纥封为叶护，持四节，与回纥叶护太子率兵四千助国讨贼。叶护入见，宴赐加等。丁亥，元帅广平王统朔方、安西、回纥、南蛮、大食之众二十万，东向讨贼。壬寅，与贼将安守忠、李归仁等战于香积寺西北，贼军大败，斩首六万级，贼帅张通儒弃京城东走。癸卯，广平王收西京。甲辰，捷书至行在，百僚称贺，即日告捷于蜀。上皇遣裴冕入京，启告郊庙社稷。"①《新唐书·肃宗纪》所载同。

十月，癸亥，上自凤翔还京，遣太子太师韦见素入蜀迎上皇。

元结《大唐中兴颂》："其年复两京，上皇还京师。"《旧唐书·肃宗纪》："冬十月乙巳朔，以崔光远为京兆尹。诏曰：'缘京城初收，要安百姓，又洒扫宫阙，奉迎上皇。以今月十九日还京，应缘供顿，务从减省。'……癸亥，上自凤翔还京，仍遣太子太师韦见素入蜀迎上皇。"②

---

① （后晋）刘昫等：《旧唐书》卷一〇《肃宗纪》，中华书局1975年版，第247页。
② （后晋）刘昫等：《旧唐书》卷一〇《肃宗纪》，中华书局1975年版，第247—248页。

六　逃难猗玗

十月，安庆绪走邺郡，武令珣自南阳率部归邺郡。

《资治通鉴·至德二载》："（十月）安庆绪走保邺郡，改邺郡为安成府，改元天成；从骑不过三百，步卒不过千人，诸将阿史那承庆等散投常山、赵郡、范阳。旬日间，蔡希德自上党，田承嗣自颍川，武令珣自南阳，各帅所部兵归之。又召募河北诸郡人，众至六万，军声复振。"①

十二月，玄宗还京师，文武百僚、京城士庶夹道欢呼，靡不流涕。约此稍前，玄宗闻公之才能，征召之，然逢自襄阳移居瀼溪，事遂不成。

颜真卿《元君表墓碑铭并序》："逃难于猗玗洞，因招集邻里二百余家奔襄阳，元宗异而征之。值君移居瀼溪，乃寝。"按：元结《瀼溪铭》："乾元戊戌，浪生元结始浪家瀼溪之滨。"《与瀼溪邻里并序》："乾元元年，元子将家自全于瀼溪。……昔年苦逆乱，举族来南奔。日行几十里，爱君此山村。"乾元戊戌也即乾元元年，元结正式移居瀼溪。然元结率邻里自襄阳移家瀼溪绝非易事，涉及数百个家庭，故在乾元元年前必有所行动。又据《旧唐书·玄宗本纪》："（至德二载）十二月丙午，肃宗具法驾至咸阳望贤驿迎奉。上皇御宫之南楼，肃宗拜庆楼下，呜咽流涕不自胜，为上皇徒步控辔，上皇抚背止之，即骑马前导。丁未，至京师，文武百僚、京城士庶夹道欢呼，靡不流涕。即日御大明宫之含元殿，见百僚，上皇亲自抚问，人人感咽。"② 唐肃宗在至德元年七月即位，八月消息传至成都，但动乱之际，玄宗仍有所作为。又原襄阳太守李峘为蜀郡长史、剑南节度使，元结曾为玄宗朝进士，故在此期间玄宗征召元结存在可能。至本年十二月玄宗还京师后，已基本不视事，故不存在征召的可能性。

本月，史思明以十三郡兵八万人归于朝。

《新唐书·史思明传》："思明使牙门金如意奉十三郡兵八万籍归于

---

① （宋）司马光编著，（元）胡三省音注：《资治通鉴》卷二二〇《唐纪》三六，中华书局1956年版，第7042页。
② （后晋）刘昫等：《旧唐书》卷九《玄宗下》，中华书局1975年版，第235页。

朝，于是高秀岩以河东自归。有诏思明为归义郡王、范阳长史、河北节度使，诸子并列卿，以秀岩为云中太守，亦官其诸子。"①《资治通鉴·至德二载》："（十二月史思明）遣其将窦子昂奉表以所部十三郡及兵八万来降，并帅其河东节度使高秀岩亦以所部来降。乙丑，子昂至京师。上大喜，以思明为归义王、范阳节度使，子七人皆除显官。"②

本月，朝廷以六等定罪附贼官员，公《辩惑二篇》或作于此时。

《新唐书·崔器传》："二京平，为三司使。器草定仪典，令王官陷贼者，悉入含元廷中，露首跣足，抚膺顿首请罪，令刀仗环之，以示扈从群臣。器既残忍希帝旨，欲深文绳下，乃建议陈希烈、达奚珣等数百人皆抵死。李岘执奏，乃以六等定罪，多所厚贷。"③《资治通鉴·至德二载》："（十二月）崔器、吕谌上言：'诸陷贼官，背国从伪，准律皆应处死。'上欲从之。李岘以为：'贼陷两京，天子南巡，人自逃生。此属皆陛下亲戚或勋旧子孙，今一概以叛法处死，恐乖仁恕之道。且河北未平，群臣陷贼者尚多，若宽之，足开自新之路；若尽诛之，是坚其附贼之心也。……谌、器守文，不达大体。惟陛下图之。'争之累日，上从岘议，以六等定罪，重者刑之于市，次赐自尽，次重杖一百，次三等流、贬。壬申，斩达奚珣等十八人于城西南独柳树下，陈希烈等七人赐自尽于大理寺；应受杖者于京兆府门。"④ 二京收复后，怎样对待陷贼官，在朝廷中形成较大争议，元结《辩惑二篇》或为此作。姑系本文于至德二载（757）十二月。

本年前后，公居猗玗洞，作《石宫四咏》。

元结《自释》："天下兵兴，逃乱入猗玗洞，始称猗玗子。后家瀼滨。"《蛇虎颂》："猗玗子逃乱在砠，南人云：猗玗洞中，是王虎之宫；

---

① （宋）欧阳修、宋祁：《新唐书》卷二二五《史思明传》，中华书局1975年版，第6429页。
② （宋）司马光编著，（元）胡三省音注：《资治通鉴》卷二二〇《唐纪》三六，中华书局1956年版，第7048页。
③ （宋）欧阳修、宋祁：《新唐书》卷二〇九《崔器传》，中华书局1975年版，第5918页。
④ （宋）司马光编著，（元）胡三省音注：《资治通鉴》卷二二〇《唐纪》三六，中华书局1956年版，第7049页。

中之阴,是均蛇之林。居之三月,始知王虎如古君子,始知均蛇如古贤士。然哉!猗玗子夺其宫,王虎去而不回;猗玗子侵其林,均蛇去而不归。"颜真卿《元君表墓碑铭并序》:"及羯胡首乱,逃难于猗玗洞。……兵起,逃难于猗玗洞,著《猗玗子》三篇。"《瀼溪铭》:"乾元戊戌,浪生元结始浪家瀼溪之滨。"乾元元年(758)为乾元戊戌,该年春元结自猗玗洞移家瀼溪。从文意看,石宫即猗玗洞。文中言及"春、夏、秋、冬",则元结作此篇时当在至德二载(757)前后。

七　避乱瀼溪

758 戊戌

至德三载　乾元元年　公四〇岁

二月，册封上皇为太上至道圣皇大帝，改至德三载为乾元元年。

《旧唐书·肃宗纪》："（二月）乙巳，上御兴庆宫，奉册上皇徽号曰太上至道圣皇大帝。丁未，御明凤门，大赦天下，改至德三载为乾元元年。"①

春，元结为避战乱举族迁于江西九江瀼溪；又邻里赠之以闲园，后公有诗忆及此事。公此后始称浪士、浪生。

元结《送王及之容州序》："乾元中，漫叟浪家于瀼溪之滨，以耕钓自全而已。"又元结《与瀼溪邻里序》："乾元元年，元子将家自全于瀼溪。"元结《与瀼溪邻里》："昔年苦逆乱，举族来南奔。……瀼溪中曲滨，其阳有闲园。邻里昔赠我，许之及子孙。我尝有匮乏，邻里能相分。我尝有不安，邻里能相存。"按：瀼溪即溢水，又称溢浦或溢江，今称龙开河。源出江西瑞昌西南青山，东流经县南至九江市西，北流入长江。唐白居易《琵琶行》："住近溢江地低湿"即指此。

元结《自释》："后家瀼滨，乃自称浪士。"《瀼溪铭》："乾元戊戌，浪生元结始浪家瀼溪之滨。"

---

① （后晋）刘昫等：《旧唐书》卷一〇《肃宗纪》，中华书局1975年版，第251页。

七 避乱瀼溪

约此前后，公之父元延祖去世，卒年七十六。去世前戒公勉树名节，无近羞辱。此后，公隐居瀼溪而守孝。

元结《与李相公书》："中逢丧乱，奔走江海，当死复生，见有今日。"明本题下注曰："乾元二年，李揆为中书侍郎平章事。"乾元二年为759年，可知本年以前，元结家庭发生丧乱。从《辞监察御史表》："臣老母多病，又无弟兄，漂流殊乡，孤弱相养。"此表下有自注："上元元年进"，上元元年即760年，从此表可以看出，元结所经历丧乱与其父亲、弟弟去世相关。又《新唐书·元结传》："安禄山反，召结戒曰：'而曹逢世多故，不得自安山林，勉树名节，无近羞辱'云。卒年七十六，门人私谥曰太先生。"则可知，元结之父在天宝十四载（755）安史之乱发生后，尚在世。又颜真卿《元君表墓碑铭并序》："祖利贞，霍王府参军，随镇改襄州。"《旧唐书·李元轨传》："霍王元轨，高祖第十四子也。……（贞观）十年，改封霍王，授绛州刺史，寻转徐州刺史。垂拱元年，加位司徒，寻出为襄州刺史，转青州刺史。"①据《新唐书·元结传》："父延祖，三岁而孤，仁基敕其母曰：'此儿且祀我。'因名而字之。"则元结祖父元亨至少在垂拱元年（685）尚在世。则元延祖当至少在弘道元年（683）或稍后出生。以此顺推76年，则为乾元元年（758）或稍后去世。

公初之瀼溪，瀼溪之民未相喜爱，唯王及以文学相求，且于公多有资助，后公有文忆此。

元结《送王及之容州序》："乾元中，漫叟浪家于瀼溪之滨，以耕钓自全而已。九江之人，未相喜爱，其意似惧叟衣食之不足耳，叟亦不促促而从之。有王及者，异夫乡人焉，以文学相求，不以羁旅见惧，以相安为意，不以可否自择，及于叟也如是之多。"

六月，孟云卿客长安，时杜甫因房琯事出为华州司功参军，将别时，杜甫有诗相赠。

仇兆鳌《杜诗详注》卷六《酬孟云卿》："乐极伤头白，更长爱烛

---

① （后晋）刘昫等：《旧唐书》卷六四《霍王元轨》，中华书局1975年版，第2429—2431页。

红。相逢难衮衮，告别莫匆匆。但恐天河落，宁辞酒盏空。明朝牵世务，挥泪各西东。"①

本年夏，公作《瀼溪铭》，有感于时而称"让"道；《浪说》七篇也当此先后作。

元结《瀼溪铭》："乾元戊戌，浪生元结始浪家瀼溪之滨。瀼溪，盖溢水分称。瀼水夏瀼江海，则百里为瀼湖，二十里为瀼溪。瀼溪，浪士爱之，铭之其滨。"其铭曰："瀼溪之澜，谁取盥焉？瀼溪之漪，谁取饮之？盥实可矣，饮岂难矣。得不惭其心，不如此水。浪士作铭，将戒何人？欲不让者，惭游瀼滨。"

本年夏，元结将家瀼滨，自称浪士，著《浪说》七篇。元结《别韩方源序》："戊戌中，次山有《浪说》。"颜真卿《元君表墓碑铭》："将家瀼滨，乃自称浪士，著《浪说》七篇。"则《浪说》著于家瀼滨稍后。《新唐书·艺文三》："又《浪说》七篇。"②宋郑樵《通志·儒术》："《浪说》，七篇（元结撰）。"③明姚裕《挽元次山》："《浪说》词源倾三峡，《中兴》颂笔扫千军。"④则《浪说》七篇明时尚存。清董作栋、武亿《鲁山县志·艺文》："《浪说》七篇，佚。"清代时已佚，今不见于各版本。

十月，颜真卿为酷吏唐旻所诬，改为饶州刺史，途中，或与元结相会。

殷亮《颜鲁公行状》："乾元元年三月又改蒲州刺史本郡防御使，封丹阳县开国子，食邑一千户。是年为酷吏唐旻所诬，贬饶州刺史。"⑤颜真卿《华岳庙题名》："皇唐乾元元年岁次戊戌冬十月戊申，真卿自蒲州刺史蒙恩除饶州刺史。十有二日辛亥，次于华阴，与监察御史王延昌、大理评事摄监察御史穆宁、评事张澹、华阴令刘晶、主簿郑镇同谒

---

① （唐）杜甫著，（清）仇兆鳌注：《杜诗详注》卷六《酬孟云卿》，中华书局1979年版，第479页。
② （宋）欧阳修、宋祁：《新唐书》卷五九《艺文三》，中华书局1975年版，第1514页。
③ （宋）郑樵：《通志二十略》卷六六《儒术》，明正德（1506—1521）陈宗夔刻本。
④ （清）王雍：《鲁山县志》卷七《艺文》，清康熙三十三年（1694）修订本。
⑤ （清）董诰编：《全唐文》卷五一四殷亮《颜鲁公行状》，中华书局1983年版，第5228页。

金天王之神祠。颜真卿题记。"① 颜真卿《祭伯父豪州刺史文》："维乾元元年岁次戊戌十月庚子朔廿一日庚申……真卿，敢昭告于亡伯故朝议大夫豪州刺史府君之灵曰……真卿时赴饶州，至东京得申拜扫。又方远辞违，伏增感咽，谨以清酌庶羞之奠，以伯母河南县君元氏配。"② 按：朱光田《颜真卿年谱》"乾元二年"条载："元结自湖北大冶猗玗洞迁至江西瀼溪，颜真卿与之游预，岂规其苟戏。"按：《戏规》所作时间参见"天宝九载"条，朱光田在年谱中以为二人在乾元二年预游，这不大可能，《戏规》以"元子"字称，而不称"浪士"，当作于隐居商余期间。但颜真卿赴任途中，九江是其必经之地，故有可能相会于此时，然无诗文为证，姑且存疑。

本月，郭子仪领九节度围相州，安庆绪求援于史思明，史思明复反。十二月，史思明陷魏州，所杀三万人。

《旧唐书·史思明传》："十月，郭子仪领九节度围相州，安庆绪偷道求救于思明，思明惧军威之盛，不敢进。十二月，萧华以魏州归顺，诏遣崔光远替之。思明击而拔其城，光远脱身南渡。思明于魏州杀三万人，平地流血数日。"③《资治通鉴·乾元元年》："郭子仪引兵自杏园济河，东至获嘉，破安太清，斩首四千级，捕虏五百人。太清走保卫州，子仪进围之；丙午，遣使告捷。鲁炅自阳武济，季广琛、崔光远自酸枣济，与李嗣业兵皆会子仪于卫州。庆绪悉举邺中之众七万救卫州，分三军，以崔乾祐将上军，田承嗣将下军，庆绪自将中军。子仪使善射者三千人伏于垒垣之内，令曰：'我退，贼必逐我，汝乃登垒，鼓噪而射之。'既而与庆绪战，伪退，贼逐之，至垒下，伏兵起射之，矢如雨注，贼还走，子仪复引兵逐之，庆绪大败。获其弟庆和，杀之。遂拔卫州。庆绪走，子仪等追之至邺，许叔冀、董秦、王思礼及河东兵马使薛

---

① （清）董诰编：《全唐文》卷三三九颜真卿《华岳庙题名》，中华书局1983年版，第3433—3434页。
② （清）董诰编：《全唐文》卷三四四颜真卿《祭伯父豪州刺史文》，中华书局1983年版，第3498—3499页。
③ （后晋）刘昫等：《旧唐书》卷二〇〇上《史思明传》，中华书局1975年版，第5380页。

兼训皆引兵继至。庆绪收余兵拒战于愁思冈，又败。前后斩首三万级，捕虏千人。庆绪乃入城固守，子仪等围之，李光弼引兵继至。庆绪窘急，遣薛嵩求救于史思明，且请以位让之。思明发范阳兵十三万欲救邺，观望未敢进，先遣李归仁将步骑一万军于滏阳，遥为庆绪声势。"①《资治通鉴·乾元元年》："史思明乘崔光远初至，引兵大下，光远使将军李处崟拒之。贼势盛，处崟连战不利，还趣城。贼追至城下，扬言曰：'处崟召我来，何为不出！'光远信之，腰斩处崟。处崟，骁将，众所恃，既死，众无斗志，光远脱身走还汴州。丁卯，思明陷魏州，所杀三万人。"②

冬末，杜甫以事自华州游洛阳，相遇孟云卿，杜甫赠之以诗。

《杜诗详注》卷六《冬末以事之东都，湖城东遇孟云卿，复归刘颢宅宿宴，饮散因为醉歌》："疾风吹尘暗河县，行子隔手不相见。湖城城东一开眼，驻马偶识云卿面。"③ 黄鹤注曰："当是乾元元年冬自华州游东都作，明年春方归毕。"④ 杨伦《杜诗镜铨》亦系之乾元中作。

约此或稍前，公作《管仲论》，阐述尊王之道。

元结《管仲论》："自兵兴已来，今三年，论者多云：'得如管仲者一人，以辅人主，当见天下太平矣。'"按：天宝十四载十一月安禄山作乱，至今已三年，故是文当作于本年。

该文又曰："呜呼！何是言之误耶！彼管仲者，人耳，止可与议私家畜养之计，止可以修乡里畎浍之事，如此，仲稍容与焉。至如相诸侯，材量已似不足，致齐及霸，材量极矣。使仲见帝王之道，识兴国之礼，则天子之国不衰，诸侯之国不盛。"元结论尊王之道，与唐代藩镇的强大及安史之乱的发生有一定关系。

---

① （宋）司马光编著，（元）胡三省音注：《资治通鉴》卷二二〇《唐纪》三六，中华书局1956年版，第7062—7063页。

② （宋）司马光编著，（元）胡三省音注：《资治通鉴》卷二二〇《唐纪》三六，中华书局1956年版，第7064页。

③ （唐）杜甫著，（清）仇兆鳌注：《杜诗详注》卷六，中华书局1979年版，第500页。

④ （唐）杜甫著，（清）仇兆鳌注：《杜诗详注》卷六，中华书局1979年版，第500页。

八　入朝为官

759 己亥

乾元二年　公四一岁

正月一日，史思明僭称为大圣燕王。

《旧唐书·史思明传》："思明于魏州杀三万人，平地流血数日，即乾元二年正月一日也。思明于魏州北设坛，僭称为大圣燕王，以周贽为行军司马。"①

三月，九节度陈兵六十万于安阳河北，与史思明军队大战，官军大败。

《资治通鉴·乾元二年》："三月，壬申，官军步骑六十万陈于安阳河北，思明自将精兵五万敌之，诸军望之，以为游军，未介意。思明直前奋击，李光弼、王思礼、许叔冀、鲁炅先与之战，杀伤相半；鲁炅中流矢。郭子仪承其后，未及布陈，大风忽起，吹沙拔木，天地昼晦，咫尺不相辨。两军大惊，官军溃而南，贼溃而北，弃甲仗辎重委积于路。子仪以朔方军断河阳桥保东京。战马万匹，惟存三千；甲仗十万，遗弃殆尽。东京士民惊骇，散奔山谷；留守崔圆、河南尹苏震等官吏南奔襄、邓；诸节度各溃归本镇。士卒所过剽掠，吏不能止，旬日方定。"②

---

① （后晋）刘昫等：《旧唐书》卷二〇《史思明传》，中华书局1975年版，第5380页。
② （宋）司马光编著，（元）胡三省音注：《资治通鉴》卷二二一《唐纪》三七，中华书局1956年版，第7069页。

三月，甲午，帝擢兵部侍郎吕谭同中书门下平章事。又擢李揆等人为中书侍郎平章事。

《旧唐书·吕谭传》："乾元二年三月，以本官同中书门下平章事，知门下省事。"① 《新唐书·吕谭传》："乾元二年，九节度兵败，帝忧之。擢谭同中书门下平章事，知门下省……会母丧解，三月复召知门下省事，兼判度支，还执政。"② 《资治通鉴·乾元二年》："（三月）甲午，以兵部侍郎吕谭同平章事，乙未，以中书侍郎、同平章事苗晋卿为太子太傅，王玙为刑部尚书，皆罢政事。"③ 又《唐大诏令·吕谭平章事制》："出纳丝纶，是称喉舌，调和鼎饪，必藉盐梅。况艰难之际，择贤必资于选众；密勿之地，论道固期于得人。兵部侍郎吕谭，闲气挺生，宏才迥发，讷言敏行，强识博闻。谋猷出三杰之先，德业处五人之上，允在朝列，尤推审慎。复得钓璜之庆，宜膺补衮之求。可同中书门下平章事。"④ 下注曰："乾元二年三月。"

吕谭，蒲州河东人。天宝初，进士及第，禄山之乱，超拜御史中丞，进奏无不允从。乾元二年三月，以本官同中书门下平章事，知门下省事。累加银青光禄大夫，东平男。上元年间，授谭荆州大都督府长史、兼御史大夫，充澧、朗、忠、硖五州节度观察处置等使。元年建卯月卒，卒年五十一，赠吏部尚书，有司谥曰肃。

三月，乙未，王玙于禁中日夜祷祀，后罢相，公后有文论及；擢李揆、李岘、第五琦为相。后元结仕途中多有坎坷，与第五琦相关。

《新唐书·苏源明传》："是时，承大盗之余，国用窭屈，宰相王玙以祈禬进，禁中祷祀穷日夜，中官用事，给养繁靡，群臣莫敢切诤。昭应令梁镇上书劝帝罢淫祀，其它不暇及也。源明数陈政治得失。"⑤ 元结《左黄州表》："乾元己亥，赞善大夫左振出为黄州刺史。……近年

---

① （后晋）刘昫等：《旧唐书》卷一八五下《吕谭传》，中华书局1975年版，第4824页。
② （宋）欧阳修、宋祁：《新唐书》卷一四〇《吕谭传》，中华书局1975年版，第4649页。
③ （宋）司马光编著，（元）胡三省音注：《资治通鉴》卷二二一《唐纪》三七，中华书局1956年版，第7072页。
④ （宋）宋敏求编：《唐大诏令集》卷四五《吕谭平章事制》，中华书局2008年版，第224页。
⑤ （宋）欧阳修、宋祁：《新唐书》卷二〇二《苏源明传》，中华书局1975年版，第5772页。

以来，以阴阳变怪，将鬼神之道，罔上惑下，得尊重于当时者，日见斯人。"又《新唐书·吕谭传》："翌日，复以李岘、李揆、第五琦为宰相，而苗晋卿、王玙罢。"① 吕谭甲午为相，则李揆等乙未为相。又《唐大诏令·李岘李揆第五琦平章事制》："出纳帝命，经纶王言，兆若见于非熊，位必登于仲虺。行御史大夫兼京兆尹李岘，朝廷硕德，宗室荩臣。中书舍人兼礼部侍郎李揆，文房学府，命代挺生。行户部侍郎兼御史大夫第五琦，武库智囊，膺期间出。中和秀气，维岳降灵，可以宣畅谋猷，恢宏体要。庶得道光风力，名重伊皋，俱当入梦之辰，共举从绳之直。既用登王辅，宜以道弼予。岘可行吏部尚书同中书门下平章事，揆可中书侍郎同中书门下平间事，琦可户部侍郎同中书门下平章事。"下注曰："乾元二年三月。"② 李商隐《容州经略使元结文集后序》："见憎于第五琦、元载，故其将兵不得授，作官不至达。母老不得尽其养，母丧不得终其哀。"③

四月，史思明称帝，以范阳为燕京。

《旧唐书·史思明传》："（乾元二年）四月，僭称大号，以周贽为相，以范阳为燕京。"④

七月或稍前，吕谭丁母忧，免同中书门下平章事。

《旧唐书·吕谭传》："（乾元二年）七月，丁母忧免。"⑤ 宋赵明诚《金石录》卷二七《唐吕公表》："案《唐书·帝纪》及《宰相表》皆云乾元二年七月辛卯，谭以母丧罢；十月起复；上元元年五月壬子复罢为太子宾客。今此《表》乃云'乾元二年六月，丁内忧。上元元年七月，复罢相。'月日小不同，未知孰是。"⑥

---

① （宋）欧阳修、宋祁：《新唐书》卷一四〇《吕谭传》，中华书局1975年版，第4649页。
② （宋）宋敏求编：《唐大诏令集》卷四五《李岘李揆第五琦平章事制》，中华书局2008年版，第224页。
③ （唐）李商隐著，刘学锴、余恕诚校注：《李商隐文编年校注》之《未编年文》，中华书局2002年版，第2257页。
④ （后晋）刘昫等：《旧唐书》卷二〇〇上《史思明传》，中华书局1975年版，第5380页。
⑤ （后晋）刘昫等：《旧唐书》卷一八五下《吕谭传》，中华书局1975年版，第4824页。
⑥ （宋）赵明诚撰，金文明校证：《金石录校证》卷第二七《唐吕公表》，广西师范大学出版社2005年版，第469页。

本月，以礼部尚书韦陟为东都留守。后公征召途中过洛阳，与之有交往。

《旧唐书·肃宗纪》："（乾元二年）秋七月乙丑朔，以礼部尚书韦陟充东京留守。"①

八月，襄州偏将康楚元逐刺史王政，据城自守，后公有文提及此事。

《旧唐书·肃宗纪》："八月乙亥，襄州偏将康楚元逐刺史王政，据城自守。"②《资治通鉴·乾元二年》："八月，乙巳，襄州将康楚元、张嘉延据州作乱，刺史王政奔荆州。楚元自称南楚霸王。"③元结《辞监察御史表》也提及此事："其时以康元狡逆，陛下忧劳。臣亦不知疲驽，奉宣圣旨。"

本月，以张光奇为襄州刺史，康楚元不从。

《资治通鉴·乾元二年》："戊午，上使将军曹日升往襄州慰谕康楚元，贬王政为饶州长史，以司农少卿张光奇为襄州刺史；楚元不从。"④

九月，国子司业苏源明荐公于朝；稍前苏源明以称病不受禄山官，本月或稍后擢为考功郎中、知制诰。

《新唐书·苏源明传》："源明雅善杜甫、郑虔，其最称者元结、梁肃。"⑤《新唐书·元结传》："国子司业苏源明见肃宗，问天下士，荐结可用。"《资治通鉴·乾元二年》："国子司业苏源明称病不受禄山官，上擢为考功郎中、知制诰。"⑥《旧唐书·职官一》："从第四品下阶：国子司业。"⑦又同书同卷："又以三品已上官，及门下中书侍郎、尚书左

---

① （后晋）刘昫等：《旧唐书》卷一〇《肃宗纪》，中华书局1975年版，第256页。
② （后晋）刘昫等：《旧唐书》卷一〇《肃宗纪》，中华书局1975年版，第256页。
③ （宋）司马光编著，（元）胡三省音注：《资治通鉴》卷二二一《唐纪》三七，中华书局1956年版，第7080页。
④ （宋）司马光编著，（元）胡三省音注：《资治通鉴》卷二二一《唐纪》三七，中华书局1956年版，第7081页。
⑤ （宋）欧阳修、宋祁：《新唐书》卷二〇二《苏源明传》，中华书局1975年版，第5773页。
⑥ （宋）司马光编著，（元）胡三省音注：《资治通鉴》卷二二〇《唐纪》三六，中华书局1956年版，第7043页。
⑦ （后晋）刘昫等：《旧唐书》卷四二《职官一》，中华书局1975年版，第1794页。

八　入朝为官

右丞、诸司侍郎、太常少卿、太子少詹事、左右庶子、秘书少监、国子司业为清望官。"① 国子司业为国子监官员，国子监乃尚书省下级机构。据《文编序》："叟少师友仲行公，公闻之，谕叟曰：'于戏！吾常恐直道绝而不续，不虞杨公于子相续如缕。'"可知，元结少时与苏源明是师友关系，故元结得以荐。又据元结《时议三篇》（并表）："臣实不能当君子之羞，受小人之辱，故编舆皂之说为三篇，名曰《时议》，敢以上闻，抵冒天威，谨伏待罪。臣结顿首谨上。乾元二年九月日，前进士元结表上。"可知苏源明荐公于朝在九月。

本月，元结奉诏至汝上，逢山龟亦承诏诣京师，与山龟俱乘邮，至洛阳得礼部尚书东都留守韦陟召见，韦多问文学，不问与国休戚之事，公愤而作《与韦尚书书》；公后有文忆及此次征召。

元结《与韦尚书书》："结所以年四十，足不入于公卿之门，身不齿于利禄之士，岂忘荣显？盖惧污辱！昨者有诏，使结得诣京师，至汝上，逢山龟亦承诏诣京师，结与山龟俱得乘邮而来。邮长待结，颇如龟者。……不望尚书不以结齿之于龟，以士君子见礼，问及词赋，许且休息……结虽昧于经术，然自山野而来，能悉下情，尚书与国休戚，能无问乎？事有在尚书力及，能不行乎？"本年元结四十一，本文曰"年四十"当为概指。郭本《元次山集》："乾元二年，韦陟为礼部尚书东都留守。"韦陟，字殷卿。韦安石子，官至礼部尚书、吏部尚书、东京畿观察处置使等，封郇国公。上元元年八月，卒于虢州，时年六十五。《旧唐书·肃宗纪》："（乾元二年）秋七月乙丑朔，以礼部尚书韦陟充东京留守。……（乾元三年四月）甲辰，以礼部尚书、东京留守韦陟为吏部尚书。"② 元结后在《丞官引》中提及："往在乾元初，圣人启休运。公车诣魏阙，天子垂清问。"当指此次征召。

---

① （后晋）刘昫等：《旧唐书》卷四二《职官一》，中华书局 1975 年版，第 1084 页。
② （后晋）刘昫等：《旧唐书》卷一〇《肃宗纪》，中华书局 1975 年版，第 256—258 页。

本月或稍后，公待诏长安，与苏源明议及天下人心，有感于时，作《时规》，授于学者。

元结《时规》："乾元己亥，漫叟待诏在长安。时中行公掌制在中书，中书有醇酒，时得一醉。醉中，叟诞曰：'愿穷天下鸟兽虫鱼以充杀者之心，愿穷天下醇酎美色以充欲者之心。'中行公闻之，叹曰：'子何思不尽耶？何不曰：愿得如九州之地者亿万，分封君臣父子兄弟之争国者，使人民免贼虐残酷者乎？何不曰：愿得布帛钱货珍宝之物，溢于王者府藏，满将相权势之家，使人民免饥寒劳苦者乎？'叟闻公言，退而记之，授于学者，用为时规。"按：中行公即苏源明。《新唐书·苏源明传》："安禄山陷京师，源明以病不受伪署。肃宗复两京，擢考功郎中、知制诰。"①《旧唐书·职官二》："考功郎中一员，从五品上。"② 其品次低于国子司业，但为浊官，掌握一定实权。又《新唐书》："开元二十六年，又改翰林供奉为学士，别置学士院，专掌内命。凡拜免将相、号令征伐，皆用白麻。其后，选用益重，礼遇益亲，至号为'内相'，又以为天子私人。凡充其职者无定员，自诸曹尚书下至校书郎，皆得与选。入院一岁，则迁知制诰，未知制诰者不作文书。班次各以其官，内宴则居宰相之下，一品之上。"③"知制诰"即掌管起草诰命之意，后用作官名。唐初以中书舍人为之，掌外制。故曰"中行公掌制在中书"。又《资治通鉴·乾元二年》："国子司业苏源明称病不受禄山官，上擢为考功郎中、知制诰。（十月）壬申，上御丹凤楼，下制：'士庶受贼官禄，为贼用者，令三司条件闻奏；其因战被虏，或所居密近，因与贼往来者，皆听自首除罪；其子女为贼所污者，勿问。'"④ 则苏源明由国子司业擢为考功郎中、知制诰当在九月至十月间。苏源明另参见"天宝十二载"。

---

① （宋）欧阳修、宋祁：《新唐书》卷二〇二《苏源明传》，中华书局1975年版，第5772页。
② （后晋）刘昫等：《旧唐书》卷四三《职官二》，中华书局1975年版，第1822页。
③ （宋）欧阳修、宋祁：《新唐书》卷四六《百官一》，中华书局1975年版，第1183—1184页。
④ （宋）司马光编著，（元）胡三省音注：《资治通鉴》卷二二〇《唐纪》三六，中华书局1956年版，第7043页。

八　入朝为官

又《新唐书·苏源明传》："安禄山陷京师，源明以病不受伪署。肃宗复两京，擢考功郎中知制诰。是时，承大盗之余，国用窦屈，宰相王玙以祈禬进，禁中祷祀穷日夜，中官用事，给养繁靡，群臣莫敢切诤。"①《新唐书·肃宗纪》："（乾元元年五月）太常少卿王玙为中书侍郎、同中书门下平章事。……（乾元二年三月）甲午，兵部侍郎吕諲同中书门下平章事。乙未，苗晋卿、王玙罢。"②则苏源明本年仍在长安。

本月，肃宗欲幸河东，闻公有谋略，招之。公献《时议》三篇，帝嘉之，乃拜君右金吾兵曹，摄监察御史。

颜真卿《元君表墓碑铭并序》："乾元二年，李光弼拒史思明于河阳，肃宗欲幸河东，闻君有谋略，虚怀召问。君悉陈兵势，献《时议》三篇。上大悦曰：'卿果破贼，朕忧遂停。'乃拜君右金吾兵曹，摄监察御史。"《新唐书·元结传》："时史思明攻河阳，帝将幸河东，召结诣京师，问所欲言，结自以始见轩陛，拘忌讳，恐言不悉情，乃上《时议》三篇。……帝悦曰：'卿能破朕忧。'擢右金吾兵曹参军，摄监察御史，为山南西道节度参谋。"元结《请节度使表》："臣自以愚弱无堪，远迹江湖，全身之外，无所冀望。陛下过听，征臣顾问。"《辞监察御史表》："陛下过听，疑臣有才谋可用，谓臣以忠正可嘉，枉以公诏征臣，延问当时之事。"亦当指此事。肃宗征召元结与苏源明推荐相关。

考《元君表墓碑铭并序》原石作"乃拜君右金吾兵曹"，明本《颜鲁公文集》及《新唐书·元结传》与之同，然《全唐文》作"乃拜君左金吾兵曹"，考元结《与李相公书》："月日，新授右金吾兵曹参军摄监察御史元结顿首。"可知《新唐书》所载误。《旧唐书·职官三》："武官：左右卫……仓曹、兵曹参军各二人，正八品下。"③同书同卷："监察御史十员。正八品上。……监察掌分察巡按郡县、屯田、铸钱、岭南选补、知太府、司农出纳，监决囚徒。监祭祀则阅牲牢，省器服，

---

① （宋）欧阳修、宋祁：《新唐书》卷二〇二《苏源明传》，中华书局1975年版，第5772页。
② （宋）欧阳修、宋祁：《新唐书》卷六《肃宗纪》，中华书局1975年版，第160—161页。
③ （后晋）刘昫等：《旧唐书》卷四四《职官三》，中华书局1975年版，第1898页。

不敬则劾祭官。尚书省有会议,亦监其过谬。凡百官宴会、习射,亦如之。"①

元结《时议三篇》(并表):"臣实不能当君子之羞,受小人之辱,故编舆皂之说为三篇,名曰《时议》,敢以上闻,抵冒天威,谨伏待罪。臣结顿首谨上。乾元二年九月日,前进士元结表上。"元结后在《悉官引》中论及此事:"往在乾元初,圣人启休运。公车诣魏阙,天子垂清问。敢诵王者箴,亦献当时论。朝廷爱方直,明主嘉忠信。"又《时议下》:"今天子思安苍生,思灭奸逆,思致太平,方力图之,非不勤劳,于今四年。"亦可知《时议》三篇作于本年。

上篇论及君主应"勤劳不辞,亲抚士卒,与人权位,信而不疑,渴闻忠直,过则喜改",才能化目前之危。其末尾曰:"若天子能视今日之安,如灵武之危,事无大小,皆若灵武,何寇盗强弱可言?当天下日无事矣!"

中篇论及"今国家非欲其然,盖失于太明、太信而然耳!夫太明则见其内情,将藏内情,则罔惑生焉。罔上惑下,能令必信。信可必矣,故太信焉。太信之中,至奸元恶,卓然而存。如此,使朝廷遂亡公直,天下遂失忠信,苍生遂益冤怨"。同时指出"今天下残破,苍生危急,受赋役者多寡弱贫独,流亡死生,悲忧道路,盖亦极矣!"

下篇指出"若天子能追行已言之令,必行将来之法,且免天下无端杂徭,且除天下随时弊法,且去天下拘忌烦令,必任天下贤异君子,屏斥天下奸邪小人,然后推仁信威令,与之不惑,此帝王常道,何为不及?"

《旧唐书·职官三》:"左右金吾卫之职,掌宫中及京城昼夜巡警之法,以执御非违。凡翊府及同轨等五十府皆属之。凡车驾出入,则率其属以清游队,建白泽朱雀等旗队先驱,如卤簿之法。从巡狩畋猎,则执其左右营卫之禁。……长史、录事参军、仓兵骑胄四曹参军、司阶、中

---

① (后晋)刘昫等:《旧唐书》卷四四《职官三》,中华书局1975年版,第1863页。

八 入朝为官

候、司戈、执戟、人数、品秩、职掌如左右卫也。"① 按：左右卫兵曹为"正八品下"，为武职。又监察御史，职官名。隋代始置。唐御史台分为三院，其中监察御史属察院，掌"分察百僚，巡按郡县，纠视刑狱，肃整朝仪"（《唐六典》）。《旧唐书·职官三》："（御史台）监察御史十员。正八品上。……监察掌分察巡按郡县、屯田、铸钱、岭南选补、知太府、司农出纳，监决囚徒。监祭祀则阅牲牢，省器服，不敬则劾祭官。尚书省有会议，亦监其过谬。凡百官宴会、习射，亦如之。"② 元结首任职为右金吾兵曹，并摄（代理）监察御史。

---

① （后晋）刘昫等：《旧唐书》卷四四《职官三》，中华书局1975年版，第1901页。
② （后晋）刘昫等：《旧唐书》卷四四《职官三》，中华书局1975年版，第1863页。

九　参山南幕

759 己亥

乾元二年　公四一岁

九月，公充山南东道节度参谋，仍于唐、邓、汝、蔡等州招缉义军，公后有诗文忆及此事。临行前，公有书上李揆，以为己不称任使。时揆为中书侍郎平章事。

元结《漫酬贾沔州》："往年壮心在，尝欲济时难。奉诏举州兵，令得诛暴叛。"颜真卿《元君表墓碑铭并序》："乃拜君右金吾兵曹，摄监察御史，充山南东道节度参谋，仍于唐、邓、汝、蔡等州招缉义军。"《新唐书·元结传》："帝悦曰：'卿能破朕忧。'擢右金吾兵曹参军，摄监察御史，为山南西道节度参谋。"按：唐州、邓州在唐属山南东道；汝州属于都畿道；蔡州属于河南道，四州临近，都远离山南西道，则可知元结乃充山南东道节度参谋，而非西道节度参谋。《旧唐书·职官三》："节度使：天宝中，缘边御戎之地，置八节度使。受命之日，赐之旌节，谓之节度使，得以专制军事。行则建节符，树六纛。外任之重，无比焉。至德已后，天下用兵，中原刺史亦循其例，受节度使之号。节度使一人，副使一人，行军司马一人，判官二人，掌书记一人，参谋，无员数也。"[①]

元结《与李相公书》："月日，新授右金吾兵曹参军摄监察御史元结顿首。"文提"新授"当在本月。又提及"今则过次授官，又令将

[①]（后晋）刘昫等：《旧唐书》卷四四《职官三》，中华书局1975年版，第1922页。

命，谋人军者，谁曰易乎？"当指公充山南东道节度参谋事。原文有注曰："乾元二年，李揆为中书侍郎平章事。"按：元结此后便前往山南东道，此封书信当作于动身前。又《与李相公书》："相公见某，但礼文拜揖之外，无所问焉。忽然狂妄男子，不称任使，坐招败辱，相公如何？某所以尽所知见闻于左右，不审相公以为可否？如曰不可，合正典刑，欺上罔下，是某之罪。"言语颇为急切，辞任之心，甚是明了，或元结以为以文人身份充节度参谋不适合故。

本月，襄州贼张嘉延袭破荆州；以太子少保崔光远充荆、襄等州招讨使。

《旧唐书·肃宗纪》："九月甲午，襄州贼张嘉延袭破荆州，澧、朗、复、郢、硖、归等州官皆弃城奔窜。……丁亥，以太子少保崔光远充荆、襄等州招讨使，右羽林大将军王仲升充申、安、沔等州节度使，右羽林将军李抱真为郑州刺史、郑陈颍亳四州节度使。"①

本月，史思明寇洛阳，稍后又陷汴州、又陷汝、郑、滑等州，泌南地区成为境上。公后有文记之。

《旧唐书·肃宗纪》："（乾元二年九月）庚寅，逆胡史思明陷洛阳，副元帅李光弼守河阳，汝、郑、滑等州陷贼。"②《旧唐书·史思明传》："（乾元二年）九月，寇汴州，节度使许叔冀合于思明，思明益振。又陷洛阳，与太尉光弼相拒。思明恣行凶暴，下无聊矣。"③元结《哀丘表》："泌南至德丁酉为陷邑，乾元己亥为境上，杀伤劳苦，言可极耶？"

本月或稍后，公在泌南地区招缉义军，山棚高晃等率五千余人来降，思明不敢南侵。

颜真卿《元君表墓碑铭并序》："乃拜君右金吾兵曹，摄监察御史，充山南东道节度参谋，仍于唐、邓、汝、蔡等州招缉义军。山棚高晃等率五千余人，一时归附，大压贼境，于是思明挫锐，不敢南侵。"《新

---

① （后晋）刘昫等：《旧唐书》卷一〇《肃宗纪》，中华书局1975年版，第257页。
② （后晋）刘昫等：《旧唐书》卷一〇《肃宗纪》，中华书局1975年版，第257页。
③ （后晋）刘昫等：《旧唐书》卷二〇〇上《史思明传》，中华书局1975年版，第3580页。

唐书·元结传》："募义士于唐、邓、汝、蔡，降剧贼五千。"又《唐会要》卷六七："东都西南联邓虢，山谷旷远。多麋鹿猛兽。人习射猎，不务耕稼。春夏以其族党迁徙无常，俗呼为山棚。"①《新唐书·吕元膺传》所载同。按：元结及其族人长期居于汝州，安史战乱爆发后多次于唐、邓、汝、蔡招缉义军，故高晃等得以来归。

本月，李白在岳州，作诗伤荆州战乱；将南行，有诗留别李台卿；及行，贾至以诗送之。

《李太白全集》卷二四《荆州贼乱临洞庭湖言怀作》、卷二一《九日登巴陵置酒望洞庭水军》。荆州战乱事见《资治通鉴》卷二二一，指康楚元、张嘉延之乱。《李太白全集》卷一二《赠别舍人弟台卿之江南》，盖将南行。《全唐诗》卷二三五贾至《洞庭送李十二赴零陵》："今日相逢落叶前，洞庭秋水远连天。"即秋日送白南行之作。

十月，肃宗制亲征史思明，苏源明上疏极谏不可，公亦建言宜折以谋，事遂寝。

《新唐书·元结传》："史思明乱，帝将亲征，结建言：'贼锐不可与争，宜折以谋。'帝善之。"《新唐书·苏源明传》："及史思明陷洛阳，有诏幸东京，将亲征。源明因上疏极谏曰：'……李光弼拔河阳，王思礼下晋原，卫伯玉拂焉耆，过析支，不日可至。御史大夫王玄志压巫间，临幽都；汝州刺史田南金逾阙口，遏二室；邓景山凌淮、泗，忾然而西。狂贼失势，蹙于缑山之下，北不敢逾孟津，东不敢过罨子，计日反接而至矣。陛下不坐而受之，乃欲亲征，徇一朝之怒，甚不可八也。……臣闻子不诤于父，不孝也；臣不诤于君，不忠也。不孝不忠，为苟荣冒禄，圈牢之物不若也。臣虽至贱，不能委身圈牢之中，将使樵夫指而笑之。'帝嘉其切直，遂罢东幸。"②《旧唐书·肃宗纪》："（乾元二年）冬十月丁酉，制亲征史思明，竟不行。"③

---

① （宋）王溥：《唐会要》卷六七，中华书局1960年版，第1185页。
② （宋）欧阳修、宋祁：《新唐书》卷二〇二《苏源明传》，中华书局1975年版，第5772—5773页。
③ （后晋）刘昫等：《旧唐书》卷一〇《肃宗纪》，中华书局1975年版，第257页。

九　参山南幕

十月，吕𬤊复受同中书门下平章事，兼充度支使，迁黄门侍郎。

《旧唐书·吕𬤊传》："（乾元二年）十月，起复授本官，兼充度支使，迁黄门侍郎。"①

十一月，商州刺史韦伦破康楚元，荆襄平，遂以崔光远为荆襄节度使。

《旧唐书·肃宗纪》："（乾元二年）十一月甲子朔，商州刺史韦伦破康楚元，荆襄平。"②《旧唐书·韦伦传》："度支使第五琦荐伦有理能，拜商州刺史，充荆襄等道租庸使。会襄州裨将康楚元、张嘉延聚众为叛，凶党万余人，自称东楚义王，襄州刺史王政弃城遁走。嘉延又南袭破江陵，汉、沔馈运阻绝，朝廷旰食。伦乃调发兵甲驻邓州界，凶党有来降者，必厚加接待。数日后，楚元众颇惫，伦进军击之，生擒楚元以献，余众悉走散，收租庸钱物仅二百万贯，并不失坠。荆、襄二州平，诏除崔光远为襄州节度使。"③按：李商隐《容州经略使元结文集后序》："见憎于第五琦、元载，故其将兵不得授。"④或是指此次事件，韦伦为第五琦所荐，又平荆襄，元结虽于此间招募义军，然主要为防史思明南下，故在平荆襄中无所作为。

十二月，以御史大夫史翙为襄州刺史，充山南东道节度、观察处置等使，时公在幕府。

《旧唐书·肃宗纪》："甲寅，以御史大夫史翙为襄州刺史，充山南东道节度、观察处置等使。"⑤

本年，赞善大夫左振出为黄州刺史。黄州之人闻左公来，不忍弃之去。

元结《左黄州表》："乾元己亥，赞善大夫左振出为黄州刺史。下车，黄人歌曰：'我欲逃乡里，我欲去坟墓。左公今既来，谁忍弃之去？'"

---

① （后晋）刘昫等：《旧唐书》卷一八五下《吕𬤊传》，中华书局1975年版，第4824页。
② （后晋）刘昫等：《旧唐书》卷一〇《肃宗纪》，中华书局1975年版，第257页。
③ （后晋）刘昫等：《旧唐书》卷一三八《韦伦传》，中华书局1975年版，第3781页。
④ （唐）李商隐著，刘学锴、余恕诚校注：《李商隐文编年校注》之《未编年文》，中华书局2002年版，第2257页。
⑤ （后晋）刘昫等：《旧唐书》卷一〇《肃宗纪》，中华书局1975年版，第257页。

760 庚子

乾元三年　上元元年　公四二岁

正月，吕谭加同中书门下三品，赐门戟。

《旧唐书·吕谭传》："上元元年正月，加同中书门下三品，赐门戟。"①

四月或稍前，公理兵泌南，有伤安史之乱给百姓带来的灾难，收街郭乱骨而藏之，命之哀丘，作《哀丘表》。约此稍前，公屯兵泌阳，发宛、叶军挫贼南锋，全十五城。公由是威望日崇。

元结《哀丘表》："乾元庚子，元子理兵于有泌之南。泌南至德丁酉为陷邑，乾元己亥为境上，杀伤劳苦，言可极耶？街郭乱骨，如古屠肆，于是收而藏之，命曰哀丘。或曰：'次山之命哀丘也，哀生人将尽而乱骨不藏者乎？哀壮勇已死而名迹不显者乎？'对曰：'非也。吾哀凡人不能绝贪争毒乱之心、守正和仁让之分，至令吾有哀丘之怨欤！'"《表》称"乾元庚子"，则表作于本年改元之前。颜真卿《元君表墓碑铭并序》："前是泌南战士积骨者，君悉收瘞，刻石立表，命之曰哀丘。将吏感焉，无不勇励。玺书频降，威望日崇。"《新唐书·元结传》："瘞战死露胔于泌南，名曰哀丘。……因命发宛、叶军挫贼南锋，结屯泌阳守险，全十五城。"

四月，李光弼破史思明于河阳。

《资治通鉴·乾元三年》："夏，四月，壬辰，破史思明于河阳西渚，斩首千五百余级。"

四月十三日，襄州军乱，部将张维瑾杀山南东道节度使史翙，公请表用兵。

元结《辞监察御史表》："又逢张瑾奸凶，再惊江汉。臣恐陛下忧无制变，遂曾表请用兵。"颜真卿《元君表墓碑铭并序》："时张瑾杀史翙于襄州。"《旧唐书·肃宗纪》："（四月）戊申，襄州军乱，杀节度使

---

① （后晋）刘昫等：《旧唐书》卷一八五下《吕谭传》，中华书局1975年版，第4824页。

史翙，部将张维瑾据州叛。……己未，以陕州刺史来瑱为襄州刺史，充山南东道襄邓等十州节度、观察处置等使。"①《旧唐书·来瑱传》："乾元三年四月十三日，襄州军将张维瑾、曹玠率众谋乱，杀刺史史翙。"②《资治通鉴·乾元三年》："（四月）襄州将张维瑾、曹玠杀节度使史翙，据州反。"③

四月，以陇州刺史韦伦为山南东道节度使，未之任；又以陕西节度使来瑱为山南东道节度使，公后在来瑱幕。

《旧唐书·来瑱传》："（乾元二年）以瑱为陕州刺史，充陕、虢等州节度，并潼关防御、团练、镇守使。乾元三年四月十三日，襄州军将张维瑾、曹玠率众谋乱，杀刺史史翙。以瑱为襄州刺史、兼御史大夫，充山南东道襄、邓、均、房、金、商、随、郢、复十州节度观察处置使。"④《资治通鉴·乾元三年》："（夏四月）襄州将张维瑾、曹玠杀节度使史翙，据州反。制以陇州刺史韦伦为山南东道节度使。时李辅国用事，节度使皆出其门。伦既朝廷所除，又不谒辅国，寻改秦州防御使。己未，以陕西节度使来瑱为山南东道节度使。"⑤公入来瑱幕，时间极短，八月后，公即入吕谭幕。

闰四月或稍前，公在来瑱幕，因唐邓等州遭战乱破坏，方城、湖阳等县万室空虚，故作《请省官状》上来瑱。

元结《请省官状》题中自注："乾元三年上来大夫。"则其时尚未改元可知。文曰："今贼寇凭凌，镇兵资其给养；今河路阻绝，邮驿在其供承。若不触事救之，无以劳勉其苦。为之计者，在先省官。其方城、湖阳等县，正官及摄官并户口多少，具状如前。每县伏望量留令并佐官一人，余并望勒停。谨录状上。"可见襄州军乱尚未平息，故作于

---

① （后晋）刘昫等：《旧唐书》卷一〇《肃宗纪》，中华书局1975年版，第528页。
② （后晋）刘昫等：《旧唐书》卷一一四《来瑱传》，中华书局1975年版，第3366页。
③ （宋）司马光编著，胡三省音注：《资治通鉴》卷二二一《唐纪》三七，中华书局1956年版，第7091页。
④ （后晋）刘昫等：《旧唐书》卷一一四《来瑱传》，中华书局1975年版，第3365—3366页。
⑤ （宋）司马光编著，胡三省音注：《资治通鉴》卷二二一《唐纪》三七，中华书局1956年版，第7091页。

闰四月稍前。时来瑱为御史大夫，故称。

闰四月或稍前，公编次《箧中集》，并作《箧中集序》，公于《序》中阐明了自己的文学观及编集目的。又沈千运及公之弟元季川等应在此前去世。

元结《箧中集序》："天下兵兴于今六岁……时乾元三年也。"按：自安史之乱爆发，至今已六年。又《序》中称："时乾元三年也。"本年闰四月，改乾元三年为上元元年。故《箧中集》的编订及《序》的写作，当在四月或稍前。从《辞监察御史表》："臣老母多病，又无弟兄，漂流殊乡，孤弱相养。"此表下有自注："上元元年进。"则元季川最迟在上此表前已经去世。又《箧中集序》："自沈公及二三子……皆以仁让而至丧亡。……已长逝者，遗文散失；方祖师者，不见近作。……且欲传之亲故，冀其不志于今。"则编《箧中集》时丧亡者除沈千运外另有他人，结合《辞监察御史表》，元季川当在编文集前已经去世。此前，元季川多次频繁出现于元结作品中，此后，"季川"不再出现元结作品中。又考《箧中集》中作者称元季川而不称元融，概其时已去世故，不称其名以尊重死者。

元结《箧中集序》集中表达了元结的文学观："风雅不兴，几及千岁，溺于时者，世无人哉！……近世作者，更相沿袭，拘限声病，喜尚形似，且以流易为辞，不知丧于雅正。……天下兵兴于今六岁，人皆务武，斯焉谁嗣？已长逝者，遗文散失；方祖师者，不见近作。尽箧中所有，总编次之，命曰《箧中集》，且欲传之亲故，冀其不忘于今。"

又明本元结《箧中集》介绍诗歌收录情况："吴兴沈千运，独挺于流俗之中，强攓于已溺之后，穷老不惑，五十余年，凡所为文，皆与时异。故朋友后生，稍见师效，能似类者，有五六人。……凡七人诗二十二首。"然据南陵徐氏影写宋临安府太庙前大街尹家书籍铺刊行《箧中集》，其中，沈千运录其诗四首、王季友录其诗二首、于逖录其诗二首、孟云卿录其诗五首、张彪录其诗四首、赵微明录其诗三首、元季川录其诗四首，共七人，录诗二十四首，非二十二首。

元结所录七人，有元结亲人，如元季川，据《全唐诗·元季川》：

"元季川，大历、贞元间诗人也。一云名融，元结弟。"① 与元结直接交往者：如王季友、孟云卿等。又与其间接交往者：《唐才子传·张彪》："与孟云卿为中表，俱工古调诗。"② 张彪作诗《北游还酬孟云卿》、王季友作诗《代贺若令誉赠沈千运》。又《唐才子传·张众甫》："同在一时者，有赵微明、于逖、蒋涣、元季川，俱山颠水涯，苦学贞士，名同兰茝之芳，志非银黄之术。"③ 盖《箧中集》中所收诗人，多是与元结有直接或间接交往之诗人。《四库全书总目提要》："是集（《箧中集》）成于乾元三年，录沈千运、王季友、于逖、孟云卿、张彪、赵微明、元季川七人之诗，凡二十四首，前有《自序》，称已长逝者遗文散失，方阻绝者不见近作，尽箧中所有，总编次之，命曰《箧中集》。其诗皆淳古淡泊，绝去雕饰。非惟与当时作者门径迥殊，即七人所作见于他集者，亦不及此集之精善，盖汰取精华，百中存一。特不欲居刊薙之名，故记言箧中所有仅此云尔。其沈千运《寄秘书十四兄》一首，较《河岳英灵集》所载颠倒一联，又少后四句，字句亦小有异同，而均以此本为胜。疑结亦颇有所点定。《馆阁书目》谓二十四首皆结作，则不然也。千运，吴兴人，家于汝北。季友，河南人，家贫卖履，博极群书，豫章太守李勉引为宾客，杜甫诗所谓'丰城客子王季友'也。逖，里籍无考。李白、独孤及皆有诗赠之。云卿，河南人，或曰武昌人，尝第进士，官校书郎。今所传诗一卷，仅十七首，而悲苦之词凡十三首，则亦不得志之士。彪，颍洛间人，杜甫诗所称'张山人彪'者，即其人。微明，天水人，名见窦暨《述书赋》。季川即结弟元融，独书其字，未详其故。或融之子孙所录，如《玉台新咏》之称徐孝穆欤？"④

闰四月，改乾元三年为上元元年，大赦天下。

《旧唐书·肃宗纪》："（闰四月）己卯，以星文变异，上御明凤门，

---

① （清）彭定求等编：《全唐诗》卷二五九《元季川》，中华书局1960年版，第2894页。
② （元）辛文房：《唐才子传校笺》卷三《张彪》，中华书局1995年版，第471页。
③ （元）辛文房：《唐才子传校笺》卷三《张众甫》，中华书局1995年版，第602页。
④ （清）永瑢等：《四库全书总目》卷一八六《总集类一·箧中集》，中华书局1965年版，下册，第1688页。

大赦天下，改乾元为上元。"①

本月，张维瑾遣使请罪，公为之奏闻，张维瑾等皆降，襄州平。

颜真卿《元君表墓碑铭并序》："时张瑾杀史翙于襄州，遣使请罪，君为奏闻。"《旧唐书·肃宗纪》："闰月……己卯，大赦，改元，赐文武官爵。……是月，大饥。张维瑾降。"②《资治通鉴·上元元年》："瑱至襄州，张维瑾等皆降。"③

本月或稍后，公作《请给将士父母粮状》《请收养孤弱状》上来瑱，来瑱纳之。公慈孝仁爱之心，非仅及于自身，亦惠及他人。

元结《请给将士父母粮状》《请收养孤弱状》两状题后均有自注："上元元年上来大夫。"按：乾元三年（760）闰四月，改乾元三年为上元元年。颜真卿《元君表墓碑铭并序》："时张瑾杀史翙于襄州，遣使请罪，君为奏闻，特蒙嘉纳，乃真拜君监察，仍授部将张远帆、田瀛等十数人将军。属荆南有专杀者，吕谭为节度使，谭辞以无兵。上曰：'元结有兵在泌阳。'乃真拜君水部员外郎，兼殿中侍御史，充谭节度判官。"本年八月，元结真拜水部员外郎兼殿中侍御史，充吕谭节度判官。可见此状作于上元元年（760）闰四月至八月。《新唐书·元结传》："又参山南东道来瑱府，时有父母随子在军者，结说瑱曰：'孝而仁者，可与言忠；信而勇者，可以全义。渠有责其忠信义勇而不劝之孝慈邪？将士父母，宜给以衣食，则义有所存矣。'瑱纳之。"又《新唐书·元结传》以为元结参山南东道府在参荆南幕府后，则误。按此二表皆作于上元元年，则元结此后参荆南幕府可知。

本月或稍后，襄州叛乱平，公特蒙嘉纳，于是真拜君监察御史（里行）；公作《辞监察御史表》，公以奉养老母为名，辞之，不得；仍授部将张远帆、田瀛等十数人将军。

颜真卿《元君表墓碑铭并序》："时张瑾杀史翙于襄州，遣使请罪，君为奏闻，特蒙嘉纳，乃真拜君监察，仍授部将张远帆、田瀛等十数人

---

① （后晋）刘昫等：《旧唐书》卷一〇《肃宗纪》，中华书局1975年版，第259页。
② （宋）欧阳修、宋祁：《新唐书》卷六《肃宗纪》，中华书局1975年版，第163页。
③ 司马光编著，胡三省音注：《资治通鉴》卷二二一《唐纪》三七，第7091页。

将军。"《新唐书·元结传》:"瘗战死露骸于泌南,名曰哀丘。……因命发宛、叶军挫贼南锋,结屯泌阳守险,全十五城。以讨贼功迁监察御史里行。"襄州乱平在闰四月,则真拜监察御史当在此稍后。

元结《辞监察御史表》:"臣某言:臣伏奉某月日敕,除臣监察御史里行,依前充山南东道节度参谋。忽承天泽,不胜庆喜。负荷恩任,伏增忧惧。"又言"陛下过听,疑臣有才谋可用,谓臣以忠正可嘉,枉以公诏征臣,延问当时之事。言未可取,荣宠已殊;事未可行,授任过次。其时以康元狡逆,陛下忧劳,臣亦不辞疲驽,奉宣圣旨,招集士卒。师旅未成,又逢张瑾奸凶,再惊江汉,臣恐陛下忧无制变,遂曾表请用兵,陛下嘉臣恳愚,频降恩诏,圣私殊甚,特加超擢至今"。按:《新唐书·百官三》:"(开元七年)又置御史里行使、侍御史里行使、殿中里行使、监察里行使,以未为正官,无员数。"①《表》言及张维瑾杀山南东道节度使史翙事,当作于此事稍后。

《表》又言:"臣自布衣,未逾数月,官忝风宪,任兼戎旅。今不劳兵革,凶竖伏辜,臣不可终以无能,苟安非望。自奸臣逆命,于今六年,愧无才能,苟求禄位。分符佩印,不知惭羞,戮辱及之,死将不悔。"又元结自去年九月献《时议》三篇,至今"未逾数月"。自安史之乱始,至今正好六年。

《表》又言:"臣老母多病,又无弟兄,漂流殊乡,孤弱相养。伏愿陛下矜臣愚钝,不合齿于朝列;念臣老母,令臣得以奉养。则圣朝无辱官之士,山泽有纯孝之臣,不任悃款之至!谨遣某官奉表陈请以闻,臣云云谨言。"据元结《与党侍御序》载:"庚子中,元次山为监察御史。"元结此次辞官并未成功。又郭本《元次山集》题下有自注:"上元元年进。"称"上元"不称"乾元",则元结真拜监察御史与辞监察御史当在本年闰四月改元之后。

本月或稍后,公或在长安。大理评事党晔隐退,公作诗称赞之。

元结《与党评事并序》:"大理评事党晔,好闲自退。元子爱之,

---

① (宋)欧阳修、宋祁:《新唐书》卷四八《百官三》,中华书局1975年版,第1238页。

作诗赠焉。"诗曰:"自顾无功劳,一岁官再迁。……爱君得自遂,令我空渊禅。"又元结《与党侍御并序》:"庚子中,元子次山为监察御史,党茂宗罢大理评事。次山爱其高尚,曾作诗一篇与之。"本月,元结辞监察御史未得,则《与党评事并序》当作此稍后。党晔,即党茂宗。《元和姓纂》卷七冯翊党氏:"职方郎中党晔,并同州人。"① 张忱石《唐尚书省郎官石柱题名考补考》载:党晔等洛阳龙门题名:"党晔、赵骈、卢政、王后己、王铒、崔纵、王澄、卢补。大历七年(772)二月十二日,同宿此寺。"②

五月,吕諲因事贬太子宾客。

《旧唐书·吕諲传》:"諲既为相,用妻父程楚宾为卫尉少卿,子震为员外郎。中官马上言出纳诏命,諲昵之。有纳赂于上言求官者,諲补之蓝田尉。五月,上言事泄笞死,以其肉令从官食之,諲坐贬太子宾客。"③《新唐书·吕諲传》所载略同。

七月,唐玄宗自兴庆宫移居西内。

《旧唐书·玄宗纪》:"乾元三年七月丁未,移幸西内之甘露殿。时阉宦李辅国离间肃宗,故移居西内。"④《旧唐书·肃宗纪》:"七月己丑朔,丁未,上皇自兴庆宫移居西内。"⑤《新唐书·李辅国传》:"时太上皇居兴庆宫,帝自复道来起居,太上皇亦间至大明宫,或相逢道中。帝命陈玄礼、高力士、王承恩、魏悦、玉真公主常在太上皇左右,梨园弟子日奏声伎为娱乐。辅国素微贱,虽暴贵,力士等犹不为礼,怨之,欲立奇功自固。初,太上皇每置酒长庆楼,南俯大道,因裴回观览,或父老过之,皆拜舞乃去。上元中,剑南奏事吏过楼下,因上谒,太上皇赐之酒,诏公主及如仙媛主之,又召郭英乂、王铣等饮,赍予颇厚。辅国因妄言于帝曰:'太上皇居近市,交通外人,玄礼、力士等将不利陛

---

① (唐)林宝撰,岑仲勉校记:《元和姓纂》卷七《党》,中华书局1994年版,第1086页。
② 张忱石:《唐尚书省郎官石柱题名考补考》卷四《吏部员外郎》,中华书局2018年版,第58页。
③ (后晋)刘昫等:《旧唐书》卷一八五下《吕諲传》,中华书局1975年版,第4824页。
④ (后晋)刘昫等:《旧唐书》卷九《玄宗下》,中华书局1975年版,第235页。
⑤ (后晋)刘昫等:《旧唐书》卷一〇《肃宗纪》,中华书局1975年版,第259页。

下，六军功臣反侧不自安，愿徙太上皇入禁中。'帝不寤。先时，兴庆宫有马三百，辅国矫诏取之，裁留十马。太上皇谓力士曰：'吾儿用辅国谋，不得终孝矣。'会帝属疾，辅国即诈言皇帝请太上皇按行宫中，至睿武门，射生官五百遮道，太上皇惊，几坠马，问何为者，辅国以甲骑数十驰奏曰：'陛下以兴庆宫湫陋，奉迎乘舆还宫中。'力士厉声曰：'五十年太平天子，辅国欲何事？'叱使下马，辅国失镫，骂力士曰：'翁不解事！'斩一从者。力士呼曰：'太上皇问将士各好在否！'将士纳刀呼万岁，皆再拜。力士复曰：'辅国可御太上皇马！'辅国靴而走，与力士对执辔还西内，居甘露殿，侍卫才数十，皆尪老。太上皇执力士手曰：'微将军，朕且为兵死鬼。'左右皆流涕。"① 《旧唐书·李辅国传》《资治通鉴》所载略同。

本月，左振在黄州刺史任，杀刑部尚书王玙遣派之女巫，以赃钱代贫民租税，公有文盛赞其事。

《旧唐书·王玙传》："（乾元三年七月）玙乃遣女巫分行天下，祈祭名山大川。巫皆盛服乘传而行，上令中使监之，因缘为奸，所至干托长吏，以邀赂遗。一巫盛年而美，以恶少年数十自随，尤为蠹弊，与其徒宿于黄州传舍。刺史左震晨至，驿门扃鐍，不可启，震破锁而入，曳女巫阶下斩之，所从恶少年皆毙。阅其赃赂数十万，震籍以上闻，仍请赃钱代贫民租税，其中使发遣归京，肃宗不能诘。"② 《新唐书·宰相表上》：乾元元年五月，王玙为中书侍郎、同中书门下平章事，二年三月罢为刑部尚书。元结《左黄州表》对此事有载："后一岁，黄人又歌曰：'吾乡有鬼巫，惑人人不知。天子正尊信，左公能杀之。'于戏！近年以来，以阴阳变怪，将鬼神之道，罔上惑下，得尊重于当时者，日见斯人。黄之巫女，亦以妖妄得蒙恩泽，朝廷不敢问，州县惟其意。公忿而杀之。则彼可诛戮，岂独巫女？如左公者，谁曰不可颂乎！"《资

---

① （宋）欧阳修、宋祁：《新唐书》卷《李辅国传》，中华书局1975年版，第5880—5881页。

② （后晋）刘昫等：《旧唐书》卷一三〇《王玙传》，中华书局1975年版，第3617—3618页。

治通鉴》载此事为六月。按：新、旧《唐书》及《资治通鉴》皆载为黄州刺史左震，然元结《左黄州表》作"左振"，元结与左振有直接交往，故从元结文。据郁贤皓《唐刺史考》卷一三四《黄州》，左振于乾元三年（760）至上元二年（761）在黄州刺史任上。

十　参荆南幕

760 庚子

上元元年　公四二岁

八月左右，以太子宾客吕谭为荆州大都督府长史、澧朗硖忠五州节度观察处置使，到任后，吕上书请置江陵为南都。

《旧唐书·肃宗纪》："（上元元年八月）丁丑，以太子宾客吕谭为荆州大都督府长史、澧朗硖忠五州节度观察处置等使。"①《旧唐书·本传》："（上元元年）七月，授谭荆州大都督府长史、兼御史大夫，充澧、朗、荆、忠、硖五州节度观察处置等使。谭至治所，上言请于江陵置南都。"② 时间略有不同。

本月，吕谭以荆南无兵，公拜水部员外郎兼殿中侍御史，充吕谭节度判官，公起家十月，超拜如此，时论荣之。

元结《与韦洪州书》："某月日，荆南节度判官水部员外郎兼殿中侍御史元结顿首。"可知，元结是以水部员外郎兼殿中侍御史充谭节度判官。水部员外郎：官名，为工部四司之一。掌有关水道之政令。《旧唐书·职官二》："水部郎中一员，从五品上。龙朔为司川大夫。员外郎一员，从六品上。……郎中、员外郎之职，掌天下川渎陂池之政令，以导达沟洫，堰决河渠。凡舟楫溉灌之利，咸总而举之。"③ 又唐代殿中侍御史属御史台，掌殿廷仪卫及京城纠察。《旧唐书·职官三》：

---

① （后晋）刘昫等：《旧唐书》卷一〇《肃宗纪》，中华书局1975年版，第259页。
② （后晋）刘昫等：《旧唐书》卷一八五下《吕谭传》，中华书局1975年版，第4824页。
③ （后晋）刘昫等：《旧唐书》卷四三《职官二》，中华书局1975年版，第1841页。

"（御史台）殿中侍御史六人，从七品下。……殿中侍御史掌殿廷供奉之仪式。凡冬至、元正大朝会，则具服升殿。若郊祀、巡幸，则于卤簿中纠察非违，具服从于旌门，视文物有所亏阙，则纠之。凡两京城内，则分知左右巡，各察其所巡之内有不法之事。"① 又节度判官，即节度使判官，负责掌管文书事务。《旧唐书·职官三》："节度使：天宝中，缘边御戎之地，置八节度使。受命之日，赐之旌节，谓之节度使，得以专制军事。行则建节符，树六纛。外任之重，无比焉。至德已后，天下用兵，中原刺史亦循其例，受节度使之号。节度使一人，副使一人，行军司马一人，判官二人，掌书记一人，参谋，无员数也。随军四人。皆天宝后置。检讨未见品秩。"②

按：颜真卿《元君表墓碑铭并序》："属荆南有专杀者，吕諲为节度使，諲辞以无兵。上曰：'元结有兵在泌阳。'乃真拜君水部员外郎，兼殿中侍御史，充諲节度判官。君起家十月，超拜至此，时论荣之。"《新唐书·元结传》："荆南节度使吕諲请益兵拒贼，帝进结水部员外郎，佐諲府。"可知，元结拜水部员外郎兼殿中侍御史与吕諲荆州大都督府长史为同一时期。又元结《与吕相公书》："自布衣历官，不十月官至尚书郎。"元结自去年九月授官，至今十月。又元结《请节度使表》："今臣起家数月之内，官忝台省。"当亦是指此次拜官。

本月稍后，党晔复出为监察御史，公作诗诮戏之。

元结《与党侍御》："庚子中，元子次山为监察御史，党茂宗罢大理评事。次山爱其高尚，曾作诗一篇与之。及次山未辞殿中，茂宗已受监察。"诗曰："众坐吾独欢，或问欢为谁？高人党茂宗，复来官宪司。昔吾顺元和，与世行自遗。茂宗正作吏，日有趋走疲。及吾污冠冕，茂宗方矫时。"元结《与韦洪州书》："某月日，荆南节度判官水部员外兼殿中侍御史元结顿首。"元结在上元元年（760）八月，真拜水部员

---

① （后晋）刘昫等：《旧唐书》卷四四《职官三》，中华书局1975年版，第1863页。
② （后晋）刘昫等：《旧唐书》卷四四《职官三》，中华书局1975年版，第1922页。

外郎兼殿中侍御史，充吕𬤊节度判官。元结《寄源休序》："辛丑中，元结与族弟源休皆为尚书郎。"上元二年（761）仍在任上，则本文当作于上元元年（760）八月或稍后。

约此前后，公行为漫浪，又为郎官，人呼漫郎。

元结《自释》："及有官，人以为浪者亦漫为官乎，呼为漫郎。"

约此前后，公或与殿中侍御史武就有诗文唱和。

权德舆《故中散大夫殿中侍御史润州司马赠吏部尚书沛国武公神道碑铭并序》："公讳就，字广成，沛国人。……朝廷嘉其才，擢为殿中侍御史。修起矩度，坚明不回。时朝廷戎车方驾，泉货力屈，皇华载驰，董荆、衡、汉、沔之赋。以严见惮，为吏议所侵，贬郴县尉、句容丞。……尝与张礼部谓、元容州结歌诗唱和，著文集五卷。"① 按：武就为武元衡之父。据《神道碑铭》，武就安史乱后任殿中侍御史，监督管理荆衡汉沔之赋，官职及其活动区域与元结大致相同，则武就与元结的诗文唱和当在此时或稍后。

约此稍后，吕𬤊伏甲击杀荆州司马陈希昂，事成。

《旧唐书·吕𬤊传》："先是，张惟一为荆州长史，已为防御使，陈希昂为司马。希昂，衡州酋帅，家兵千人在部下，自为藩卫。有牟遂金仕至将军，为唯一亲将，与希昂积憾。率兵入惟一衙，索遂金之首，惟一惧，即令斩首与之。自是军政归于希昂。及𬤊至，奏追希昂赴上都，除侍御史，出为常州刺史、本州防御使。希昂路由江陵，𬤊伏甲击杀之，部下皆斩，积尸于府门。府中慑取，始奏其罪。"②

九月，废澧朗溆都团练使，置荆南节度使兼江南尹，是为南都。荆南节度复领澧、朗、忠、峡四州，以吕𬤊为尹。

元结《吕公表》："上元元年九月，改荆州为南都。"《旧唐书·地理二》："上元元年九月，置南都，以荆州为江陵府，长史为尹，观

---

① （唐）权德舆撰，蒋寅笺，唐元校，张静注：《权德舆诗文集编年校注》之《晚期作品系年》，辽海出版社2013年版，第620—621页。
② （后晋）刘昫等：《旧唐书》卷一八五下《吕𬤊传》，中华书局1975年版，第4824—4825页。

察、制置，一准两京。以旧相吕谭为尹，充荆南节度使，领澧、朗、硖、夔、忠、归、万等八州。"①《旧唐书·吕谭传》："九月，敕改荆州为江陵府，永平军团练三千人，以遏吴、蜀之冲。"②《唐会要》卷六八："江陵府……上元元年九月七日，改为江陵府，称南都。以吕谭为尹。"③《旧唐书·肃宗纪》："九月甲午，以荆州为南都，州曰江陵府，官吏制置同京兆。"④《新唐书》卷六七，表第七所载略同。

按：《金石录》卷二七《唐吕谭祠庙碑》："右《唐吕谭祠庙碑》，卫密撰，云：'上元纪岁之明年，诏始置南都，以荆州为江陵府，命长史曰尹。'案元结所撰《吕公表》与《肃宗实录》皆云'上元元年九月，改荆州为南都'，独此《碑》以为'二年'改，恐误。"⑤然明郭勋本《元次山集》之《吕公表》："上元二年，置南都于荆州，为江陵府，使旧相东平吕公为江陵尹兼御史大夫，分峡中、湖南及武陵、澧阳、巴陵凡一十七州为荆南节度观察使。"与《金石录》不合，则元结作品在流传过程中出现了讹误。据新、旧《唐书》及《唐会要》，置南都于荆州与分峡中、湖南及武陵、澧阳、巴陵凡一十七州为荆南节度观察使非发生在同一年。则卫密《唐吕谭祠庙碑》及明郭勋本《吕公表》所载为误。

约此稍后，潭州刺史庞承鼎拘捕妖人申泰芝，李辅国袒之，拘捕庞承鼎，治诬罔之罪，令荆南府按问。吕谭令判官、监察御史严郢按覆，吕谭上疏论其事，肃宗不听，杀庞承鼎，流严郢于建州。

《旧唐书·吕谭传》："潭州刺史庞承鼎忿之，因泰芝入奏，至长沙，縶之，首赃巨万，及左道文记，一时搜获，遣使奏闻。辅国党芝，奏召泰芝赴阙。既得召见，具言承鼎曲加诬陷。诏鞫承鼎诬罔之罪，令

---

① （后晋）刘昫等：《旧唐书》卷三九《地理二》，中华书局1975年版，第1152页。
② （后晋）刘昫等：《旧唐书》卷一八五下《吕谭传》，中华书局1975年版，第4824页。
③ （宋）王溥：《唐会要》卷六八《诸府尹》，中华书局1960年版，第1192页。
④ （后晋）刘昫等：《旧唐书》卷一〇《肃宗纪》，中华书局1975年版，第259页。
⑤ （宋）赵明诚撰，金文明校证：《金石录校证》卷第二七《唐吕谭祠庙碑》，广西师范大学出版社2005年版，第468页。

荆南府按问。谭令判官、监察御史严郢鞠之。谭上疏论其事，肃宗怒，流郢于建州。"①《新唐书·严郢传》："方士申泰芝以术得幸肃宗，遨游湖、衡间……潭州刺史庞承鼎按治。帝不信，召还泰芝，下承鼎江陵狱。……帝卒杀承鼎，流郢建州。"② 又见《新唐书·吕谭传》。郁贤皓《唐刺史考》卷一六六《潭州》，上元元年（760）庞承鼎在潭州刺史任上。

稍后，吕谭令公重新察问庞承鼎，庞承鼎案得以昭雪，获免者百余家。

颜真卿《元君表墓碑铭并序》："属道士申泰芝诬湖南防御使庞承鼎谋反，并判官吴子宜等皆被决杀，推官严郢坐流，俾君按覆。君建明承鼎，获免者百余家。"《旧唐书·吕谭传》："谭上疏论其事，肃宗怒，流郢于建州。承鼎竟得雪，后泰芝竟以赃败流死。"③ 则庞承鼎得以昭雪主要是由于元结故。清嘉庆《鲁山县志》卷一七："泰芝不过指承鼎为诬陷，何至帝怒不已，必致之死地？以铭考之，泰芝乃诬承鼎谋反，传殆未具其实也。后承鼎竟得雪，泰芝竟以赃败流死，亦由结建明承鼎。而新旧史皆于结本传不书，其疏甚矣。"④

又公廉问庞承鼎案时，至岳州。时夏侯宋客在岳州刺史任上，公访之。公后作《夏侯岳州表》盛赞其德、其政。

元结《夏侯岳州表》："庚子中，公镇岳州，予时为尚书郎，在荆南幕府，尝因廉问到公之州。其时，天下兵兴已六七年矣，人疲州小，比太平时力役百倍。公能清正宽恕，静以理之，故其人安和而服说，为当时法则。"郁贤皓《唐刺史考》：夏侯宋客上元元年（760）至广德元年（763）在岳州刺史任上。

---

① （后晋）刘昫等：《旧唐书》卷一八五下《吕谭传》，中华书局1975年版，第4825页。
② （宋）欧阳修、宋祁：《新唐书》卷一四五《严郢传》，中华书局1975年版，第4727—4728页。
③ （后晋）刘昫等：《旧唐书》卷一八五下《吕谭传》，中华书局1975年版，第4825页。
④ （清）董作栋、武亿修纂：《鲁山县志》卷一七《金石》，嘉庆元年（1796）刻本；《中国地方志集成·河南府县志辑》，上海书店出版社2013年版，第612页。

十一月稍前，颜真卿在浙西节度使任，刘展将反，真卿积极备战；都统李峘非短真卿，召为刑部侍郎。

《新唐书·颜真卿传》："乾元二年，拜浙西节度使。刘展将反，真卿豫饬战备，都统李峘以为生事，非短真卿，因召为刑部侍郎。"①

十一月，刘展为都统淮南东、江南西、浙西三道节度使；密敕旧都统李峘等除之，展知其情，反，江淮大乱，润州、升州相继陷落。

《新唐书·肃宗纪》："十一月甲午，扬州长史刘展反，陷润州。丙申，陷升州。壬子，李峘、淮南节度使邓景山及刘展战于淮上，败绩。"②《资治通鉴·上元元年》："（十一月）御史中丞李铣、宋州刺史刘展皆领淮西节度副使。铣贪暴不法，展刚强自用，故为其上者多恶之；节度使王仲升先奏铣罪而诛之。时有谣言曰：'手执金刀起东方。'仲升使监军使、内左常侍邢延恩入奏：'展偃强不受命，姓名应谣谶，请除之。'延恩因说上曰：'展与李铣一体之人，今铣诛，展不自安，苟不去之，恐其为乱。然展方握强兵，宜以计去之。请除展江淮都统，代李峘，俟其释兵赴镇，中道执之，此一夫力耳。'上从之，以展为都统淮南东、江南西、浙西三道节度使；密敕旧都统李峘及淮南东道节度使邓景山图之。延恩以制书授展，展疑之，曰：'展自陈留参军，数年至刺史，可谓暴贵矣。江、淮租赋所出，今之重任，展无勋劳，又非亲贤，一旦恩命宠擢如此，得非有谗人间之乎？'因泣下。延恩惧，曰：'公素有才望，主上以江、淮为忧，故不次用公。公反以为疑，何哉？'展曰：'事苟不欺，印节可先得乎？'延恩曰：'可。'乃驰诣广陵，与峘谋，解峘印节以授展。展得印节，乃上表谢恩，牒追江、淮亲旧，置之心膂，三道官属遣使迎贺，申图籍，相望于道，展悉举宋州兵七千趣广陵。延恩知展已得其情，还奔广陵，与李峘、邓景山发兵拒之，移檄州县，言展反。展亦移檄言峘反，州县莫知所从。峘引兵渡江，与副使润州刺史韦儇、浙西节度使侯令仪屯京口，邓景山将万人屯徐城。展素

---

① （宋）欧阳修、宋祁：《新唐书》卷一五三《颜真卿传》，中华书局1975年版，第4857页。
② （宋）欧阳修、宋祁：《新唐书》卷六《肃宗纪》，中华书局1975年版，第163页。

有威名，御军严整，江、淮人望风畏之。展倍道先期至，使人问景山曰：'吾奉诏书赴镇，此何兵也？'景山不应。展使人呼于陈前曰：'汝曹皆吾民也，勿干吾旗鼓。'使其将孙待封、张法雷击之，景山众溃，与延恩奔寿州。展引兵入广陵，遣其将屈突孝标将兵三千徇濠、楚，王暅将兵四千略淮西。李峘辟北固为兵场，插木以塞江口。展军于白沙，设疑兵于瓜洲，多张火、鼓，若将趣北固者，如是累日。峘悉锐兵守京口以待之。展乃自上流济，袭下蜀。峘军闻之，自溃，峘奔宣城。甲午，展陷润州。升州军士万五千人谋应展，攻金陵城，不克而遁。侯令仪惧，以后事授兵马使姜昌群，弃城走。昌群遣其将宗犀诣展降。丙申，展陷升州，以宗犀为润州司马、丹杨军使；使昌群领升州，以从子伯瑛佐之。"①

十二月，刘展遣其将攻宣州，宣歙节度使郑炅弃城逃走；李峘奔洪州。

《资治通鉴·上元元年》："李峘之去润州也，副使李藏用谓峘曰：'处人尊位，食人重禄，临难而逃之，非忠也；以数十州之兵食，三江、五湖之险固，不发一矢而弃之，非勇也。失忠与勇，何以事尹！藏用请收余兵，竭力以拒之。'峘乃悉以后事授藏用。藏用收散卒，得七百人，东至苏州募壮士，得二千人，立栅以拒刘展。展遣其将傅子昂、宗犀攻宣州，宣歙节度使郑炅之弃城走，李峘奔洪州。"②

本月，苏、杭及江淮之地纷纷陷入叛军之手。

《资治通鉴·上元元年》："（十二月）李藏用与展将张景超、孙待封战于郁墅，兵败，奔杭州。景超遂据苏州，待封进陷湖州。展以其将许峄为润州刺史，李可封为常州刺史，杨持璧苏州刺史，待封领湖州事。景超进逼杭州，藏用使其将温晁屯余杭。展以李晃为泗州刺史，宗犀为宣州刺史。傅子昂屯南陵，将下江州，徇江西。于是屈突孝摽陷

---

① （宋）司马光编著，（元）胡三省音注：《资治通鉴》卷二二一《唐纪》三七，中华书局1956年版，第7097—7099页。
② （宋）司马光编著，（元）胡三省音注：《资治通鉴》卷二二一《唐纪》三七，中华书局1956年版，第7100—7101页。

濠、楚州，王暅陷舒、和、滁、庐等州，所向无不摧靡，聚兵万人，骑三千，横行江、淮间。寿州刺史崔昭发兵拒之，由是暅不得西，止屯庐州。"①

本月，平庐兵马使田神功讨展，刘展败走。

《资治通鉴·上元元年》："初，上命平庐兵马使田神功将所部精兵五千屯任城；邓景山既败，与刑延恩奏乞敕神功救淮南，未报。景山遣人趣之，且许以淮南金帛子女为赂，神功及所部皆喜，悉众南下，及彭城，敕神功讨展。展闻之，始有惧色，自广陵将兵八千拒之，选精兵二千度淮，击神功于都梁山，展败，走至天长；以五百骑据桥拒战，又败，展独与一骑亡渡江。神功入广陵及楚州，大掠，杀商胡以千数，城中地穿掘略遍。"②

本年，西原蛮寇边，桂州经略使邢济败之。

《新唐书·肃宗纪》："西原蛮寇边，桂州经略使邢济败之。"③ 又《新唐书·西原蛮传》："其种落张侯、夏永与夷獠梁崇牵、覃问及西原酋长吴功曹复合兵内寇，陷道州，据城五十余日。桂管经略使邢济击平之，执吴功曹等。"④

761 辛丑

上元二年　公四三岁

正月，史思明改元应天。

《资治通鉴·上元二年》："春，正月，癸卯，史思明改元应天。"⑤

---

① （宋）司马光编著，（元）胡三省音注：《资治通鉴》卷二二一《唐纪》三七，中华书局1956年版，第7101页。
② （宋）司马光编著，（元）胡三省音注：《资治通鉴》卷二二一《唐纪》三七，中华书局1956年版，第7101—7102页。
③ （宋）欧阳修、宋祁：《新唐书》卷六《肃宗纪》，中华书局1975年版，第163页。
④ （宋）欧阳修、宋祁：《新唐书》卷二二二下《西原蛮传》，中华书局1975年版，第6329页。
⑤ （宋）司马光编著，（元）胡三省音注：《资治通鉴》卷二二二《唐纪》三八，中华书局1956年版，第7103页。

十 参荆南幕

本月，吕谭奏以江南之七州及黔中之涪州隶荆南。从之。

元结《吕公表》："上元二年……分峡中、湖南及武陵、澧阳、巴陵凡一十七州为荆南节度观察使。"《资治通鉴·上元二年》："（正月）荆南节度使吕谭奏：请以江南之潭、岳、郴、邵、永、道、连，黔中之涪州，皆隶荆南；从之。"①《旧唐书·吕谭传》："又请割潭、衡、连、道、邵、郴、涪等七州隶江陵府。"②

本月，宰相李揆惧吕谭重新入朝为相，阴使人至荆、湖，求吕谭过失，密诉于朝。

《新唐书·李揆传》："吕谭政事出揆远甚，以故宰相镇荆南，治声尤高。揆惧复用，遣吏至谭所，构抉过失，谭密诉诸朝。"③《新唐书·吕谭传》："谭之相，与李揆不平，既斥，乃用善治闻。揆恐帝复用，即妄奏置军湖南非便，又阴遣人刺谭过失。"④《资治通鉴·上元二年》："谭在荆南，以善政闻，揆恐其复入相，奏言置军湖南非便，又阴使人如荆、湖求谭过失。"⑤

本月，公与族弟源休皆为尚书郎，公仍在荆南幕府，充吕谭节度判官。

元结《寄源休序》："辛丑中，元结与族弟源休皆为尚书郎，在荆南府幕。休以曾任湖南，久理长沙；结以曾游江州，将兵镇九江。自春及秋，不得相见，故抒所怀以寄之。"源休，《旧唐书》有传："源休，相州临漳人，京兆尹光舆之子也。休以干局，累授监察御史、殿中侍御史、青苗使判官，迁虞部员外郎。出潭州刺史，入为主客郎中，迁给事中、御史中丞、左庶子。……建中初，杨炎执政……遂擢休自流人为京兆少尹。……会泾原兵叛，立朱泚为主。……泚死，休走凤翔，为其部

---

① （宋）司马光编著，（元）胡三省音注：《资治通鉴》卷二二二《唐纪》三八，中华书局1956年版，第7104页。
② （后晋）刘昫等：《旧唐书》卷一八五下《吕谭传》，中华书局1975年版，第4824页。
③ （宋）欧阳修、宋祁：《新唐书》卷一五〇《李揆传》，中华书局1975年版，第4808页。
④ （宋）欧阳修、宋祁：《新唐书》卷一四〇《吕谭传》，中华书局1975年版，第4650页。
⑤ （宋）司马光编著，（元）胡三省音注：《资治通鉴》卷二二二《唐纪》三八，中华书局1956年版，第7106页。

曲所杀，传首来献。休三子并斩于东市，籍没其家。"① 此言源休皆为尚书郎，当在虞部员外郎任。又《元君表墓碑铭并序》："吕谭为节度使，谭辞以无兵。上曰：'元结有兵在泌阳。'乃真拜君水部员外郎，兼殿中侍御史，充谭节度判官。君起家十月，超拜至此，时论荣之。"则元结在水部员外郎任。虞部员外郎、水部员外郎在唐同属尚书省，故曰："元结与族弟源休皆为尚书郎。"

本月，江淮之兵乱，李峘、杜鸿渐、韦儇、韦之晋等奔洪州，时御史中丞韦元甫在洪州刺史任。

独孤及《豫章冠盖盛集记》："岁次辛丑春正月，东诸侯之师有事于淮西。是役也，以蜂虿窃发，华夷震惊，执事者匪遑启居，亦既播越。我都督防御观察处置使兼御史中丞韦公元甫，克振远略，殷为长城，且修好于邻侯，从交相见，敦同盟勠力之义，图靖难勤王之举。……于是户部尚书兼御史大夫李公峘至自广陵，越州刺史兼御史中丞杜公鸿渐至自会稽。润州刺史试鸿胪少卿韦公儇至自京口，苏州刺史韦公之晋至自吴，庐州刺史前尚书右丞徐公浩至自合淝。"② 又元结有《与韦洪州书》其下有原注曰："上元二年，韦□为洪州刺史江西观察使。"则"韦□"当为韦元甫。据《唐刺史考》：韦儇乾元元年（758）至乾元二年（759）在江西观察使任上；上元元年（760）已在润州刺史任。韦元甫则乾元二年（759）至上元二年（761）在江西观察使任。

独孤及《豫章冠盖盛集记》又言："由是越人、吴人、荆人、徐人，以其孥行，络绎荐至大江之涯。于是乎宏舸巨鹢，舳接舻隘，**辎**车鸾镳，辖挂毂击。每讲射合礼，宾主好会，峨星弁，执象笏，雁行而揖者，五十有九人。"③ 按：独孤及此处言荆人至豫章，或与本月元结领

---

① （后晋）刘昫等：《旧唐书》卷一二七《源休传》，中华书局1975年版，第3574—3576页。
② （清）董诰编：《全唐文》卷三八九独孤及《豫章冠盖盛集记》，中华书局1983年版，第3952页。
③ （清）董诰编：《全唐文》卷三八九独孤及《豫章冠盖盛集记》，中华书局1983年版，第3952—3953页。

十　参荆南幕

荆南之兵镇于九江相关。

本月，以江、淮之乱故，吕諲令元结领兵镇江西。然是时宰相李揆阴遣人刺吕諲过失，又韦元甫拒荆南之兵，故公作《上吕相公书》，辞却，不得。

元结《与吕相公书》："某一身奉亲，奔走万里，所望饮啄承欢膝下，今则辱在官，以逾其性分，触祸辱机兆者，日未无之。某又三世单贫，年过四十，弱子无母，年未十岁，孤生嫁娶者一人。相公视某，敢以身徇名利者乎？有如某者，以身徇名利，齿于奴隶尚可羞，而况士君子也欤？某甚愚钝，又无功劳，自布衣历官，不十月官至尚书郎。向三岁，官未削，人多相荣。某实自忧，相公忍令某渐至畏惧而死？甚令必受祸辱而已。"文曰："某又三世单贫，年过四十，弱子无母，年未十岁，孤生嫁娶者一人。"又曰："自布衣历官，不十月官至尚书郎。向三岁，官未削，人多相荣。"《旧唐书·吕諲传》："上元元年正月，加同中书门下三品，赐门戟。"① 故吕相公当为吕諲。乾元二年（759），九月，国子司业苏源明荐元结于朝，元结献《时议》三篇，帝嘉之，乃拜君右金吾兵曹，摄监察御史（参见《时议》《时规》），至上元二年（761）正好三年，本年元结四十三岁，符合"年过四十"。又据《与韦洪州书》，本年正月，江淮之兵乱，而韦元甫似拒荆南之兵入江西，而后元结以节度判官身份领荆南之兵镇于九江（参见《寄源休序》），则元结似预见此次领兵之凶险，故在领兵前作《与吕相公书》，也即作于上元二年（761）正月江淮之兵乱后，《与韦洪州书》前。

按：据《与韦洪州书》："某于端公，颇为亲故。"《漫歌八首》其六诗后注曰："叔闲，漫叟韦氏甥。"则元结有妹嫁于韦氏，言颇为亲故或为此。吕諲令元结领兵镇江西一则与韦元甫有亲故，二则曾隐居于九江之瀼溪。

---

① （后晋）刘昫等：《旧唐书》卷一八五下《吕諲传》，中华书局1975年版，第4824页。

本月，源休赴潭州刺史任，公以节度判官身份领荆南之兵镇于九江。行前，公有书与洪州刺史韦元甫，论及荆州、洪州及淮西之间的关系。

元结《寄源休序》："辛丑中……休以曾任湖南，久理长沙；结以曾游江州，将兵镇九江。自春及秋，不得相见，故抒所怀以寄之。"元结《与瀼溪邻里序》："上元二年，领荆南之兵镇于九江。方在军旅，与瀼溪邻里，不得如往时相见游。"元结《忝官引》曰："屡授不次官，曾与专征印。"《漫酬贾沔州》："上将屡颠覆，偏师尝救乱。"均指此事。按：本月刘展之乱平，二月，各州刺史自洪州归于本所，元结断无再出兵理由，故元结领兵镇于九江必在刘展乱平之前。

元结《与韦洪州书》："某月日，荆南节度判官水部员外郎兼殿中侍御史元结顿首……端公前牒则请不交兵，端公后牒则请速交兵，如此，岂端公自察辨误耶？有小人惑乱端公耶？端公：'又云荆南将士侵暴。'端公岂能保荆南将士必侵暴乎？岂能保淮西将士必不侵乎？……某敢以此书献端公阁下。"题下注曰："上元二年。韦□为洪州刺史江西观察使。"按：元结以节度判官身份领荆南之兵镇于九江，而韦元甫此时为洪州刺史江西观察使，九江乃江西观察使所辖范围，元结领兵镇于九江，或出于对刘展及其余部的震慑。然江淮之乱，实属节度之间混战，本无正义可言，据《资治通鉴·上元元年》载："延恩知展已得其情，还奔广陵，与李峘、邓景山发兵拒之，移檄州县，言展反。展亦移檄言峘反，州县莫知所从。"[1] 韦元甫之所以拒荆南之兵，或许与李峘等的到来有一定关系。元结最终领荆南之兵镇于九江，可见韦元甫最后听从元结意见。元结《寄源休》也言："天下未偃兵，儒生预戎事。……忽然向三岁，境外为偏帅。"提及"境外"也可证元结领兵九江。偏帅，部分军队的统帅。诗又言："时多尚矫诈，进退多欺贰。纵有一直方，则上似奸智。谁为明信者，能辨此劳畏。"其内容可与《与韦洪州书》相互印证。

---

[1] （宋）司马光编著，（元）胡三省音注：《资治通鉴》卷二二一《唐纪》三七，中华书局1956年版，第7098页。

十　参荆南幕

本月，平卢军田神功等击刘展，刘展兵败被杀，江、淮之乱平。

元结《悉官引》曰："朝廷爱方直，明主嘉忠信。屡授不次官，曾与专征印。兵家未曾学，荣利非所徇。偶得凶丑降，功劳愧方寸。"当是指此事。

《旧唐书·肃宗纪》："（正月）乙卯，平卢军兵马使田神功生擒刘展，扬、润平。"①《资治通鉴·上元二年》："（正月）张景超引兵攻杭州，败李藏用将李强于石夷门。孙待封自武康南出，将会景超攻杭州，温晁据险击败之；待封脱身奔乌程，李可封以常州降。丁未，田神功使特进杨惠元等将千五百人西击王暅。辛亥夜，神功先遣特进范知新等将四千人自白沙济，西趣下蜀；邓景山等将千人自海陵济，东趣常州；神功与邢延恩将三千人军于瓜洲，壬子，济江。展将步骑万余陈于蒜山；神功以舟载兵趣金山，会大风，五舟飘抵金山下，展屠其二舟，沉其三舟，神功不得度，还军瓜洲。而范知新等兵已至下蜀，展击之，不胜。弟殷劝展引兵逃入海，可延岁月，展曰：'若事不济，何用多杀人父子乎！死，早晚等耳！'遂更帅众力战。将军贾隐林射展，中目而仆，遂斩之。刘殷、许峄等皆死。隐林，滑州人也。杨惠元等击破王暅于淮南，暅引兵东走，至常熟，乃降。孙待封诣李藏用降。张景超聚兵至七千余人，闻展死，悉以兵授张法雷，使攻杭州，景超逃入海。法雷至杭州，李藏用击破之，余党皆平。平卢军大掠十余日。安史之乱，乱兵不及江、淮，至是，其民始罹荼毒矣。"②《新唐书·肃宗纪》皆有载。

二月，吕谭上疏讼李揆罪，后贬揆为袁州长史。

《旧唐书·李揆传》："揆在相位，决事献替，虽甚博辨，性锐于名利，深为物议所非。又其兄皆自有时名，滞于冗官，竟不引进。同列吕谭，地望虽悬，政事在揆之右，罢相，自宾客为荆南节度，声问甚美。惧其重入，遂密令直省至谭管内构求谭过失。谭密疏自陈，乃贬揆莱州

---

① （后晋）刘昫等：《旧唐书》卷一〇《肃宗纪》，中华书局1975年版，第260页。
② （宋）司马光编著，（元）胡三省音注：《资治通鉴》卷二二二《唐纪》三八，中华书局1956年版，第7013—7014页。

长史同正员，其制旨曰：'扇湖南之八州，沮江陵之节制。'"① 又《旧唐书·肃宗纪》："（二月）癸未，中书侍郎、同中书门下三品李揆贬为袁州长史。"②《新唐书·李揆传》："吕諲政事出揆远甚，以故宰相镇荆南，治声尤高。揆惧复用，遣吏至諲所，构抉过失，諲密诉诸朝。帝怒，贬揆袁州长史。"③《新唐书·吕諲传》："諲之相，与李揆不平，既斥，乃用善治闻。揆恐帝复用，即妄奏置军湖南非便，又阴遣人刺諲过失。諲上疏讼其事，帝怒，逐揆出之，显条其罪。"④《资治通鉴·上元二年》："諲在荆南，以善政闻，揆恐其复入相，奏言置军湖南非便，又阴使人如荆、湖求諲过失。諲上疏讼揆罪，癸未，贬揆袁州长史，以河中节度使萧华为中书侍郎、同平章事。"⑤《旧唐书·李揆传》与《旧唐书·肃宗纪》所载不同，今从《肃宗纪》《新唐书》及《资治通鉴》。

本月，江淮之乱平后，各州刺史自洪州归于本所，然公仍镇兵于九江。

独孤及《豫章冠盖盛集记》："岁二月，楚氛扫除，江介底定，然后皆整归斾，分镳言旋。"⑥ 然至本年秋，吕諲重病，元结才自荆南退兵。

约此前后，公在军旅，不得与瀼溪邻里相见，忆及昔日瀼溪生活，又见瀼溪之民日转穷困，作诗怜之。

元结《与瀼溪邻里有序》："上元二年，领荆南之兵镇于九江。方在军旅，与瀼溪邻里不得如往时相见游，又知瀼溪之人日转穷困，故作诗与之。"诗曰："邻里昔赠我，许之及子孙。我尝有匮乏，邻里能相分。我尝有不安，邻里能相存。斯人转贫弱，力役非无冤。终以瀼滨

---

① （后晋）刘昫等：《旧唐书》卷一二六《李揆传》，中华书局1975年版，第3560页。
② （后晋）刘昫等：《旧唐书》卷一〇《肃宗纪》，中华书局1975年版，第260页。
③ （宋）欧阳修、宋祁：《新唐书》卷一五〇《李揆传》，中华书局1975年版，第4808页。
④ （宋）欧阳修、宋祁：《新唐书》卷一四〇《吕諲传》，中华书局1975年版，第4650页。
⑤ （宋）司马光编著，（元）胡三省音注：《资治通鉴》卷二二二《唐纪》三八，中华书局1956年版，第7106页。
⑥ （清）董诰编：《全唐文》卷独孤及三八九《豫章冠盖盛集记》，中华书局1983年版，第3953页。

讼，无令天下论。"诗当作于兵镇九江之后。

三月，史朝义令部将骆悦、蔡文景杀史思明，即皇帝位，改元显圣。

《旧唐书·肃宗纪》："（三月）戊戌，史思明为其子朝义所杀。"①《资治通鉴·上元二年》："（三月）朝义宿于逆旅，其部将骆悦、蔡文景说朝义曰：'悦等与王，死无日矣！自古有废立，请召曹将军谋之。'……是夕，悦等以朝义部兵三百被甲诣驿，宿卫兵怪之，畏曹将军，不敢动。悦等引兵入至思明寝所，值思明如厕，问左右，未及对，已杀数人，左右指示之。思明闻有变，逾垣至厩口，自备马乘之，悦傔人周子俊射之，中臂，坠马，遂擒之。……军至柳泉，悦等恐众心未壹，遂缢杀思明，以毡裹其尸，橐驼负归洛阳。朝义即皇帝位，改元显圣。"②

四月，青密节度使尚衡破史朝义兵；梓州刺史段子璋反。

《资治通鉴·上元二年》："（四月）乙亥，青密节度使尚衡破史朝义兵，斩首五千余级。"③《资治通鉴·上元二年》："（四月）壬午，梓州刺史段子璋反。子璋骁勇，从上皇在蜀有功，东川节度使李奂奏替之，子璋举兵，袭奂于绵州。道过遂州，刺史虢王巨苍黄修属郡礼迎之，子璋杀之。李奂战败，奔成都，子璋自称梁王，改元黄龙，以绵州为龙安府，置百官，又陷剑州。"④

五月，肃宗思念玄宗，然畏张后，不敢诣西内。

《资治通鉴·上元二年》："（五月）是日端午，山人李唐见上，上方抱幼女，谓唐曰：'朕念之，卿勿怪也。'对曰：'太上皇思见陛下，计亦如陛下之念公主也。'上泫然泣下，然畏张后，尚不敢诣西内。"⑤

---

① （后晋）刘昫等：《旧唐书》卷一〇《肃宗纪》，中华书局1975年版，第261页。
② （宋）司马光编著，（元）胡三省音注：《资治通鉴》卷二二二《唐纪》三八，中华书局1956年版，第7107—7108页。
③ （宋）司马光编著，（元）胡三省音注：《资治通鉴》卷二二二《唐纪》三八，中华书局1956年版，第7113页。
④ （宋）司马光编著，（元）胡三省音注：《资治通鉴》卷二二二《唐纪》三八，中华书局1956年版，第7113页。
⑤ （宋）司马光编著，（元）胡三省音注：《资治通鉴》卷二二二《唐纪》三八，中华书局1956年版，第7113页。

本月，平卢节度使侯希逸击史朝义范阳兵，破之。西川节度使崔光远与东川节度使李奂斩段子璋。

《旧唐书·肃宗纪》："（五月）乙未，剑南节度使崔光远率师与李奂击败段子璋于绵州，擒子璋杀之，绵州平。"①《资治通鉴·上元二年》："（五月）戊戌，平卢节度使侯希逸击史朝义范阳兵，破之。乙未，西川节度使崔光远与东川节度使李奂共攻绵州，庚子，拔之，斩段子璋。"②

六月，加田神功开府仪同三司，徙徐州刺史；征李峘、邓景山还京师。

《资治通鉴·上元二年》："江淮都统李峘畏失守之罪，归咎于浙西节度使侯令仪，丙子，令仪坐除名，长流康州；加田神功开府仪同三司，徙徐州刺史；征李峘、邓景山还京师。"③

八月，公在九江，作《大唐中兴颂》。

元结《大唐中兴颂》，其序曰："天宝十四载，安禄山陷洛阳。明年，陷长安。天子幸蜀，太子即位于灵武。明年，皇帝移军凤翔。其年复两京，上皇还京师。于戏！前代帝王有盛德大业者，必见于歌颂。若今歌颂大业，刻之金石，非老于文学，其谁宜为？"

其颂曰："噫嘻前朝，孽臣奸骄，为昏为妖。边将骋兵，毒乱国经，群生失宁。大驾南巡，百僚窜身，奉贼称臣。天将昌唐，繄睨我皇，匹马北方。独立一呼，千麾万旟，我卒前驱。我师其东，储皇抚戎，荡攘群凶。复服指期，曾不逾时，有国无之。事有至难，宗庙再安，二圣重欢。地辟天开，蠲除袄灾，瑞庆大来。凶徒逆俦，涵濡天休，死生堪羞。功劳位尊，忠烈名存，泽流子孙。盛德之兴，山高日升，万福是膺。能令大君，声容沄沄，不在斯文。湘江东西，中直浯溪，石崖天齐。可磨可镌，刊此颂焉，何千万年！"

---

① （后晋）刘昫等：《旧唐书》卷一〇《肃宗纪》，中华书局1975年版，第261页。
② （宋）司马光编著，（元）胡三省音注：《资治通鉴》卷二二二《唐纪》三八，中华书局1956年版，第7114页。
③ （宋）司马光编著，（元）胡三省音注：《资治通鉴》卷二二二《唐纪》三八，中华书局1956年版，第7114页。

按：南宋吴曾《能改斋漫录》卷一四载："湖南浯溪，在永州北一百余里，流入湘江，其溪水石奇绝。唐上元中，邕管经略使元结罢任居焉，以其所著《中兴颂》刻之崖石，抚州刺史颜真卿书。"① 明陈斗《订补浯溪集》："浯溪在祁阳县南五里，为唐道州刺史元结故迹。结所撰《中兴颂》，颜真卿书者，即磨厓刻溪上。"② 《元丰九域志·新定九域志》："浯溪，石崖上有元结中兴颂。"③ 今湖南祁阳有浯溪公园，内有浯溪碑林，碑林中有摩崖石刻数百方。《大唐中兴颂》乃其中一方。碑文后署"上元二年（761）秋八月撰，大历六年（771）夏六月刻"，《金石录》卷八也载："唐中兴颂上：元结撰，颜真卿正书。大历六年六月。"④ 然考元结行迹，上元二年无湖南之行。则《颂》之结尾："湘江东西，中直浯溪，石崖天齐。可磨可镌，刊此颂焉，何千万年！"非上元二年《颂》中所有，乃大历六年石刻《颂》时，元结即景而作。

九月，以建子月为岁首，停京兆、河南、太原、凤翔四京及江陵南都之号。

《资治通鉴·上元二年》："（九月）壬寅，制去尊号，但称皇帝；去年号，但称元年；以建子月为岁首，月皆以所建为数；因赦天下。停京兆、河南、太原、凤翔四京及江陵南都之号。自今每除五品以上清望官及郎官、御史、刺史，令举一人自代，观其所举，以行殿最。"⑤

本月，江淮大饥。

《资治通鉴·上元二年》："（九月）江、淮大饥，人相食。"⑥

---

① （宋）吴曾：《能改斋漫录》卷一四，上海古籍出版社1979年版，第403页。
② （清）永瑢等：《四库全书总目》卷一九二《总集类存目·订补浯溪集》，中华书局1965年版，下册，第1748页。
③ （宋）王存撰，王文楚、魏嵩山点校：《元丰九域志》之《新定九域志》卷六，中华书局1984年版，第644页。
④ （宋）赵明诚撰，金文明校证：《金石录校证》卷八《唐中兴颂》，广西师范大学出版社2005年版，第140页。
⑤ （宋）司马光编著，（元）胡三省音注：《资治通鉴》卷二二二《唐纪》三八，中华书局1956年版，第7116页。
⑥ （宋）司马光编著，（元）胡三省音注：《资治通鉴》卷二二二《唐纪》三八，中华书局1956年版，第7116页。

秋或稍前，公与旧友韩方源见于九江，时韩方源欲安家肥阳，公作《别韩方源序》以别，并赠以文集。

元结《别韩方源序》："今方源欲安家肥阳，次山方理兵九江，相醉相辞，不必如昔年之约，此情岂易然者耶？乙未之前，次山有《元子》；乙未之后，次山有《猗玗子》；戊戌中，次山有《浪说》，悉赠方源，庶方源见次山之意。"言及"方理兵九江"当作于本年秋或稍前。

秋或稍前，公重返九江，瀼溪之人异其心，公有感于此，作诗以喻瀼溪旧游。

元结《喻瀼溪乡旧游》："往年在瀼滨，瀼人皆忘情。今来游瀼乡，瀼人见我惊。我心与瀼人，岂有辱与荣。瀼人异其心，应为我冠缨。……终当来其滨，饮啄全此生。"

秋，公在九江，有诗怀源休。

元结《寄源休序》："辛丑中……休以曾任湖南；久理长沙，结以曾游江州，将兵镇九江。自春及秋，不得相见，故抒所怀以寄之。"其诗曰："天下未偃兵，儒生预戎事。……况当在兵家，言之岂容易。忽然向三岁，境外为偏帅。"公乾元二年入朝为官，而今正三岁。

秋，荆南节度使吕諲得疾疹，身体日转羸弱。公或在此稍后返荆南。

元结《为吕荆南谢病表》："臣某言：臣自去秋疾疹，以至今日，转加羸弱，庶事不理。"表作于宝应元年。

秋，刘长卿自饶州归苏州，道中有诗，言及刘展兵乱后江南荒凉景况。

《刘随州文集》卷九《自江西归至旧任官舍赠袁赞府》："空庭客至逢摇落。旧邑人稀经乱离。"[①] 诗作于秋日。刘长卿在苏州，应辟宣州郑炅之幕，作诗留别韦之晋，《刘随州文集》卷三《赴宣州使院，夜宴寂上人房，留辞前苏州韦使君》，诗中言及东南战事。

---

① （唐）刘长卿著，储仲君笺注：《刘长卿诗编年笺注》，中华书局1996年版，第208页。

十　参荆南幕

深秋，元结自九江返荆南，时鄱阳令李嘉祐有诗相送。

李嘉祐《送元侍御还荆南幕府》："迢递荆州路，山多水又分。霜林澹寒日，朔雁蔽南云。八座由持节，三湘亦置军。自当行直指，应不为功勋。"① 元侍御，当即元结，其在幕带殿中侍御史衔，故称。八座，隋唐以六尚书、左右仆射及令为"八座"。据《旧唐书·吕谭传》："乾元二年三月，以本官同中书门下平章事，知门下省事。……上元元年正月，加同中书门下三品。"② 故称吕谭为"八座"。"三湘亦置军"，《新唐书·方镇表》，上元二年荆南节度增领涪、衡、潭、岳、郴、邵、永、道、连九州，故有此句。诗曰"霜林"当时深秋时节，又考元结深秋在荆南幕府，唯有本年，公或在此稍后返荆南协助吕谭料理荆南事宜。又据《唐五代文学编年史》考，李嘉祐时在鄱阳令任，冬日尚在饶州，有《冬夜饶州使堂饯相公五叔赴歙州》，广德元年春已在常州、润州。由此推之，元结当在深秋（九月）时自九江返荆南。《旧唐书·地理三》："饶州下，隋鄱阳郡。武德四年，平江左，置饶州，领鄱阳、新平、广晋、余干、乐平、长城、玉亭、弋阳、上饶九县。"③

公返荆南后，十月前后，吕谭病重，公为荆南节度使留后，知节度观察使事。

《元君表墓碑铭并序》："君知节度观察使事，经八月，境内晏然。今上登极，节度使留后者例加封邑，君逊让不受。"按：元结宝应元年五月辞去节度使，隐居武昌，以此逆推，则可知元结在本年十月前后为荆南节度使留后，知节度观察使事。唐中叶后，藩镇坐大，节度使遇有事故，往往以其子侄或亲信将吏代行职务，称节度留后或观察留后，则此后荆南之事，主要由元结主持。

十一月（建子月），以御史中丞元载为户部侍郎。

《资治通鉴·上元二年》："（建子月）戊子，御史中丞元载为户部

---

① （清）彭定求等编：《全唐诗》卷二〇六李嘉祐《送元侍御还荆南幕府》，中华书局1960年版，第2157页。
② （后晋）刘昫等：《旧唐书》卷一八五下《吕谭传》，中华书局1975年版，第4824页。
③ （后晋）刘昫等：《旧唐书》卷四〇《地理三》，中华书局1975年版，第1604页。

侍郎，充句当度支、铸钱、盐铁兼江淮转运等使。"① 《新唐书·元载传》："累迁户部侍郎，充度支、江淮转运等使。"② 元结当在此前后与元载有交往。

本年，黄州刺史左振（震）迁侍御史，判金州刺史，公作《左黄州表》盛赞其政。

元结《左黄州表》："乾元己亥，赞善大夫左振出为黄州刺史。……居三年，迁侍御史，判金州刺史，将去黄，人多去思，故为黄人作表。"乾元己亥为乾元二年，三年后为上元二年。该《表》又言："天下兵兴，今七年矣！淮河之北，千里荒草。"自安史之乱始，至本年正好七年。故《表》作于本年。

本年，公弱子不满十岁，其元妻在本年或稍前去世。

元结《与吕相公书》："某又三世单贫，年过四十，弱子无母，年未十岁，孤生嫁娶者一人。"则本年或稍前元妻去世。

762 壬寅

上元三年　宝应元年　公四四岁

二月（建卯月），复江陵为南都。

《资治通鉴·上元三年》："建卯月，辛亥朔，赦天下；复以京兆为上都，河南为东都，凤翔为西都，江陵为南都，太原为北都。"③

本月，吕谌重病，不能起止，时王仲升为史朝义将谢钦让所围，荆南之兵不得相救。

《旧唐书·来瑱传》："初，仲升被围累月，吕谌病于江陵，瑱在襄州，又恐仲升构己，遂顾望不救。"④ 又元结《为吕荆南谢上表》："臣不能起止四十余日，艰虞之际，实虑变生。今淮西败散，唐、邓危急，

---

① （宋）司马光编著，（元）胡三省音注：《资治通鉴》卷二二二《唐纪》三八，中华书局1956年版，第7117页。

② （宋）欧阳修、宋祁：《新唐书》卷一四五《元载传》，中华书局1975年版，第4711页。

③ （宋）司马光编著，（元）胡三省音注：《资治通鉴》卷二二二《唐纪》三八，中华书局1956年版，第7119页。

④ （后晋）刘昫等：《旧唐书》卷一一四《来瑱传》，中华书局1975年版，第3366页。

在臣病废，岂敢偷安？"

本月，淮西节度使王仲升为史朝义将谢钦让所虏，淮西震骇，公文有载。

《资治通鉴·上元三年》："（二月）戊辰，淮西节度使王仲升与史朝义将谢钦让战于申州城下，为贼所虏，淮西震骇。会侯希逸、田神功、能元皓攻汴州，朝义召钦让兵救之。"①元结《为吕荆南谢病表》："今淮西败散。"当指此事。

本月，上召山南东道节度使来瑱赴京师，来瑱所部将吏上表留之，稍后以瑱为邓州刺史，充山南东道节度使；割商、金、均、房别置观察使，令来瑱止领六州之地。

《旧唐书·来瑱传》："上元三年，肃宗召瑱入京。瑱乐襄州，将士亦慕瑱之政，因讽将吏、州牧、县宰上表请留之，身赴诏命，行及邓州，复诏归镇。肃宗闻其计而恶之。后吕𬤇、王仲升及中官皆言瑱布恩惠，惧其得士心，以瑱为邓州刺史，充山南东道襄、邓、唐、复、郢、随等六州节度，余并如故。"②《资治通鉴·上元三年》："（三月）上召山南东道节度使来瑱赴京师；瑱乐在襄阳，其将士亦爱之，乃讽所部将吏上表留之；行及邓州，复令还镇。荆南节度使吕𬤇、淮西节度使王仲升及中使往来者言'瑱曲收众心，恐久难制'。上乃割商、金、均、房别置观察使，令瑱止领六州。"③《资治通鉴》系此条在三月，然后吕𬤇本月已卒，则来瑱任山南东道节度使领六州发生在三月，此前事为回顾，非发生在三月。

本月，来瑱与裴茂交恶，公于《为吕荆南谢病表》中有提及。

《旧唐书·来瑱传》："初，仲升被围累月，吕𬤇病于江陵，瑱在襄州，又恐仲升构己，遂顾望不救。及师出，仲升已没。裴茂频表陈瑱之状，谋夺其位，称'瑱善谋而勇，崛强难制，宜早除之，可一战而擒

---

① （宋）司马光编著，（元）胡三省音注：《资治通鉴》卷二二二《唐纪》三八，中华书局1956年版，第7120页。
② （后晋）刘昫等：《旧唐书》卷一一四《来瑱传》，中华书局1975年版，第3366页。
③ （宋）司马光编著，（元）胡三省音注：《资治通鉴》卷二二二《唐纪》三八，中华书局1956年版，第7121页。

也'。肃宗然之，遂以瑱检校户部尚书、兼御史大夫、安州刺史，充淮西申、安、蕲、黄、光、沔节度观察，兼河南陈、豫、许、郑、汴、曹、宋、颍、泗十五州节度观察使，外示尊崇，实夺其权也。加裴茙兼御史中丞、襄邓等七州防御使以代之。瑱惧不自安，上表称'淮西无粮馈军，臣去秋种得麦，请待收麦毕赴上'，复讽属吏请留之。裴茙于商州召募，以窥去就。"① 又元结《为吕荆南谢病表》："今淮西败散，唐、邓危急。""唐、邓危急"当指此事。时吕谭重病不能起止，公代摄府事，来瑱之议，当以公主导之。按："裴茙"《元君墓表铭并序》作"裴茂"，"茂"异体为"茙"，姑从《墓表铭》。

　　本月，荆南节度使吕谭重病，不能起止四十余日，公为之作《谢病表》，奏请以替吕谭。

　　元结《为吕荆南谢上表》："某月日附某官口奏请替，某月日又进状陈情，未蒙允许，伏增忧惧。陛下应以臣久曾驱策，未忍替臣；臣实忧陛下方隅，切须镇守。臣不能起止四十余日，艰虞之际，实虑变生。今淮西败散，唐、邓危急，在臣病废，岂敢偷安？伏望天恩，即与臣替。"吕谭卒于二月，则此表作于二月稍前；又言及唐邓危急当在本年二月前后；又吕谭上表请替本人，则吕谭之病危矣。

　　本月，吕谭卒于荆南节度任上，年五十一，赠吏部尚书。吕谭理荆南三年，境内无盗贼，号为良守。江陵将吏合钱十万，立祠宇，四时祠祷之；四月公为之作《表》，前太子文学、翰林待顾诚奢为之书，刻之石上，以垂后世。又卫密为之作碑。

　　元结《吕公表》："公理荆南三年，年五十一，薨于官。"《旧唐书·吕谭传》："谭素羸疾，元年建卯月卒，赠吏部尚书，有司谥曰肃。"② 按：吕谭上元元年八月，吕谭以太子宾客为荆州大都督府长史、澧、朗、硖、忠五州节度观察处置使。至今正三年。又宝应元年建卯月为二月，故定吕谭卒于此时。

---

① （后晋）刘昫等：《旧唐书》卷一一四《来瑱传》，中华书局1975年版，第3366页。
② （后晋）刘昫等：《旧唐书》卷一八五下《吕谭传》，中华书局1975年版，第4825页。

元结《吕公表》盛赞其德行："公明不尽人之私，惠不取人之爱，威不致人之惧，令不求人之犯，正不刑人之僻，直不指人之耻，故名不异俗，迹不矫时，内含端明，外与常规，其大雅君子全于终始者耶！公所以进退其身，人不知其道；公所以再在台衡，人不知其德。颂元化者，谁预颂乎？于戏！公将用于人而不见其用，人将得于公而公忘其所得乎？"又曰："结等迹参名业，尝在幕下，将纪盛德，示于来世，故刻金石，留于此邦。"又元结《举吕著作状》称："吕某立身无私，历官清俭，身没之后，家无余财，长男幼小，未了家事。"《旧唐书·吕谭传》也称其为良守："谭在台司无异称，及理江陵三年，号为良守。初郡人立祠，谭殁后岁余，江陵将吏合钱十万，于府西爽垲地大立祠宇，四时祠祷之。"①《新唐书·吕谭传》："谭在朝不称任职相，及为荆州，号令明，赋敛均一。其治尚威信，故军士用命，阃境无盗贼，民歌咏之。自至德以来，处方面数十人，谭最有名。荆人生构房祠，及殁，吏哀钱十万徙祠府西。"②

按：《金石录》卷七："《唐吕公表》，元结撰，顾诫奢八分书，元年建巳月。"③《金石录》卷二七《唐吕公表》："右《唐吕公表》，元结撰，前太子文学、翰林院待诏顾诫奢书。杜甫集有《赠顾八分文学》诗，即诫奢也。诫奢八分不多见，余所得者，卫密撰《吕公庙碑》，并此《表》《郭英奇》《郭慎微碑》为四耳。甫诗称其最工小字，而此《表》字画甚大，尤壮伟可喜。"④宋姚宽《西溪丛语》卷下："《唐吕公表》，吕谭也。元结撰。前太子文学、翰林待诏顾诫奢书。即杜甫所赠顾八分文学诗是也。"⑤建巳月为四月，则元结《吕公表》作于本年四月可知。

又按：《金石录》卷二七："《唐书·帝纪》及《宰相表》皆云乾

---

① （后晋）刘昫等：《旧唐书》卷一八五下《吕谭传》，中华书局1975年版，第4825页。
② （宋）欧阳修、宋祁：《新唐书》卷一四〇《吕谭传》，中华书局1975年版，第4650页。
③ （宋）赵明诚撰，金文明校证：《金石录校证》卷七《唐吕公表》，广西师范大学出版社2005年版，第129页。
④ （宋）赵明诚撰，金文明校证：《金石录校证》卷二七《唐吕公表》，广西师范大学出版社2005年版，第468—469页。
⑤ （宋）姚宽：《西溪丛语》卷下《吕公表》，中华书局1993年版，第122页。

元二年七月辛卯，谭以母丧罢；十月起复；上元元年五月壬子复罢为太子宾客。今此《表》乃云'乾元二年六月，丁内忧。上元元年七月，复罢相'。月日小不同，未知孰是。"① 然考明郭勋本及今所流传本《元次山集》，篇首皆曰："上元二年，置南都于荆州，为江陵府。使旧相东平吕公为江陵尹兼御史大夫，分峡中、湖南及武陵、澧阳、巴陵凡一十七州为荆南节度观察使。公理荆南三年，年五十一，薨于官。"生平介绍中，未有如《金石录》中所记载："乾元二年六月，丁内忧。上元元年七月，复罢相。"则今所流传《吕公表》前脱落大段文字，已非全表。

又按：《金石录》卷七："右《唐吕谭祠庙碑》，卫密撰，顾诚奢八分书，上元二年。"上元二年吕谭尚在人世，不可能撰碑，则卫密《唐吕谭祠庙碑》当与元结《吕公表》前后作。

又吕谭在荆南节度任上，曾建三公庙，元结为之作碑记。

《舆地碑记目》卷二："《三公庙碑》。唐吕谭以陶侃、羊祜、杜预三公聚为一庙，后又祀谭于其西。元结为之《记》云。"②

四月（建巳月），甲寅，玄宗崩。甲子，制改元宝应。同月，肃宗崩，太子豫即位，是为代宗。

《旧唐书·玄宗纪》："上元二年四月甲寅，崩于神龙殿，时年七十八。群臣上谥曰至道大圣大明孝皇帝，庙号玄宗。"③《旧唐书·肃宗纪》《新唐书·玄宗纪》《新唐书·肃宗纪》《资治通鉴》卷二二二皆有载。又《全唐文》卷四五肃宗《改元宝应赦文》："其元年应改为宝应元年，建巳月改为四月，其余月并为常数，仍旧以正月一日为岁首。"④

又《旧唐书·代宗纪》："（宝应元年四月）丁卯，肃宗崩，元振等始迎上于九仙门，见群臣，行监国之礼。己巳，即皇帝位于枢前。"⑤

---

① （宋）赵明诚撰，金文明校证：《金石录校证》卷二七《唐吕公表》，广西师范大学出版社2005年版，第469页。
② （宋）王象之编著，赵一生点校：《舆地碑记目》，浙江古籍出版社2013年版，第62页。
③ （后晋）刘昫等：《旧唐书》卷九《玄宗下》，中华书局1975年版，第235页。
④ （清）董诰编：《全唐文》卷四五肃宗《改元宝应赦文》，中华书局1983年版，第500页。
⑤ （后晋）刘昫等：《旧唐书》卷一一《代宗纪》，中华书局1975年版，第268页。

事亦见于《新唐书·代宗纪》。

本月或稍后，公在荆南，作《请节度使表》，建议皇帝审择重臣，即日镇抚。

元结《请节度使表》："臣窃以荆南是国家安危之地，伏愿陛下不轻易任人。陛下若独任武臣，则州县不理；若独任文吏，则戎事多阙。……伏惟陛下审择重臣，即日镇抚，全陛下上游之地，救愚臣不逮之急。谨遣某官奉表以闻。"

按：该《表》原注："宝应元年进。"表又言："今臣起家数月之内，官忝台省，尔来三岁，无益效用……自兵兴已来，今八年矣。使战争未息，百姓劳弊，多因任使不当，致使败亡。"自安史之乱以来，至今正好八年；元结自乾元三年为水部员外郎，至今也有三年。故《表》作于吕諲卒后不久。

吕諲病重之日，其侄男季重代为处理军府之事。吕諲病卒，公作《举吕著作状》，荐为近州正员官。

元结《举吕著作状》："前件侄质性纯厚，识理通敏，仁孝之性，不惭古人。自其疾甚，不视事向五六十日，军府之事，皆季重谘问，事无大小，处之无情。以臣所见，季重不独为贤子弟。……伏望天恩与季重便近州一正员官，令其恤养孤幼。谨录奏闻，伏听敕旨。"按：从文意看，此状作于吕諲卒后不久，又《状》有原注："宝应元年进。"故系此诗于此。时吕季重为秘书省著作郎。

五月，永王璘昭雪。

《旧唐书·代宗纪》："（五月）棣王琰、永王璘并与昭雪。"①

本月，来瑱闻徙淮西，又使将吏上表留之。代宗初立，欲姑息无事，复以瑱为山南东道节度使。后来瑱与副使薛南阳纵兵夹击襄邓防御使裴茂（茙），大破之。

《旧唐书·代宗纪》："（宝应元年五月）壬寅，以来瑱复为襄州刺

---

① （后晋）刘昫等：《旧唐书》卷一一《代宗纪》，中华书局1975年版，第269页。

史、山南东道节度使。"① 《旧唐书·来瑱传》："宝应元年五月，代宗即位，因复授瑱襄州节度、奉义军渭北兵马等使，官如故，潜令裴茂图之。其月十九日，裴茂率众浮汉江而下。日暮，候者白瑱，谋于帐下，副使薛南阳曰：'尚书奉诏留镇，裴茂以兵代，是无名也。且茂之智勇，非尚书敌也，众心归尚书，不归于茂。彼若乘我之不虞，今夕而至，直烧城市，我众必惧而乱，彼乘乱而击，则可忧也。若及明而至，尚书破之必矣。'翌日平明，茂督军士五千列于谷水北，瑱以兵逆之，登高而阵，呼茂将士告之曰：'尔何事来？'曰：'尚书不受命，谨奉中丞伐罪人。若尚书受替，谨当释兵。'瑱曰：'恩制复除瑱此州。'乃取告身敕书以示，茂军皆曰：'伪也。承命讨君，岂千里空归，富贵在于今日。'遂争射之。瑱奔归旗下，薛南阳曰：'事急矣，请以三百骑为奇兵，尚书勿与之战。'两军相见，遂以麾下旁万山而出其背，表里夹击，茂军大败，投水而死，杀获殆尽。茂及弟荐脱身北走，妻子并为瑱所擒，瑱甚厚抚之。因抗表谢罪。擒茂于申口，送至京师，长流费州，赐死于蓝田故驿。"② 《资治通鉴·宝应元年》："（五月）来瑱闻徙淮西，大惧，上言：'淮西无粮，请俟收麦而行。'又讽将吏留己。上欲姑息无事，壬寅，复以瑱为山南东道节度使。"③ 按：《资治通鉴·宝应元年》："襄邓防御使裴茂屯谷城，既得密敕，即帅麾下二千人沿汉趣襄阳；己巳，陈于谷水北。瑱以兵逆之，问其所以来，对曰：'尚书不受朝命，故来。若受代，谨当释兵。'瑱曰：'吾已蒙恩，复留镇此，何受代之有！'因取敕及告身示之，茂惊惑。瑱与副使薛南阳纵兵夹击，大破之，追擒茂于申口，送京师；赐死。"④ 《资治通鉴》载来瑱与裴茂交战在六月；《旧唐书·来瑱传》载五月十九日，今姑从《旧唐书》。

---

① （后晋）刘昫等：《旧唐书》卷一一《代宗纪》，中华书局1975年版，第269页。
② （后晋）刘昫等：《旧唐书》卷一一四《来瑱传》，中华书局1975年版，第3366—3367页。
③ （宋）司马光编著，（元）胡三省音注：《资治通鉴》卷二二二《唐纪》三八，中华书局1956年版，第7128页。
④ （宋）司马光编著，（元）胡三省音注：《资治通鉴》卷二二二《唐纪》三八，中华书局1956年版，第7129页。

十 参荆南幕

本月，节度使留后例加封邑，君逊让不受。约此前后，朝廷追赠公父元延祖为左赞善大夫。

《旧唐书·代宗纪》："（五月）内外文武官三品已上进爵，四品已下加阶。诸州防御使并停。"① 颜真卿《元君表墓碑铭并序》："今上登极，节度使留后者例加封邑，君逊让不受。"颜真卿《元君表墓碑铭并序》："及终，门人谥曰太先生，宝应元年追赠左赞善大夫。"

本月，以元载同中书门下平章事，充度支转运使，代替吕𬤊，元结将兵不得授或即与之相关。

李商隐《容州经略使元结文集后序》："见憎于第五琦、元载，故其将兵不得授，作官不至达。"②《旧唐书·元载传》："旬日，肃宗晏驾，代宗即位，辅国势愈重，称载于上前。载能伺上意，颇承恩遇，迁中书侍郎、同中书门下平章事，加集贤殿大学士，修国史。"③《旧唐书·代宗纪》："丙申，以户部侍郎元载同中书门下平章事，充度支转运使。"④《旧唐书·食货志》："宝应元年五月，元载以中书侍郎代吕𬤊。"⑤《资治通鉴·宝应元年》："戊申，华罢为礼部尚书，以载同平章事，领度支、转运如故。"⑥《唐会要》卷八十七所载同。然《新唐书·肃宗纪》："建辰月……户部侍郎元载同中书门下平章事。"⑦ 今姑从《旧唐书》。按：《旧唐书·食货志》载"元载以中书侍郎代吕𬤊"，则荆南之财赋在元载管辖范围，元载与元结之矛盾当自此时始。唐时，节度留后常充节度副使或节度使，然元结作《乞免官归养表》后，竟然得到了皇帝的允许，则当与元载有一定关系。

---

① （后晋）刘昫等：《旧唐书》卷一一《代宗纪》，中华书局1975年版，第269页。
② （唐）李商隐著，刘学锴、余恕诚校注：《李商隐文编年校注》之《未编年文》，中华书局2002年版，第2257页。
③ （后晋）刘昫等：《旧唐书》卷一一八《元载传》，中华书局1975年版，第3410页。
④ （后晋）刘昫等：《旧唐书》卷一一《代宗纪》，中华书局1975年版，第269页。
⑤ （后晋）刘昫等：《旧唐书》卷四九《食货下》，中华书局1975年版，第2217页。
⑥ （宋）司马光编著，（元）胡三省音注：《资治通鉴》卷二二二《唐纪》三八，中华书局1956年版，第7122页。
⑦ （宋）欧阳修、宋祁：《新唐书》卷六《肃宗纪》，中华书局1975年版，第165页。

约此前后,公作《忝官引》,忆及此前生活,表达归隐愿望。

又元结《忝官引》也当作于前后。其诗曰:"朝廷爱方直,明主嘉忠信。屡授不次官,曾与专征印。兵家未曾学,荣利非所徇。偶得凶丑降,功劳愧分寸。尔来将四岁,惭耻言可尽。"公为官至今正好四年。又诗言"无谋救冤者,禄位安可近。而可爱轩裳,其心又干进。此言非作戒,此言敢贻训。实欲辞无能,归耕守吾分。"当作于归隐之前。

十一　退居武昌

762 壬寅

宝应元年　公四四岁

五月或稍后，以蜀州刺史李岘为荆南节度、江陵尹，知江淮选补使。

《旧唐书·李岘传》："代宗即位，征岘为荆南节度、江陵尹，知江淮选补使。入为礼部尚书，兼宗正卿。"①《新唐书》本传略同。《册府元龟》卷六二九："宝应初，李岘为江陵尹，知江淮选补使。"②《全唐文》卷三二一李华《故相国兵部尚书梁国公李岘传》："（李岘）迁吏部尚书、平章事。以正直进，以正直退，贬蜀州刺史。迁为御史大夫、江陵尹节度观察使，入为礼部尚书宗正卿，加黄门侍郎平章事。"③郁贤皓：《唐刺史考》卷一九五《荆州》以为李岘在宝应元年（762）至广德元年（763）在荆南节度使任上。又五月，以元载同中书门下平章事，代替吕諲，则以李岘代元载为荆南节度使当在本年或稍后；这一时间也与"宝应初"相应。

公当在李岘为荆南节度使前后，作《乞免官归养表》，以侍亲为由辞官，辞去荆南节度使留后之任，特蒙褒奖，以著作郎身份归隐于武昌樊口；公在知节度观察使事八月，境内晏然。

元结《乞免官归养表》："臣无兄弟，老母久病，所愿免官奉养，生

---

① （后晋）刘昫等：《旧唐书》卷一一二《李岘传》，中华书局1975年版，第3345页。
② （宋）王钦若等编纂：《册府元龟》卷六二九《铨选部》，凤凰出版社2006年版，第7264页。
③ （清）董诰编：《全唐文》卷三二一李华《故相国兵部尚书梁国公李岘传》，中华书局1983年版，第3254页。

死愿足。上不敢污陛下朝列，是臣之忠；下不欲贻老母忧惧，是臣之孝。愿全忠孝于今日，免祸辱于将来。伏惟陛下许臣免官，许臣奉养。在臣庆幸，无以比喻。谨遣某官奉表陈请以闻。"又元结《漫酬贾沔州并序》："出入四五年，忧劳忘昏旦。无谋静凶丑，自觉愚且懦。……去年辞职事，所惧贻忧患。天子许安亲，官又得闲散。自家樊水上，性情尤荒慢。"元结《漫歌八曲序》："壬寅中，漫叟得免职事，漫家樊上，修耕钓以自资，作《漫歌八曲》。"均提及此次辞官。元结《樊上漫作》："漫家郎亭下，复在樊水边。去郭五六里，扁舟到门前。"其安家樊上亦可知。颜真卿《元君表墓碑铭并序》："今上登极，节度使留后者例加封邑，君逊让不受，遂归养亲。特蒙褒奖，乃拜著作郎。遂家于武昌之樊口。"《新唐书·元结传》："会代宗立，固辞，丐侍亲归樊上。授著作郎。益著书。"按：著作郎，属秘书省。《新唐书·百官二》："秘书省……著作局郎二人，从五品上；著作佐郎二人，从六品上；校书郎二人，正九品上；正字二人，正九品下。著作郎掌撰碑志、祝文、祭文，与佐郎分判局事。"① 此前元结任水部员外郎，为从六品上；就官秩而言有所上升，然著作郎在唐为清官，对权力的掌控远不如浊官。此后元结并没有实际就任，只是以著作郎身份隐居于武昌。

又按：武昌：唐县名，属鄂州江夏郡，《新唐书·地理五》："鄂州江夏郡……武昌、紧。有樊山，有银，有铜，有铁。"清刘献廷《广阳杂记》："武昌县城甚小，即古之武昌也，孙吴之所都，庾亮、陶侃之镇皆此地。今之武昌府，则江夏也。县城临江，庾楼在焉。元次山之退谷，苏长公之九曲亭，皆在县城西。"② 考元结之所以归于武昌樊上，主要原因在于元结曾在安史之乱后逃难武昌猗玗洞（在今黄石市西塞山区），对武昌环境比较熟知，同时可能与孟士源有一定关系。

---

① （宋）欧阳修、宋祁：《新唐书》卷四七《百官二》，中华书局1975年版，第1215页。
② （清）刘献廷撰，汪北平等点校：《广阳杂记》卷二，中华书局1957年版，第92页。

十一 退居武昌

颜真卿《元君表墓碑铭并序》:"君知节度观察使事,经八月,境内晏然。"《新唐书·元结传》:"瑱诛,结摄领府事。会代宗立,固辞,丐侍亲归樊上。"按:来瑱被诛已是宝应二年,《资治通鉴·宝应二年》:"初,来瑱在襄阳,程元振有所请托,不从;及为相,元振潜瑱言涉不顺。王仲升在贼中,以屈服得全,贼平得归,与元振善,奏瑱与贼合谋,致仲升陷贼。(正月)壬寅,瑱坐削官爵,流播州,赐死于路,由是藩镇皆切齿于元振。"① 时元结已隐居武昌,则结不可能摄领府事,《新唐书·元结传》误把知荆南节度观察使事移接至山南东道节度府上了。

本月稍后,公家于樊上郎亭山下,过着漫浪生活,规检大夫对其行为非之,公著《漫论》,论及本次漫辞官,并表示自己当著书作论,并系统提出漫家思想;又著文六篇,与《漫论》一起合称《漫记》(《漫说》),于是,公之漫志遂显。

元结《樊上漫作》:"漫家郎亭下,复在樊水边。"《大清一统志》卷二五八:"郎亭山:在武昌县西,一名郎山。《舆地纪胜》在樊山,西路出退谷。《土俗编》云:郎山、樊山相接而中断,江上望如八字。《方舆胜览》:朱梁时,朱友恭凿山开道,射以强弩,遂跂武昌即此。"元结《漫酬贾沔州并序》:"自家樊水上,性情尤荒慢。云山与水木,似不憎吾漫。以兹忘时世,日益无畏惮。漫醉人不嗔,漫眠人不唤。漫游无远近,漫乐无早晏。漫中漫亦忘,各利谁能算。"颜真卿《元君表墓碑铭》:"结《自释》云:'及为郎,时人以浪者亦漫为官乎,遂见呼为漫郎,著《漫记》七篇。'"又载:"今上登极,节度使留后者例加封邑,君逊让不受,遂归养亲。特蒙褒奖,乃拜著作郎。"上元元年八月,以太子宾客吕谭为荆州大都督府长史、澧朗硖忠五州节度观察处置使,到任后,吕上书请置江陵为南都。而元结大约同时或稍后真拜水部员外郎兼殿中侍御史,充吕谭节度判官。元结《与韦洪

---

① (宋)司马光编著,(元)胡三省音注:《资治通鉴》卷二二二《广德元年》,中华书局1956年版,第7138页。

州书》:"某月日,荆南节度判官水部员外郎兼殿中侍御史元结顿首。"元结正式为郎官当同时或稍后,及辞官后,仍拜校书郎。元结《自释》:"及有官,人以为浪者亦漫为官乎,呼为漫郎。"《漫论》:"乾元已亥至宝应壬寅,蒙时人相消,议曰:元次山尝漫有所为,且漫聚兵,又漫辞官,漫闻议云云。因作《漫论》。"乾元已亥为乾元二年(759),其年九月元结献《时议》三篇,拜为右金吾兵曹,摄监察御史。宝应壬寅即宝应元年(762),其年三月,吕諲卒于荆南节度任上,其年五月,元结以侍亲为名,归于武昌樊上。据文意看,元结刚辞官不久,规检大夫似对元结有所不满。故《漫论》作于本年五月或稍后;《漫记》其他六篇当作于上元元年八月至宝应元年。

但颜真卿《元君表墓碑铭》中记载元结有《漫记》七篇;宋欧阳修、宋祁《新唐书·艺文三》:"《漫说》七篇(元结)"①;宋郑樵《通志·儒术》:"《漫说》,七篇(元结撰)"②;而元结有著有《漫论》。从元结《漫论》内容看,《漫论》当为七篇之一,也是唯一现存文章。《漫记》《漫说》均为其中篇名,或七篇在排序时顺序有所变化,故以首篇概其七篇。

元结在《漫论》中提出:"吾当于漫,终身不羞,著书作论,当为漫流!"又说:"于戏!九流百氏,有定限耶?吾自分张,独为漫家。"李商隐在《容州经略使元结文集后序》中指出了元结漫家思想的独特性:"论者徒曰:次山不师孔氏,为非。呜呼!孔氏于道德仁义外有何物?百千万年,圣贤相随于涂中耳。次山之书曰:'三皇用真而耻圣,五帝用圣而耻明,三王用明而耻察。'嗟嗟此书,可以无书。孔氏固圣矣,次山安在其必师之邪。"③漫家思想融合道家思想、儒家思想为一体,对宋明理学和明代心学产生了一定影响。

---

① (宋)欧阳修、宋祁:《新唐书》卷五九《艺文三》,中华书局1975年版,第1514页。
② (宋)郑樵:《通志二十略》卷六六《儒术》,明正德(1506—1521)陈宗夔刻本。
③ (唐)李商隐:《李商隐文编年校注》之《未编年文》,中华书局2002年版,第2257页。

十一 退居武昌

公隐居樊上后,人称聱叟;又称漫叟,作《自释》以抒心志。

元结《自释》:"既客樊上,漫遂显。樊左右皆渔者,少长相戏,更曰聱叟。彼诮以聱者,为其不相从听,不相钩加,带笒箸而尽船,独聱牙而挥车。酒徒得此,又曰:'公之漫其犹聱乎?公守著作,不带笒箸乎?又漫浪于人间,得非聱牙乎?公漫久矣,可以漫为叟。'"元结表示:"取而醉人议,当以漫叟为称。直荒浪其情性,诞漫其所为,使人知无所存有,无所将待。"又曰:"能带笒箸者,全独而保生;能学聱牙者,保宗而全家。"代宗皇帝即位之初,必然在政治上有所行动,元结归隐,更多或为保全家。从来瑱后来之遭遇看,元结此次归隐,不可谓不明智。从文意看,《自释》当与《漫论》先后作,均作于辞官后不久。

王国维《观堂集林》卷二:"此砚,癸亥季夏雪堂先生得之天津,形制古朴,背有'聱叟'二字,似褚登善书,盖元次山遗砚也。……既以侍亲客樊上,樊左右皆渔者,少长相戏,更曰'聱叟',而酒人称为'漫叟',并见于次山《自释》。而次山宝应以后多自称'漫叟',不称'聱叟',其诗文可证也。然则聱叟之号但用于初居樊上时,此砚乃在樊口时所作也。"① 其言可信。

夏秋之际,公在樊上,于郎亭西丛石上构亭;时孟彦深在武昌令上,公与之游,并作《抔樽铭》,又《抔湖铭》《退谷铭》约同时作。

元结《抔樽铭》其序曰:"郎亭西乳有丛石,石临樊水,漫叟构石颠以为亭。石有寂颠者,因修之以藏酒。士源爱之,命为抔樽,乃为士源作《抔樽铭》。"计有功《唐诗纪事》卷二四:"字士源,天宝末为武昌令。"② 元结《殊亭记》:"癸卯中,扶风马向兼理武昌。"则孟彦深自天宝末年至宝应二年(763)在武昌令上。其铭曰:"漫叟作铭,当欲何言?时俗浇狡,日益伪薄,谁能抔饮,共守淳朴?"元结有感安史之乱后时俗浇狡,希望守住淳朴之风。《方舆胜览》卷二八:"抔樽石:

---

① 王国维:《观堂集林》卷二,河北教育出版社2001年版,第824页。
② (宋)计有功撰,王仲镛校笺:《唐诗纪事校笺》卷二四《孟彦深》,中华书局2007年版,第785页。

在郎亭西。孟仕源居其下。有石临樊水，有窊，元结命为杯樽。"① 又《明一统志》卷五九："郎亭山：……山下石有窊颠者，唐元结修以盛酒，号窊樽。"② 《元次山集》各版本均作"抔樽"，当以"抔樽"为是；元结有《窊樽铭》，但在道州。又元结有《抔湖铭》，其序曰："抔湖东抵抔樽，西侵退谷，北汇樊水，南涯郎亭。……与漫叟自抔亭游退谷，必泛此湖。以湖在抔樽之下，遂命曰抔湖。"其铭曰："人不厌者，君子之道。于戏君子，人不厌之；死虽千岁，其行可师。可厌之类，不独为害；死虽万代，独堪污秽。"《明一统志》："杯湖：在樊山郎亭下，方广一二里。唐孟仕源居退谷杯樽之下，命曰杯湖。"③ "杯""抔"字形相近，后讹以为"杯"。又元结有《退谷铭》，其序曰："抔湖西南是退谷。……时士源以漫叟退修耕钓，爱游此谷，遂命曰退谷。"其铭曰："于戏退谷，独为吾规。干进之客，不羞游之。"《大清一统志》卷二五八："退谷：在武昌县西，樊山、郎亭二山之间。唐元结游此，孟士源命之曰'退谷'。结作《退谷铭》招士源同隐焉。"以上三铭皆表达了元结隐退以守纯朴思想。

又从其三序可以看出三篇铭文先后作，其中《抔湖铭》："有菱有荷，有菰有蒲，方一二里能浮水。"《退谷铭》："满谷生寿木，又多寿藤萦之。"当作于夏秋之际，也即元结刚隐居樊上之时。

八月，来瑱入朝，九月以来瑱为兵部尚书、同平章事、知山南东道节度使。

《旧唐书·代宗纪》："九月丁丑朔……以山南东道节度使来瑱为兵部尚书、同中书门下平章事，节度如故。"④ 《资治通鉴·宝应元年》："（八月）乙丑，山南东道节度使来瑱入朝谢罪，上优待之。"⑤ 同书同

---

① （宋）祝穆撰，（宋）祝洙增订：《方舆胜览》卷二八《湖北路》，中华书局2003年版，第504页。
② 方志远等点校：《大明一统志》卷五九《武昌府》，巴蜀书社2017年版，第2535页。
③ 方志远等点校：《大明一统志》卷五九《武昌府》，巴蜀书社2017年版，第2538页。
④ （后晋）刘昫等：《旧唐书》卷一一《代宗纪》，中华书局1975年版，第270页。
⑤ （宋）司马光编著，（元）胡三省音注：《资治通鉴》卷二二二《唐纪》三八，中华书局1956年版，第7130页。

卷:"九月,庚辰,以来瑱为兵部尚书、同平章事、知山南东道节度使。"①

秋,公在樊上,武昌故城东及江北大洲有良田芜秽,公躬耕于樊上,樊上之人皆从之,公有《樊上漫作》《漫歌八曲》等记之。

又元结《樊上漫作》:"四邻皆渔父,近渚多闲田。且欲学耕钓,于斯求老焉。"又《漫歌八曲》:"壬寅中,漫叟得免职事,漫家樊上,修耕钓以自资,作《漫歌八曲》与县大夫孟士源,欲士源唱而和之。"其一曰:"漫惜故城东,良田野草生。说向县大夫,大夫劝我耕。耕者我为先,耕者相次焉。谁爱故城东,今为近郭田。"其二曰:"江北有大洲,洲上堪力耕。……衣食可力求,此外何所望。"其五、六:"将牛何处去,耕彼故城东。相伴有田父,相欢惟牧童。将牛何处去,耕彼西阳城。叔闲修农具,直者伴我耕。"按:元结另有《雪中怀孟武昌》:"冬来三度雪,农者欢岁稔。我麦根已濡,各得在仓廪。"可见其所种为冬小麦。冬小麦播种时间在九月到十月间,可见,前数诗作于本年秋。

稍后,公有诗酬裴云客。

元结《酬裴云客》:"自厌久荒浪,于时无所任。耕钓以为事,来家樊水阴。"按:从诗意看,此诗当作于徙家樊上后不久。诗又云:"不知愚僻意,称得云客心。云客方持斧,与人正相临。符印随坐起,守位常森森。纵能有相招,岂暇来山林。"古称隐者或出家人。为云客。裴云客,史书无载。

冬,公在樊上,有诗怀孟彦深,时孟彦深在武昌令上。穷冬,又有诗招孟游。

元结《雪中怀孟武昌》:"冬来三度雪,农者欢岁稔。我麦根已濡,各得在仓廪。天寒未能起,孺子惊人寝。云有山客来,篮中见冬蕈。烧柴为温酒,煮鳜为作潘。客亦爱杯樽,思君共杯饮。所嗟山路间,时节寒又甚。不能苦相邀,兴尽还就枕。"按:《全唐文》卷三八三元结

---

① (宋)司马光编著,(元)胡三省音注:《资治通鉴》卷二二二《唐纪》三八,中华书局1956年版,第7130页。

《惠公禅居表》："县大夫孟彦深、王文渊，识名显当世，必能尽禅师之意，故命之作赞。"又《唐诗纪事》卷二四："孟彦深，字士源，天宝末为武昌令。……彦深，登天宝二年第。"① 又《漫歌八曲序》："壬寅中，漫叟得免职事，漫家樊上，修耕钓以自资，作《漫歌八曲》与县大夫孟士源，欲士源唱而和之。"可见，自天宝末年至本年前后，孟彦深在武昌令上。

元结《招孟武昌序》："漫叟作《退谷铭》，指曰：'干进之客，不能游之。'作《杯湖铭》，指曰：'为人厌者，勿泛杯湖。'孟士源尝黜官，无情干进，在武昌，不为人厌，可游退谷，可泛杯湖，故作诗招之。"其诗曰："风霜枯万物，退谷如春时。穷冬涸江海，杯湖澄清漪。"诗当作于穷冬之时。

约本年，崔瓘在澧州刺史任上。

《旧唐书·崔瓘传》："累迁至澧州刺史，下车削去烦苛，以安人为务。居二年，风化大行，流亡襁负而至，增户数万。有司以闻，优诏特加五阶，至银青光禄大夫，以甄能政。"②《册府元龟》卷六七三："崔灌为澧州刺史，下车削去烦苛，以安人为务。居二年，风化大行，流亡襁负而至，增户数万。有司以闻，代宗宝应二年，优诏特加五阶至银青光禄大夫。"③ 按："崔灌"应为"崔瓘"，宝应二年崔瓘优诏特加五阶，其为澧州刺史当在宝应元年。

763 癸卯

宝应二年　广德元年　公四五岁

正月，程元振等诬陷来瑱与叛军，代宗下诏免除来瑱的官职和爵位，贬为播州县尉，员外安置，后再次下诏赐其死。

---

① （宋）计有功撰，王仲镛校笺：《唐诗纪事校笺》卷二四《孟彦深》，中华书局2007年版，第785、787页。
② （后晋）刘昫等：《旧唐书》卷一一五《崔瓘传》，中华书局1975年版，第3375页。
③ （宋）王钦若等编纂：《册府元龟》卷六七三《牧守部》三，凤凰出版社2006年版，第7755页。

十一 退居武昌

《旧唐书·来瑱传》:"宝应二年正月,贬播州县尉员外置。翌日,赐死于鄠县,籍没其家。瑱之被刑也,门客四散,掩于坎中。校书郎殷亮后至,独哭于尸侧,货所乘驴以备棺衾,夜诣县令长孙演以情告之,演义而从之。亮夜葬而祭,走归京师。代宗既悟元振之诬构,积其过而配流溱州。先是,瑱行军司马庞充统兵二千人赴河南,至汝州,闻瑱死,将士鱼目等回兵袭襄州,左兵马使李昭御之,奔房州。昭及薛南阳与右兵马使梁崇义不叶相图,为崇义所杀。朝廷授崇义节度使、兼御史中丞以代瑱。崇义为瑱立祠,四时拜飨,不居瑱厅及正堂视事,于东厢下构一小室而寝止,抗疏哀请收葬,优诏许之。广德元年,追复官爵。"①《资治通鉴·宝应二年》:"初,来瑱在襄阳,程元振有所请托,不从;及为相,元振谮瑱言涉不顺。王仲升在贼中,以屈服得全,贼平得归,与元振善,奏瑱与贼合谋,致仲升陷贼。(正月)壬寅,瑱坐削官爵,流播州,赐死于路,由是藩镇皆切齿于元振。"②

本月,孟彦深在武昌令任,时新春大雪,孟作《苦雪篇》,往樊山访公,公以诗酬之。孟彦深又再次以诗问之。

元结《酬孟武昌苦雪》:"积雪间山路,有人到庭前。云是孟武昌,令献《苦雪篇》。"该诗有句:"兵兴向九岁,稼穑谁能忧。"自安史之乱发生,至今正好九年,本年冬元结已离开武昌,据《元次山居武昌之樊山,新春大雪,以诗问之》可知本年春有大雪。元结在诗中表达了他忧民思想:"何时不发卒,何日不杀牛。耕者日已少,耕牛日已希。皇天复何忍,更又恐毙之。自经危乱来,触物堪伤叹。见君问我意,只益胸中乱。山禽饥不飞,山木冻皆折。悬泉化为冰,寒水近不热。"孟彦深《元次山居武昌之樊山,新春大雪,以诗问之》,诗中表达了对元结的思念,其诗曰:"江山十日雪,雪深江雾浓。起来望樊山,但见群玉峰。林莺却不语,野兽翻有踪。山中应大寒,短褐何以

---

① (后晋)刘昫等:《旧唐书》卷一一四《来瑱传》,中华书局1975年版,第3368页。
② (宋)司马光编著,(元)胡三省音注:《资治通鉴》卷二二二《唐纪》三八,中华书局1956年版,第7138页。

完。皓气凝书帐,清着钓鱼竿。怀君欲进谒,溪滑渡舟难。"①

正月,史朝义兵败自谥,安史之乱平。

《旧唐书·史朝义传》:"二年正月,贼伪范阳节度李怀仙于莫州生擒之,送款来降,枭首至阙下。"②《资治通鉴·宝应二年》:"时朝义范阳节度使李怀仙已因中使骆奉仙请降,遣兵马使李抱忠将兵三千镇范阳县,朝义至范阳,不得入。……东奔广阳,广阳不受;欲北入奚、契丹,至温泉栅,李怀仙遣兵追及之;朝义穷蹙,缢于林中,怀仙取其首以献。"③

约此前后,夏侯宋客罢岳州刺史,与元结为邻里。

元结《夏侯岳州表》:"及公罢归州里,公家与吾相邻,见公在州里,与山野童孺与当道辞色均若,语是非得丧,语夭寿哀乐,恋意澹然。吾是以知道胜于内者,物莫能挠;德充于外者,事不能诱。公之所至,其独有乎?于戏!公既寿而贵,保家全归,于今之世,谁不荣羡?"公此前因廉问过岳州时与其有交往。

稍后,岳州刺史夏侯宋客卒。时公家于樊上,故为之作《夏侯岳州表》,盛赞其德。本县大夫李某为之作《状》。

元结《夏侯岳州表》:"癸卯岁,岳州刺史夏侯公殁于私家。门人弟子,爱思不忘,愿旌遗德,将显来世。会予诏许优闲,家于樊上,故为公作《表》。"元结上元元年便与夏侯宋客有交往,后又为邻里,故为之作《表》。同篇又曰:"至于公之世嗣与公官,则本县大夫李公《状》著之矣。"

本年春,公隐居樊上,遇见昔日军中部下,有感战争给社会、人民带来的破坏,作诗劝其归隐。

元结《喻旧部曲》曰:"漫游樊水阴,忽见旧部曲。……兵兴向十年,所见堪叹哭。"按:安史之乱至本年十二月才为十年,然夏元结已自武昌至鄂州,不得游樊水,"向十年"也即近十年之意,又此诗在明

---

① (清)彭定求等编:《全唐诗》卷一九六《孟彦深》,中华书局1960年版,第2011页。
② (后晋)刘昫等:《旧唐书》卷二○○上《史朝义传》,中华书局1975年版,第5380页。
③ (宋)司马光编著,(元)胡三省音注:《资治通鉴》卷二二二《唐纪》三八,中华书局1956年版,第7139页。

郭勋本中列于《喻常吾直》前，常吾直在本年春已摄武昌令，故诗作于本年春可知。

又诗中表达了强烈反战思想："故令争者心，至死终不足。与之一杯酒，喻使烧戎服。"并劝旧部曲"相逢是遗人，当合识荣辱。劝汝学全生，随我畲退谷"。

春，孟彦深罢武昌令，常吾直时为摄官，公作诗喻常吾直，劝其罢官从游。

元结《喻常吾直》，题下有原注"为摄官"，当为摄武昌令。元结《殊亭记》："癸卯中，扶风马向兼理武昌。"又元结《广宴亭记》："县大夫马公登之。"癸卯年为宝应二年（763），而本年春孟彦深还在县大夫任上（见《酬孟武昌苦雪》）。春夏之际，扶风马向为武昌令，则常吾直为摄官当在宝应二年（763）春。

诗中，元结对唐王朝战乱不断，朝廷频繁更替官吏表达了不满，他说："山泽多饥人，闾里多坏屋。战争且未息，征敛何时足。不能救人患，不合食天粟。何况假一官，而苟求其禄。近年更长吏，数月未为速。"并劝常吾直罢官与之游："来者罢而官，岂得不为辱。劝为辞府主，从我游退谷。谷中有寒泉，为尔洗尘服。"

春夏之际，扶风马向（珦）为武昌令，替摄官常吾直。

元结《殊亭记》："癸卯中，扶风马向兼理武昌。"又元结《广宴亭记》："县大夫马公登之。"按："县大夫"春秋时晋国和战国时齐国的县的长官，这里当指马向为武昌令。又唐之武昌非今之武昌，而是今之鄂城。《大清一统志》卷二五八："石门山：在武昌县东五里。祝穆《方舆胜览》：两名对峙如门，唐武昌令马珦与元次山同游，石刻存焉。"同书卷二五九："马珦：扶风人，为武昌令。元结称其明信严断，惠政为理，故政不待时而成。"然据中华书局2003年版《方舆胜览》卷二八作"马向"，《明一统志》卷五九："殊亭。在武昌县。唐县令马向建，元结作记。"① 杨谱多引地志以证为马珦，未必正确，现姑存异。

---

① 方志远等点校：《大明一统志》卷五九《武昌府》，巴蜀书社2017年版，第2544页。

稍后，公与县令马向（珦）游樊山，验之图记，乃吴故宴游之处。马向修亭于其上，公作《广宴亭记》以纪其事。

元结《广宴亭记》："樊水东尽，其南乃樊山北鲜。津吏欲于鲜上而为候舍。漫叟家于樊上，不醉则闲，乃相其地形，验之图记，实吴故宴游之处。县大夫马公登之，叹曰：'……吾欲因而修之，命曰广宴亭，何如？'漫叟颂之曰：'古人将修废遗尤异之事，为君子之道。'于戏！天下有废遗尤异之事如此亭者，谁能修而旌之？天将厌悔往乎，使公方壮而有是心也？吾当裁蓄简札，待为之颂。故作《广宴亭记》，以先意云。"宋祝穆撰《方舆胜览》卷二八："广燕亭：在樊山。相传吴主游宴于此。元结有记。"①"广燕亭"即"广宴亭"。此亭清时仍存。清朱尔迈《樊山广宴亭》曰："君不见樊口山头开广宴，周郎陆弟流英盼。"

《广宴亭记》："漫叟家于樊上……县大夫马公登之。"元结《殊亭记》："癸卯中，扶风马向兼理武昌。"癸卯年即宝应二年（763），本年春，常吾直摄武昌令（参见《喻常吾直》）。马向为武昌令当在本年夏（《殊亭记》）。本年八月，元结前往鄂州（参见《别王佐卿序》），故本文当作于宝应二年夏或稍后。

武昌令马向于大江边修凉亭，夏，招公于此避暑，公感马向才殊、政殊、迹殊，为此亭又殊，故名此亭为殊亭，斫石刻记，立于亭侧；又有《登殊亭作》诗，当在同时或稍后作。

元结《殊亭记》："癸卯中，扶风马向兼理武昌，以明信严断惠正为理，故政不待时而成。于戏！若明而不信，严而不断，惠而不正，虽欲理身，终不自理，况于人哉！公能令人理，使身多暇，招我畏暑，且为凉亭。亭临大江，复出山上，佳木相荫，常多清风，巡回极望，目不厌远。吾见公才殊、政殊、迹殊，为此亭又殊，因命之曰'殊亭'。斫石刻《记》，立于亭侧，庶几来者无所惑焉。"又元结《登殊亭作》："时节方大暑，试来登殊亭。凭轩未及息，忽若秋气生。"可知当作于

---

① （宋）祝穆撰，（宋）祝洙增订：《方舆胜览》卷二八《湖北路》，中华书局2003年版，第504页。

十一 退居武昌

本年夏。宋祝穆撰《方舆胜览》二十八:"殊亭:临大江。马向理武昌日作。元结取其材殊政异,故以名亭。"①

本年夏或稍前,相里某(相里造?)在黄州刺史任,公作《漫问相里黄州》与其相酬答。

《唐刺史考》卷一三四《黄州》:"相里某,约宝应、广德间(762、763)"其诗在明郭勋本中列于《喻常吾直》,当此前后作。又诗曰:"公为二千石,我为山海客。……漫问轩裳客,何如耕钓翁?"武昌属于黄州,元结尚在隐居中,故作于本年夏或稍前。

又相里某或为相里造,《旧唐书·鱼朝恩传》载:"(大历二年)户部郎中相里造、殿中侍御史李衎以正言折之,朝恩不悦,乃罢会。"②可知相里造为元结同时代人,大历二年为户部郎中,则本年为刺史存在可能。又独孤及有《祭相里造文》:"其后江人杭人,颂德不暇"③,记载相里造曾出任江州、杭州刺史。按:《萧颖士集校笺》考:"相里造当于永泰元年出为江州刺史,约大历二年四月由李芃代任。"④ 如此,永泰元年前或为黄州刺史。相里,复姓,在唐为官者极少,与元结同时代且见诸正史者唯有相里造。

本年夏,公与孟彦深、王文渊离开武昌,溯樊水、入涌溪,至鄂州蛇山,访惠公禅居,作《惠公禅居表》,盛赞禅师之德。

元结《惠公禅居表》:"溯樊水二百余里,有涌溪,入溪八九里,有蛇山,之阳是惠公禅居。……县大夫孟彦深、王文渊识名显当世,必能尽禅师之意。"孟彦深自天宝末至广德元年(763)在武昌令上,春夏之交,常吾直摄武昌令(参见《漫歌八曲》《喻常吾直》)。后马向又任武昌令。从《惠公禅居表》可以看出元结已自武昌沿着樊水而上到达涌溪,最后抵达鄂州之蛇山,元结《惠公禅居表》曰"庭列双台,

---

① (宋)祝穆撰,(宋)祝洙增订:《方舆胜览》卷二八《湖北路》,中华书局2003年版,第504页。
② (后晋)刘昫等:《旧唐书》卷一八四《鱼朝恩传》,中华书局1975年版,第4764页。
③ (唐)独孤及:《毗陵集校注》卷二〇,辽海出版社2006年版,第431页。
④ (唐)萧颖士著,黄大宏、张晓芝校笺:《萧颖士集校笺》附录七《门弟子考》,中华书局2017年版,第386页。

修廊夏寒，松竹苍苍，周流清泉"，当作于广德元年夏。

又《惠公禅居表》："禅师以无情待人之有情，以有为全己之无欲，各因其性分，莫不与善。知人困穷，喻使耕织；因人灾患，劝守仁信，故闾里相化，耻为弋钓，日勤种植。不五六年，沮泽有沟塍，荒皋有阡陌，桑果竹园如伊洛间。所以爱禅师者，无全行，无全道，岂能及此？"盛赞禅师之德。

稍后，公至沔州，与沔州刺史贾德方相会，贾德方惧公再次为官，故作诗相喻，公以《漫酬贾沔州》应。

元结《漫酬贾沔州序》："贾德方与漫叟者，惧叟不能甘穷独，惧漫叟又须为官，故作诗相喻，其指曰：'劝尔莫作官，作官不益身。'因德方之意，遂漫酬之。"诗曰："出入四五年，忧劳忘昏旦。……去年辞职事，……人谁年八十，我已过其半。"《新唐书·元结传》："国子司业苏源明见肃宗，问天下士，荐结可用。"苏源明荐元结在乾元二年（759），至广德元年（763）正好五年。又曰："家中孤弱子，长子未及冠。"广德元年（763）元结长子十五岁左右，属于未及冠年龄。元结《别王佐卿序》："癸卯岁，京兆王契佐卿年四十六，河南元结次山年四十五。"广德元年（763）八月左右，韦延安在鄂州刺史任，公自武昌往鄂州。元结《谢上表》："臣某言：去年九月敕授道州刺史，属西戎侵轶，至十二月，臣始于鄂州授敕牒，即日赴任。"表作于广德二年（764），则元结在广德元年（763）授道州刺史。沔州属于汉阳郡、鄂州属于江夏郡。两郡治所在唐代隔江相望。则元结至鄂州后又前往沔州与贾德方相见，从序可知，其时元结还尚未授予道州刺史。故诗与序作于广德元年（763）夏至九月间。

又《全唐文》卷三六八贾至《沔州秋兴亭记》："沔州刺史贾载，吾家之良也。理沔州未期月，而政通民和。"① 据拙著《唐代湖湘客籍文人年谱》考证，贾至在宝应元年（762）冬，自岳州归京，过沔州，刺史贾载作秋兴亭，贾载为之《沔州秋兴亭记》。则元结所谓贾德方就

---

① （清）董诰编：《全唐文》卷三六八贾至《沔州秋兴亭记》，中华书局1983年版，第3738页。

是贾载,载为名,德方为字,取《周易·坤》:"君子以厚德载物。"之意。贾载,新、旧《唐书》及《资治通鉴》对其事皆有载。《唐刺史考》卷一三六《沔州》,认为贾载约上元二年(761)至广德元年(763)在沔州刺史任上。从《漫酬贾沔州并序》看,此时的元结尚未有出来做官的想法。

又此前后,公在沔州。都昌县大夫张㻑将之官,与贾德方及公相别,公作《化虎论》,论及动乱社会教化的重要性。

元结《化虎论》:"都昌县大夫张㻑君英将之官,与其友贾德方、元次山别。"文中提及贾德方,当为元结在沔州时作,时贾德方为沔州刺史。又都昌在唐属江州浔阳郡,《新唐书》:"江州浔阳郡,上。本九江郡,天宝元年更名。……县三:浔阳、彭泽、都昌。"①

《化虎论》强调乱世教化的重要性:"朝廷化小人为君子,化谄媚为公直,化奸逆为忠信,化竞进为退让,化刑法为典礼,化仁义为道德,使天下之人皆涵纯朴。"

七月,改宝应二年为广德元年,大赦天下。

《旧唐书·代宗纪》:"秋七月壬寅朔。戊申,群臣上尊号曰宝应元圣文武皇帝,御含元殿受册。壬子,御宣政殿宣制,改元曰广德,大赦天下,常赦不原者咸赦除之。安禄山、史思明亲族应在诸道,一切原免不问。"②

八月,以颜真卿为江陵尹、充荆南节度使观察处置使,未行,以卫伯玉代之。

殷亮《颜鲁公行状》:"广德元年又加金紫光禄大夫,充荆南节度使观察处置使。迟留未行,为密近所诬,遂罢前命。"③ 又《旧唐书·卫伯玉传》:"广德元年冬,吐蕃寇京师,乘舆幸陕。以伯玉有干略,可当重寄,乃拜江陵尹、兼御史大夫,充荆南节度观察等使。"④

---

① (宋)欧阳修、宋祁:《新唐书》卷四一《地理五》,中华书局1975年版,第1086页。
② (后晋)刘昫等:《旧唐书》卷一一《代宗纪》,中华书局1975年版,第272页。
③ (清)董诰编:《全唐文》卷五一四殷亮《颜鲁公行状》,中华书局1983年版,第5229页。
④ (后晋)刘昫等:《旧唐书》卷一一五《卫伯玉传》,中华书局1975年版,第3378页。

秋，公在沔州，或前往蜀地，与杜甫相会，时公欲前往东吴，杜甫作诗相送。

杜甫《送元二适江左》："乱后今相见，秋深复远行。风尘为客日，江海送君情。晋室丹阳尹，公孙白帝城。经过自爱惜，取次莫论兵"① 高棅《唐诗品汇》在该诗题下注："元结也。"正如元结"家世、家庭"中考证，元结兄妹五人，排行第二无疑。但《钱注杜诗》："刘会孟本题下公自注元结也。考颜鲁公《墓碑》及《次山集》，代宗时以著作郎退居樊上，起家为道州刺史，未尝至蜀，亦未尝至江左。次山《舂陵行》及广德二年道州上谢表时月皆可据。所谓元二者，必非结也。宋刻善本无此二字，明是后人妄益耳。"② 仇兆鳌《杜诗详注》沿用钱氏观点："旧注以元二为元结，钱笺辩其谬误。考本传，结未尝至蜀，亦未尝适江左也。"③《全唐诗》："一本原注：元结也。考《次山集》，未尝入蜀，亦未尝至江左，且与后注应孙吴科举不合，殆非是。"④

在唐代文献中确实找不到更多元结去西蜀的证据。但宋蒲瀛作有《宿灵泉无我轩怀次山》，该诗为宋程遇孙《成都文类》卷八所收录，其下有自注："壁间有次山题字。"⑤ 自唐至宋字次山者有数人，但喜爱题字者仅元结。结合杜甫之诗，不难发现元结的西蜀之行。又今成都附近，有元结村，也可作一旁证。考元结和杜甫行迹，二人入官前曾同应天宝六载科举，但未必有交往；天宝十二载、十三载二人在长安，也未见有诗文交往；入官后行迹极少交叉，如果没有其他因素，即使元结曾去西蜀与杜甫会面的机会也极小。元结和杜甫的交往还需要其他中介，

---

① （唐）杜甫撰，（清）钱谦益笺注：《杜工部集》卷一二，清康熙六年（1667）季氏静思堂刻本，第8册，天津图书馆藏。
② （唐）杜甫撰，（清）钱谦益笺注：《杜工部集》卷一二，清康熙六年（1667）季氏静思堂刻本，第8册，天津图书馆藏。
③ （唐）杜甫著，（清）仇兆鳌注：《杜诗详注》卷一二，中华书局1979年版，第1032—1033页。
④ （清）彭定求等编：《全唐诗》卷二二七《杜甫》，中华书局1960年版，第2467页。
⑤ 北京大学古文献研究所编：《全宋诗》卷三七三九《蒲瀛集》，北京大学出版社1998年版，第71册，第45088页。

这便与孟云卿相关。据《唐诗纪事》载:"云卿与杜子美、元次山最善。"①《唐才子传·孟云卿》:"云卿,关西人。……尝流寓荆州,杜工部多有与云卿赠答之作,甚爱重之。"② 孟云卿和杜甫的交往,最早可追溯至乾元元年(758),杜甫在奔赴华州任时遇见了孟云卿,宴席之上杜作诗酬答。《酬孟云卿》:"乐极伤头白,更长爱烛红。相逢难衮衮,告别莫匆匆。但恐天河落,宁辞酒盏空。明朝牵世务,挥泪各西东。"③ 同年十二月,杜甫至洛阳,于湖城东遇见孟云卿,又作有《冬末以事之东都,湖城东遇孟云卿,复归刘颢宅宿宴,饮散因为醉歌》:"疾风吹尘暗河县,行子隔手不相见。湖城城东一开眼,驻马偶识云卿面。"④ 元结与孟云卿的交往更早,永泰元年(765)元次山作《送孟校书往南海》云:"平昌孟云卿,与元次山同州里,以辞学相友,几二十年。"乾元三年(760)元结在编《箧中集》时,就把孟云卿诗歌收录进来。或因为孟云卿关系,元结与杜甫在梓州相会。作此推测另一依据是广德二年(764)元结任道州刺史时作下诗歌《舂陵行》《贼退示官吏》两诗,杜甫则作有《同元使君〈舂陵行〉》,杜诗序曰:"览道州元使君结《舂陵行》兼《贼退后示官吏作》二首,志之曰:当天子分忧之地,效汉官良吏之目。今盗贼未息,知民疾苦,得结辈十数公,落落然参错天下为邦伯,万物吐气,天下小安可待矣。不意复见比兴体制,微婉顿挫之词。感而有诗,增诸卷轴。简知我者,不必寄元。"⑤ 何以杜甫见到元结诗并写下评诗但不寄给元结呢?那就是元结创作这两首诗并未直接寄给杜甫,杜甫是从他人手中见到元结诗的,故没有寄出的必要。杜甫从何人手中见到此诗?也应当是孟云卿。永泰元年孟云

---

① (宋)计有功撰,王仲镛校笺:《唐诗纪事校笺》卷二五《孟云卿》,中华书局2007年版,第844页。
② (元)辛文房撰,孙映逵校注:《唐才子传校注》卷二《孟云卿》,中国社会科学出版社1991年版,第223页。
③ 《杜诗详注》卷六《酬孟云卿》,第479—480页。
④ (唐)杜甫著,(清)仇兆鳌注:《杜诗详注》卷六《冬末以事之东都,湖城东遇孟云卿,复归刘颢宅宿宴,饮散因为醉歌》,中华书局1979年版,第500页。
⑤ (唐)杜甫著,(清)仇兆鳌注:《杜诗详注》卷一九,中华书局2007年版,第1691页。

卿经道州前往南海幕府之后,大约在大历二年(767)或稍前,孟云卿已抵达荆州,回归途中元结仍在道州刺史任,二人可能再次相见。孟云卿客荆州后,杜甫有诗相寄,《杜诗详注》卷一八《别崔潩因寄薛据孟云卿》,其中有句:"荆州过薛孟,为报欲论诗。"不难看出杜、孟之间有书信往来,元结诗歌当是从孟云卿手中辗转到杜甫手中。杜甫《同元使君〈舂陵行〉》也当创作于永泰元年或稍后,从杜甫见元诗而评来看,也可能因为二人在广德元年(763)曾相见,故二诗可为互证。

又杜甫《送元二适江左》有句"晋室丹阳尹,公孙白帝城。经过自爱惜,取次莫论兵",所谓"论兵"就是指研究军事和兵法。取次在这里当有轻易、随意之意。可以推测杜甫所送之"元二",不是普通之文人,而是能够领兵作战且具有武略之人。考元结安史之乱后,曾作《时议》三篇、《管仲论》等,阐述治国方略与用兵之道,有过多次领兵行为。《唐语林》载:"天宝之乱,元结自汝坟率邻里南投襄汉,保全者千余家。乃举兵宛、叶之间,有城守扞寇之力。"① 后来,又在荆南吕諲幕府任节度判官。上元元年(760),刘展反,据《资治通鉴·上元元年》载:(十一月)以展为都统淮南东、江南西、浙西三道节度使;密敕旧都统李峘及淮南东道节度使邓景山图之。……甲午,展陷润州。……丙申,展陷升州。"② 上元二年(761)元结以节度判官身份领荆南之兵镇于九江。其《与韦洪州书》就是论兵之作,其文曰:"某月日,荆南节度判官水部员外郎兼殿中侍御史元结顿首……端公前牒则请不交兵,端公后牒则请速交兵,如此,岂端公自察辨误耶?有小人惑乱端公耶?端公又云:'荆南将士侵暴。'端公岂能保荆南将士必侵暴乎?岂能保淮西将士必不侵暴乎?……某敢以此书献端公阁下。"最终,元结之兵得以进驻九江,阻止了刘展之兵的西进,由此

---

① (宋)王谠撰,周勋初校证:《唐语林校证》卷四《栖逸》,中华书局2008年版,第400页。
② (宋)司马光编著,胡三省音注:《资治通鉴》卷二二一《唐纪》三七,中华书局1956年版,第7097—7099页。

可见，元结擅长于用兵、论兵。广德元年（763）正月，史朝义兵败自谥，安史之乱平。故杜甫感慨战争给国家和人民带来的巨大灾难，和平来之不易，发出了不要再"论兵"的期望。而这一期望也正与元结同，他在《喻旧部曲》中写道："与之一杯酒，喻使烧戎服。兵兴向十年，所见堪叹哭。相逢是遗人，当合识荣辱。劝汝学全生，随我畬退谷。"元结自西蜀至江左，正要经历荆南与江西之地，也即元结曾领兵之地，故杜诗中"经过自爱惜，取次莫论兵"之说与元结领兵经历相符。

稍后，公自西蜀返鄂州，韦延安在鄂州刺史任，时王佐卿、崔异前往西蜀，刘湾与公则准备浪游吴中，刺史韦延安令四座作诗，命公为《序》，以送远行。

元结《谢上表》："臣某言：去年九月敕授道州刺史，属西戎侵轶，至十二月，臣始于鄂州授敕牒，即日赴任。"该文原注："广德二年道州进"，则元结在广德元年九月授道州刺史，此后不当有江左之行计划。本年元结有《别王佐卿序》，文中写道："癸卯岁，京兆王契佐卿年四十六，河南元结次山年四十五，时次山顷日浪游吴中，佐卿顷日去西蜀……与次山往者，有彭城刘湾。相醉相留，几日江畔。主人鄂州刺史韦延安令四座作诗，命予为序，以送远去。"癸卯岁即广德元年，元结在本年夏秋间可能以鄂州为中心进行过一次漫游，此次漫游先至沔州、西蜀与贾德方、杜甫相会，杜甫作诗相送，"乱后今相见，秋深复远行"与元结吴中之行在时间上具有一致性，然后元结自西蜀返回鄂州与刘湾同去吴中，鄂州刺史韦延安备宴相送，从《别王佐卿序》看吴中之行应当已成。又李华《登头陀寺东楼诗序》："侍御韦公延安威清江汉，舅氏员外象名高天下，宾主相待，贤乎哉！"①《元和姓纂》卷二："延安，鄂州刺史。"②

又据《唐诗纪事》卷二五："刘湾，字灵源，彭城人。天宝进士。

---

① （清）董诰编：《全唐文》卷三一五李华《登头陀寺东楼诗序》，中华书局1983年版，第3199页。

② （唐）林宝撰，岑仲勉校记：《元和姓纂》卷二《韦》，中华书局1994年版，第153页。

天宝之乱,以侍御史居衡阳。"① 刘湾所作诗,今存于《全唐诗》者,仅六首,代表作《云南曲》。

秋,公在吴中,或与刘长卿游支硎山寺。

此次吴中之行元结虽未留下诗歌,但从《别王佐卿序》:"时次山顷日浪游吴中,佐卿顷日去西蜀,对酒欲别,此情易耶?"看应当已经成行。又刘长卿有《陪元侍御游支硎山寺》,杨世明以为元侍御为元载,但非绝对。刘长卿广德元年秋在扬州,属于吴中地区,且刘长卿此前有较长时间居于苏州,在苏州有别墅,则陪元结游支硎山寺完全可能。又元结此前曾任侍御史,李嘉祐曾作《送元侍御还荆南幕府》,"元侍御"即指元结,且刘长卿另有《赠元容州》,此诗作于大历六年或稍前,诗写道:"旧游如梦里,此别是天涯。"② 可知元结和刘长卿在此前曾有过交游,极有可能就是指此次吴中之游。

---

① (宋)计有功撰,王仲镛校笺:《唐诗纪事校笺》卷二五《刘湾》,中华书局2007年版,第818页。
② (唐)刘长卿撰,杨世明校注:《刘长卿集编年校注》,人民文学出版社1999年版,第336页。

十二　一任道州刺史

763 癸卯
广德元年　公四五岁

九月，上以公居贫，授道州刺史，逢道州战乱，公不得行。约此前后，公在鄂州。

颜真卿《元君表墓碑铭并序》："及家樊上……岁余，上以君居贫，起家为道州刺史。州为西原贼所陷，人十无一，户才满千。"元结《谢上表》："臣某言：去年九月敕授道州刺史，属西戎侵轶，至十二月，臣始于鄂州授敕牒，即日赴任。"按：元结宝应元年居于樊上，至此正好岁余。又该文原注："广德二年道州进。"此表言"去年九月"当指本年。《新唐书·元结传》："久之，拜道州刺史。"又据《旧唐书·地理三》："道州中，隋零陵郡之永阳县。武德四年，平萧铣，置营州，领营道、江华、永阳、唐兴四县。……天宝元年，改为江华郡。乾元元年，复为道州。"①

冬，西原蛮攻陷道州，道州百姓十不遗一。公后有诗提及此事。

颜真卿《元君表墓碑铭并序》："州为西原贼所陷，人十无一，户才满千。"《新唐书·代宗纪》："（广德元年）西原蛮陷道州。"②《新唐书·西原蛮传》："其种落张侯、夏永与夷獠梁崇牵、覃问及西原酋长吴功曹复合兵内寇，陷道州，据城五十余日。"③

---

① （后晋）刘昫等：《旧唐书》卷四〇《地理三》，中华书局1975年版，第1616页。
② （宋）欧阳修、宋祁：《新唐书》卷六《代宗纪》，中华书局1975年版，第169页。
③ （宋）欧阳修、宋祁：《新唐书》卷二二二下《西原蛮传》，中华书局1975年版，第6329页。

元结《奏免科率状》:"臣当州被西原贼屠陷,贼停留一月余日,焚烧粮储屋宅,俘掠百姓男女,驱杀牛马老少,一州几尽。贼散后,百姓归复,十不存一,资产皆无,人心嗷嗷,未有安者。"元结《舂陵行序》言及道州遭受战争破坏之重:"道州旧四万余户,经贼已来,不满四千,大半不胜赋税。"其诗也曰:"州小经乱亡,遗人实困疲。大乡无十家,大族命单羸。朝餐是草根,暮食是木皮。出言气欲绝,言速行步迟。追呼尚不忍,况乃鞭扑之!""去冬山贼来,杀夺几无遗。所愿见王官,抚养以惠慈。奈何重驱逐,不使存活为!"《舂陵行》作于广德二年,诗中称"去冬山贼来",当指本年冬。又其《刺史厅记》曰:"自至此州,见井邑丘墟,生人几尽。"又《贼退示官吏》:"癸卯岁,西原贼入道州,焚烧杀掠,几尽而去。"也是指此事。

十一月左右,桂管经略使邢济平西原蛮,执其酋长吴功曹等。

《新唐书·西原蛮传》:"其种落张侯、夏永与夷獠梁崇牵、覃问及西原酋长吴功曹复合兵内寇,陷道州,据城五十余日。桂管经略使邢济击平之,执吴功曹等。"①《新唐书·代宗纪》:"(上元元年)西原蛮寇边,桂州经略使邢济败之。"② 按:西原蛮攻道州在九月,十月(元结谓冬)前后道州城陷,据城五十余日,则到了十一月左右。元结十二月赴道州刺史任,则十二月前邢济已平西原蛮。

十二月,公始自鄂州赴道州任。然湖南都团练观察使已差官摄道州刺史,公因此于道路逗留三月。

元结《谢上表》:"臣某言:去年九月敕授道州刺史,属西戎侵轶,至十二月,臣始于鄂州授敕牒,即日赴任。"又元结《舂陵行》:"癸卯岁,漫叟授道州刺史。"又据《谢上表》:"臣州先被西原贼屠陷,节度使已差官摄刺史,兼又闻奏。臣在道路,待恩命者三月。"

---

① (宋)欧阳修、宋祁:《新唐书》卷二二二下《西原蛮传》,中华书局1975年版,第6329页。

② (宋)欧阳修、宋祁:《新唐书》卷六《肃宗纪》,中华书局1975年版,第163页。

十二 一任道州刺史

本年，崔瓘在澧州刺史任，风化大行，闻于有司，优诏特加五阶，公后作《崔潭州表》提及此事。

《旧唐书·崔瓘传》："累迁至澧州刺史，下车削去烦苛，以安人为务。居二年，风化大行，流亡襁负而至，增户数万。有司以闻，优诏特加五阶，至银青光禄大夫，以甄能政。"①《册府元龟》卷六七三："崔瓘为澧州刺史……居二年，风化大行，流亡襁负而至，增户数万。有司以闻，代宗宝应二年优诏特加五阶至银青光禄大夫。"② 元结《崔潭州表》："公前在澧州，谣颂之声，达于朝廷，褒异之诏，与人为程。"也当是指此事。

764 甲辰

广德二年　公四六岁

正月，立雍王适为太子。

《新唐书·代宗纪》："二年正月丙午，诏举堪御史、谏官、刺史、县令者。乙卯，立雍王适为皇太子。"③《资治通鉴·广德二年》："（正月）乙卯，立雍王适为皇太子。"④《旧唐书·代宗纪》所载同。

二月，朝廷大赦天下，时公正在赴道州任途中，闻之，作《广德二年贺赦表》。

《新唐书·代宗纪》："（二月）癸酉，朝献于太清宫。甲戌，朝享于太庙。乙亥，有事于南郊。己丑，大赦。"⑤

元结《广德二年贺赦表》："臣某言：伏奉某月日赦，宣示百姓讫。……臣方领陛下州县，守陛下符节，不得称庆下位，蹈舞阙庭，不任欢恋之至，谨遣某官奉表陈贺以闻。"按：表中提及"臣方领陛下州

---

① （后晋）刘昫等：《旧唐书》卷一一五《崔瓘传》，中华书局1975年版，第3375页。
② （宋）王钦若等编纂：《册府元龟》卷六七三《牧守部》三，凤凰出版社2006年版，第7755页。
③ （宋）欧阳修、宋祁：《新唐书》卷六《代宗纪》，中华书局1975年版，第170页。
④ （宋）司马光编著，（元）胡三省音注：《资治通鉴》卷二二三《唐纪》三九，中华书局1956年版，第7160页。
⑤ （宋）欧阳修、宋祁：《新唐书》卷六《代宗纪》，中华书局1975年版，第170页。

县",当作于赴道州任途中。

本月前后,公在岳州,有游洞庭君山经历。

元结《石鱼湖上醉歌》其序曰:"意疑倚巴丘酌于君山之上,诸子环洞庭而坐。"诗曰:"石鱼湖,似洞庭,夏水欲满君山青。……我持长瓢坐巴丘,酌饮四坐以散愁。"该诗作于道州刺史任上,从诗可以看出,元结曾游历过洞庭君山,而岳州是前往道州必经之路,元结曾在道逗留三月,过岳州游洞庭必在此期间。

五月二十二日,公抵道州,作《谢上表》,《表》中论及道州及岭南地区西原蛮叛乱情况及应对之策,对朝廷任用刺史提出了建议。公下车后,行古人之政。

元结《谢上表》:"臣某言:……臣在道路,待恩命者三月,臣以五月二十二日到州上讫。"又言及道州遭受战争破坏之重:"耆老见臣,俯伏而泣;官吏见臣,以无菜色。城池井邑,但生荒草;登高极望,不见人烟。岭南数州,与臣接近,余寇蚁聚,尚未归降。"又言及朝廷应谨择刺史:"则刺史宜精选谨择,以委任之,固不可拘限官次,得之货贿,出之权门者也。凡授刺史,特望陛下一年问其流亡归复几何,田畴垦辟几何;二年问畜养比初年几倍;可税比初年几倍;三年计其功过,必行赏罚,则人皆不敢冀望侥幸,苟有所求。"

又《刺史厅记》《县令箴》当作此稍后。

元结《刺史厅记》:"天下太平,方千里之内,生植齿类,刺史乃存亡休戚之系。天下兵兴,方千里之内,能保黎庶,能攘患难,在刺史尔。凡刺史若无文武才略,若不清廉肃下,若不明惠公直,则一州生类,皆受灾害。"指出了刺史的重要性,这与《谢上表》一致,盖元结初任刺史时,深感责任重大,故有是《记》。又言及百姓所受压迫之苦:"数年之间,苍生蒙以私欲侵夺,兼之公家驱迫,非奸恶强富,殆无存者。"又言:"故为此《记》,与刺史作戒。"其实也是与己作戒。

吕温在《道州刺史厅后记》中写道:"贤二千石河南元结字次山,自作《道州刺史厅事记》,既彰善而不党,亦指恶而不诬,直举胸臆,用为鉴戒。昭昭吏师,长在屋壁,后之贪虐放肆以生人为戏者,独不愧于心乎？"①

元结《刺史厅记》作于广德二年（764）五月任道州刺史稍后，其《县令箴》也应作于同时，《刺史厅记》为元结自警之辞，《县令箴》则为警他人之辞，故文当作于广德二年（764）五月任道州刺史稍后。《县令箴》主张："烦则人怨，猛则人惧。勿以赏罚，因其喜怒。太宽则慢，岂能行令。太简则疏，难与为政。既明且断，直焉无情。清而且惠，果然必行。"元结任道州刺史曾多次巡属县，充分认识到了县令对一县之民的重要性。

本月左右，瀼溪之邻王及入公幕，公与之相从游。

元结《送王及之容州序》："有王及者，异夫乡人焉……叟在春陵，及能相从游，岁余而去。"按：元结本年五月始到任，而王及"岁余而去"，永泰元年夏元结离道州刺史任，则王及入元结幕当在到任后不久。

夏或稍前，以衡、潭、邵、永、道五州隶湖南观察使。御史中丞孟皞为衡州刺史、湖南观察使。

《新唐书·方镇四》："荆南节度罢领忠、涪二州，以衡、潭、邵、永、道五州隶湖南观察使。"②《新唐书·方镇六》："置湖南都团练守捉观察处置使，治衡州，领衡、潭、邵、永、道五州，治衡州。"③ 又《新唐书·方镇六》："（上元二年）废衡州防御使。废韶、连、郴都团练使，三州复隶岭南节度。"④ 本年始复，元结《茅阁记》言孟皞"镇湖南"，当在"置湖南都团练守捉观察处置使"后。元结《茅阁记》作于永泰元年夏，又言孟皞镇湖南"将二岁矣"，其镇湖南当在本年夏或稍前。按：孙谱以为任湖南观察使的为孟彦深，且时间在广德元年，实误。孟彦深宝应二年尚在武昌令上，不可能数月之间能自一县令升至湖南观察使。《全唐文》卷五二一梁肃《处州刺史李公（舟）墓志铭》：

---

① （清）董诰编：《全唐文》卷六二八吕温《道州刺史厅后记》，中华书局1983年版，第6339页。
② （宋）欧阳修、宋祁：《新唐书》卷六七《方镇四》，中华书局1975年版，第1873页。
③ （宋）欧阳修、宋祁：《新唐书》卷六九《方镇六》，中华书局1975年版，第1937页。
④ （宋）欧阳修、宋祁：《新唐书》卷六九《方镇六》，中华书局1975年版，第1936页。

"二十余以金吾掾假法冠为孟侯皞湖南从事。"① 可知孟皞曾为湖南观察史。

七月，公在道州刺史任，诸使征求符牒纷至，达二百余封。公有感征赋之重，作《舂陵行》以达下情。

元结《舂陵行》，其序言："癸卯岁，漫叟授道州刺史，……到官未五十日。"按：元结"五月二十二日到州上讫"。五十日后已至七月。《舂陵行》又言及征敛之急。序言："承诸使征求符牒二百余封，皆曰：'失其限者，罪至贬削。'"诗曰："军国多所需，切责在有司。有司临郡县，刑法竟欲施。供给岂不忧？征敛又可悲。""邮亭传急符，来往迹相追。更无宽大恩，但有迫促期。欲令鬻儿女，言发恐乱随。悉使索其家，而又无生资。"诗人对此感到两为其难，"若悉应其命，则州县破乱，刺史欲焉逃罪；若不应命，又即获罪戾，必不免也"。最后表达了要为民请命，序言："吾将守官，静以安人，待罪而已。此州是舂陵故地，故作《舂陵行》以达下情。"诗言："安人天子命，符节我所持。州县忽乱亡，得罪复是谁？逋缓违诏令，蒙责固所宜。前贤重守分，恶以祸福移。亦云贵守官，不爱能适时。顾惟孱弱者，正直当不亏。何人采国风，吾欲献此辞。"

公到任后，招辑流亡，率劝贫弱，保守城邑，畲种山林，又上《奏免科率状》，帝许之，道州之民得以生息。

颜真卿《元君表墓碑铭并序》："君下车行古人之政。"元结《谢上表》："臣见招辑流亡，率劝贫弱，保守城邑，畲种山林，冀望秋后少可全活。"又《奏免科率状》："伏望天恩，自州未破已前，百姓久负租税，及租庸等使所有征率和市杂物，一切放免。自州破已后，除正租、正庸及准格式合进奉征纳者，请据见在户征送，其余科率并请放免。容其见在百姓产业稍成，逃亡归复，似可存活，即请依常例处分。"《奏免科率状》还论及道州之民遭战争破坏之惨状："臣当州被

---

① （清）董诰编：《全唐文》卷五二一梁肃《处州刺史李公墓志铭》，中华书局1983年版，第5293页。

西原贼屠陷，贼停留一月余日，焚烧粮储屋宅，俘掠百姓男女，驱杀牛马老少，一州几尽。贼散后，百姓归复，十不存一，资产皆无，人心嗷嗷，未有安者。"又论及未敢征率原因："若依诸使期限，臣恐坐见乱亡。今来未敢征率，伏待进止。又岭南诸州，寇盗未尽，臣州是岭北界，守捉处多，若臣州不安，则湖南皆乱。"按：《奏免科率状》后有原注："广德二年奏，敕依。"则元结所奏，帝许之。《奏免科率状》："臣自到州，见庸租等诸使文牒，令征前件钱物送纳。"与《舂陵行》其序言："承诸使征求符牒二百余封，皆曰：'失其限者，罪至贬削。'"一致，故公之所奏，当于《舂陵行》相前后。

《新唐书·元结传》对此事也有记载："久之，拜道州刺史。初，西原蛮掠居人数万去，遗户才四千，诸使调发符牒二百函，结以人困甚，不忍加赋，即上言：'臣州为贼焚破，粮储、屋宅、男女、牛马几尽。今百姓十不一在，耄孺骚离，未有所安。岭南诸州，寇盗不尽，得守捉候望四十余屯，一有不靖，湖南且乱。请免百姓所负租税及租庸使和市杂物十三万缗。'帝许之。"按：《新唐书·元结传》所载文，与元结《奏免科率状》文字有所不同，但其意略同，盖为意引。

约此前后，西原蛮复围道州，公固守之，不克，继而攻永州，破邵州。公有诗记之。

元结《贼退示官吏》序言："癸卯岁，西原贼入道州。……明年，贼又攻永，破邵，不犯此州边鄙而退。岂力能制敌欤？盖蒙其伤怜而已。"《贼退示官吏》诗中也言："今来典斯郡，山夷又纷然。城小贼不屠，人贫伤可怜。是以陷邻境，此州独见全。"元结《奏免科率等状》："去年又贼逼州界，防捍一百余日。贼攻永州，陷邵州，臣州独全者，为百姓捍贼。"该文下有原注："永泰二年奏，敕依。"颜真卿《元君表墓碑铭并序》："贼亦怀畏，不敢来犯。"又《新唐书·西原蛮传》："桂管经略使邢济击平之，执吴功曹等。余众复围道州，刺史元结固守不能下，进攻永州，陷邵州，留数日而去。"① 按：西原蛮仅围道州而去，固然与"城小贼不屠"相关，也与去年冬西原蛮已将道州掠夺殆尽相关，同时也与元结固守道州城相关。

诗中又言及官不如寇的现实："使臣将王命，岂不如贼焉？令彼征敛者，迫之如火煎。谁能绝人命，以作时世贤！"面对这种现实，诗人情愿弃官而去，过一种隐居生活："思欲委符节，引竿自刺船。将家就鱼麦，归老江海边。"

秋，公友苏源明卒于秘书少监任上，杜甫有诗哭之；是时公在道州刺史任，约此稍后，公分其宅恤苏源明子，以示知己之恩。

《新唐书·苏源明传》："帝嘉其切直，遂罢东幸。后以秘书少监卒。源明雅善杜甫、郑虔，其最称者元结、梁肃。"② 可知苏源明在乾元二年后卒。又杜甫有诗《哭台州郑司户苏少监》："故旧谁怜我，平生郑与苏。存亡不重见，丧乱独前途。……疟病餐巴水，疮痍老蜀都。飘零迷哭处，天地日榛芜。"③ 又有《怀旧》："地下苏司业，情亲独有君。那因丧乱后，便有死生分。老罢知明镜，归来望白云。自从失辞伯，不复更论文。"④ 则杜甫居成都时苏源明亡。杜甫又有《故秘书少监武功苏公源明》："结交三十载，吾与谁游衍？荥阳复冥莫，罪罟已横罥。呜呼子逝日，始泰则终蹇。"⑤ 据闻一多《少陵年谱会笺》：（广德二年）"郑虔、苏源明相继卒。"今从之。

颜真卿《元君表墓碑铭并序》："感中行见知之恩，及亡，至今分宅以恤其子。"中行，苏源明号。《故秘书少监武功苏公源明》："秘书

---

① （宋）欧阳修、宋祁撰：《新唐书》卷二二二下《西原蛮传》，中华书局1975年版，第6329页。

② （宋）欧阳修、宋祁撰：《新唐书》卷二〇二《苏源明传》，中华书局1975年版，第5773页。

③ （唐）杜甫著，（清）仇兆鳌注：《杜诗详注》卷一四《哭台州郑司户苏少监》，中华书局1979年版，第1190—1192页。

④ （唐）杜甫著，（清）仇兆鳌注：《杜诗详注》卷一四《怀旧》，中华书局1979年版，第1189页。

⑤ （唐）杜甫著，（清）仇兆鳌注：《杜诗详注》卷一六《八哀诗》，中华书局1979年版，第1408页。

茂松色，再扈祠坛堙。前后百卷文，枕藉皆禁脔。"① 《新唐书·艺文四》则曰："《苏源明前集》三十卷。"② 然不载其后集，则杜甫所谓"前后百卷文"不虚。然其诗文大部分散佚，《全唐诗》存诗二首，《全唐文》存文五篇。

765 乙巳

永泰元年　公四七岁

正月，改广德三年为永泰元年，大赦天下。时公在道州刺史任，作《永泰元年贺赦表》。

《旧唐书·代宗纪》："永泰元年春正月癸巳朔，制曰：'叶五纪者，建号以体元；授四时者，布和而顺气。天心可见，人欲是从，爰立大中之道，式受惟新之命。朕嗣膺下武，获主万方，顾以薄德，乘兹艰运，戎麾问罪，今已十年。……今将大振纲维，益明惩劝，肇举改元之典，弘敷在宥之泽，可大赦天下，改广德三年为永泰元年。'"③《资治通鉴·永泰元年》："春，正月，癸卯朔，改元；赦天下。"④ 元结《永泰元年贺赦表》："臣某言：某月日恩赦至州，宣示百姓讫。百姓贫弱者多，劳苦日久，忽蒙惠泽，更相喜贺，欢呼忭跃，不自禁止。……臣方守州县，不得蹈舞阙庭，无任欢忻之至。谨奉表陈贺以闻。"

本月或稍后，公前往延唐祭山，游无为洞，宿无为观，有诗作；又篆刻"无为洞"于洞壁。

宋王象之《舆地碑记目·道州碑记》卷二："无为洞篆刻。洞在宁远之舜溪碧虚洞，元次山《铭》。"⑤ 宋祝穆《方舆胜览》卷二四：

---

① （唐）杜甫著，（清）仇兆鳌注：《杜诗详注》卷一六《八哀诗》，中华书局1979年版，第1405—1406页。
② （宋）欧阳修、宋祁：《新唐书》卷六〇《艺文四》，中华书局1975年版，第1603页。
③ （后晋）刘昫等：《旧唐书》卷一一《代宗纪》，中华书局1975年版，第277—278页。
④ （宋）司马光编著，（元）胡三省音注：《资治通鉴》卷二二三《唐纪》三九，中华书局1956年版，第7172页。
⑤ （宋）王象之编著，赵一生点校：《舆地碑记目》卷二《道州碑记》，浙江古籍出版社2013年版，第60页。

"碧虚洞：水流通碧桥，南注舜溪，亦名嘉鱼洞，其实碧虚池也。元次山名曰无为洞，篆刻在焉。"①明李贤等撰《明一统志》卷六五、明弘治《永州府志》卷二、清雍正迈柱等监修《湖广通志》卷八、清光绪曾国荃等修《湖南通志》卷一九等所载同。（民）陆增祥撰《八琼室金石补正》卷九五有详细记载："元结无为洞题字：拓本二纸，一高三尺五寸，广一尺一寸，三大字，字长径一尺二寸；一高一尺一寸，广九寸，五行，行一四字，字长径二寸许，具篆书。"②其释文如下：

无为洞

广德三年刺史元结因祭山，名此洞曰无为洞。

其后有考辨："右无为洞元结题字，洞阻于水崖壁，古刻从无椎拓者。余始属谭仲维拶拓之，今甲戌夏旱，故得施工也。按：《方舆胜览》云：'紫虚洞（宗篠楼谓即无为洞）有石穴上通于天，有元次山永泰年题名。天圣中，寺僧云亮于洞前百步筑堤，为塘，潴水溉田，洞遂为池。'据此，则洞之阻水已历数百年，无怪金石家之不得一见矣。所谓石穴题名者，其即是刻欤。又何志伟《九疑山记》云：'永福寺旁即无为洞，洞门旁刻元次山诗，惜漫灭不能读。'其亦即此刻欤？《志》称'无为洞天'四字，今拓本无天字，志不足据，文云'名此洞曰无为洞'。《格古要论》以为改称者殊未有据，广德二年即永泰元年，是年正月癸巳，改永泰癸巳，为朔日祭山当在二月，其时改元之诏殆尤未至道州也。"③但"广德二年即永泰元年"错误，实际上改元发生在广德三年，石刻无误。

又据陆增祥撰《八琼室金石补正》卷九五转引自《湖南通志》："据《九疑山志》，有宋治平四年沈绅与蒋之奇取元次山无为洞天四字，

---

① （宋）祝穆撰，（宋）祝洙增订：《方舆胜览》卷之二四《道州》，中华书局2003年版，第439页。

② （清）陆增祥：《八琼室金石补正》卷五九，国家图书馆善本金石组编《隋唐五代石刻全编》，北京图书馆出版社2003年版，第1册，第396页。

③ （清）陆增祥：《八琼室金石补正》卷五九，国家图书馆善本金石组编《隋唐五代石刻全编》，北京图书馆出版社2003年版，第1册，第396—397页。

正其体，篆刻于岩窦云云，则结所题实系无为洞天四字，非无为洞也。"① 但此说颇晚，主要见于清代方志，且错误处颇多，如清光绪元年张大煦《宁远县志》卷四："碧虚洞，水通碧虚桥，注舜溪。其水有嘉鱼，亦名嘉鱼洞。生白孩儿莲。元次山名曰无为洞。去二十里，有石穴仰见天光，有次山题名，李峤篆刻：'无为洞天'。"② 同书卷七又说："（元结）至碧虚洞，题'无为洞天'四字。"③ 考今永福寺内，有洞一，其旁有悬泉瀑布，颇具气势，其水为舜溪之源，泉瀑旁石壁上青苔斑驳，"无为洞"三字依稀可见；又自无为洞左侧沿山路直上有二十米（非二十里），有洞曰碧虚洞，洞内干涸，内与无为洞通，洞口有"碧虚洞"三字，然不见"无为洞天"四字，或年代久远，字已磨灭。一说"无为洞天"四字已移至紫霞洞，然摩崖之字，不当轻易能移动。

又元结《无为洞作》："无为洞口春水满，无为洞傍春云白。"当在春。又"洞傍山僧皆学禅，无求无欲亦忘年"，则无为洞傍当建有寺庙，据清光绪元年张大煦编纂《宁远县志》："永福寺，在九疑舜祠之右，旧名无为寺，又名报恩寺。相传南齐敕建，以卫舜祠。宋太平兴国五年易名。元丰间，以为禅寺。国朝顺治甲午，僧莹白募化，张志铭重建。"元结又有《宿无为观》："九疑山深几千里，峰谷崎岖人不到。山中旧有仙姥家，十里飞泉绕丹灶。如今道士三四人，茹芝炼玉学轻身。霓裳羽盖傍临壑，飘飘似欲来云鹤。"清光绪元年刊本《宁远县志》卷一二："无为观：在麓床山舜祠侧，王妙想辟谷处。梁大（太）清中建，绍兴初重修，今废。"按，今天道观、寺庙之分布，山上多为道观，山下多为寺庙，则无为观在山上，无为寺在山脚，也即无为洞傍。

春，公在道州刺史任，以虞舜葬于苍梧九疑之山，立舜祠于州西之山南，又作《舜祠表》，江华令瞿令问篆刻石上。

---

① （清）陆增祥：《八琼室金石补正》卷五九，国家图书馆善本金石组编《隋唐五代石刻全编》，北京图书馆出版社2003年版，第1册，第396页。
② （清）张大煦：《宁远县志》卷四上《山川》，台湾成文出版社影印光绪元年刊本，1975年，第237—238页。
③ （清）张大煦：《宁远县志》卷七《人物》，台湾成文出版社影印光绪元年刊本，1975年，第562页。

元结《舜祠表》："有唐乙巳岁，使持节道州诸军事守道州刺史元结，以虞舜葬于苍梧九疑之山，在我封内，是故申明前诏，立祠于州西之山南，已而刻石为表。"按：本年为乙巳岁，又本年夏元结罢道州刺史北归，故立舜祠及作表当在此前。又据光绪三年修《道州府志》："虞山在学后，唐元结立舜庙于此。……《舆地碑目》：虞帝庙在州学西，唐元结作《舜庙状》及《舜祠表》，俱江华令瞿令问篆刻石上。……今庙废，二碑尚存，山壁俱磨灭不可辨，今存虞山二大字。"按：元结所立舜祠，非在宁远，而在今道县右溪附近。元结另有《游右溪劝学者》："小溪在城下，形胜堪赏爱。尤宜春水满，水石更殊怪。长山势回合，井邑相萦带。石林绕舜祠，西南正相对。"可见舜祠在右溪附近。

《表》对虞舜之德进行了颂扬："于戏！孔氏作《虞书》，明大舜德及生人之至则，大舜于生人，宜以类乎天地。生人奉大舜，宜万世而不厌。"同时亦对舜帝南巡之说提出了怀疑："呜呼！在有虞氏之世，人民可夺其君耶？人民于大舜，能忘而不思耶？何为来而不归？何故死于空山？吾实惑而作《表》。来者游于此邦，登乎九疑，谁能不惑也欤？"

春或稍后，公在道州，游右溪，作《右溪记》，又有诗劝学者，勉励他们崇尚儒雅之道。

元结《游右溪劝学者》："石林绕舜祠，西南正相对。"元结《舜祠表》："有唐乙巳岁，使持节道州诸军事守道州刺史元结，以虞舜葬于苍梧九疑之山，在我封内，是故申明前诏，立祠于州西之山南。"故文当作于立舜祠稍后。又曰："阶庭无争讼，郊境罢守卫。"当在西原蛮攻永州、破邵州后不久。又曰："尤宜春水满，水石更殊怪。"故此当作于永泰元年（765）春。

又元结《右溪记》："道州城西百余步有小溪，南流数十步合营溪，水抵两岸，悉皆怪石，欹嵌盘屈，不可名状。"又言："为溪在州右，遂命之曰'右溪'，刻《铭》石上，彰示来者。"该文表明，这是元结初发现右溪之时，故该文当作于《游右溪劝学者》前。又元结不仅有《右溪记》，还当有《右溪铭》，然诸本未见，盖已佚。宋祝穆撰《方舆胜览》卷二四:"右溪:在城西。水流石间,元次山名之,有《游右溪劝学者》诗。薛伯高即其旁建学,溪在学之东。"①

夏,王及离开道州,前往梧州,依附容管经略使、容州刺史耿慎惑。离开道州时,公与二三子赋诗送之,公又为之作《序》,对其规劝之。

元结《送王及之容州序》:"(王及)将行,规之曰:'叟爱及者也,无惑叟言。及方壮,可强艺业,勿以游方为意。人生若不能师表朝廷,即当老死山谷。彼驱驱于财货之末,局局于权势之门,纵得钟鼎,亦胡颜受纳,行矣自爱!'"又曰:"二三子赋送远之什,以系此云。"

又据《送王及之容州序》:"耿容州欢于叟者,及到容州,为叟谢主人。闻幕府野次久矣,正宜收择谋夫,引信才士,有如及也,能收引乎?"按:耿容州,即耿慎惑。《旧唐书·王翃传》:"岭南溪洞夷獠乘此相恐为乱,其首领梁崇牵自号'平南十道大都统',及其党覃问等,诱西原贼张侯、夏永攻陷城邑,据容州。前后经略使陈仁琇、李抗、侯令仪、耿慎惑、元结、长孙全绪等,虽容州刺史,皆寄理藤州,或寄梧州。"②可知,耿容州即耿慎惑。有据元结《序》:"幕府野次久矣,正宜收择谋夫,引信才士。"可知耿慎惑任容州刺史时,容州仍被西原蛮占据。据《旧唐书·王翃传》,元结在耿慎惑之后为容州刺史,元结寄理梧州,耿慎惑或当寄理梧州。故王及当往梧州而非容州。

又元结《送王及之容州序》:"叟在舂陵,及能相从游,岁余而去。"元结广德二年五月到任,《序》言"岁余而去"又本年夏,元结已至衡州,故王及离道州当在元结罢道州刺史前。

夏,公罢道州刺史北归,公在道州两年,颇有政绩,道州之民不再流亡,且略有归复,但道州依然还存在一些问题,公也常处病中。

---

① (宋)祝穆撰,(宋)祝洙增订:《方舆胜览》卷二四《湖南路》,中华书局2003年版,第439—440页。

② (后晋)刘昫等:《旧唐书》卷一五七《王翃传》,中华书局1975年版,第4143—4144页。

颜真卿《元君表墓碑铭并序》："君下车，行古人之政，二年间，归者万余家。"然作于永泰二年《再谢上表》言："臣前日在官，虽百姓不至流亡，而归复者十无一二。"不知何者为是，今姑从《再谢上表》。又《再谢上表》言："寇盗不犯边鄙……人吏似从教令。"皆在本阶段任道州刺史任上所为。《再谢上表》言："不能兵救邻州……赋敛仅能供给……风俗未能移易。……水旱灾沴，每岁不免；疾疫死伤，臣州尤甚。"《再谢上表》言："臣又多病，不无假故。"

夏，公或过平阳戍，有铭作。

《寒泉铭》，其序曰："湘江西峰直平阳江口，有寒泉出于石穴。峰上有老木寿藤，垂阴泉上。近泉堪碱维大舟，惜其蒙蔽，不可得见。踟蹰行修，其水本无名称也。为其当暑大寒，故命曰寒泉。"又其铭曰："于戏寒泉，瀛瀛江渚。堪救渴喝，人不之知。当时大暑，江流若汤。寒泉一掬，能清心肠。谁谓仁惠，不在兹水？舟楫尚存，为利未已。"按：序言及湘江，另有平阳江，然"平阳江"已无可考，又据谭其骧《中国历史地图集》，唐时衡州境内有平阳戍，在湘江西侧，与序所记颇合。一说平阳江在今浯溪碑林附近。元结夏经衡州一次在广德二年（764），一次在永泰元年（765），而广德二年夏元结尚在赴道州刺史途中，不大可能作铭刻石，现姑系于永泰元年罢道州刺史北归时作。

夏，公在衡阳，与刘湾月夜宴会，作诗及序，抨击当时文风。

元结《刘侍御月夜宴会序》："兵兴已来，十一年矣。获与同志欢醉达旦，咏歌取适，无一二焉。乙巳岁，彭城刘灵源在衡阳，逢故人或有在者，日夕相会，第欢远游。"按：安史之乱于天宝十四载（755）爆发，至今十一年，又曰"乙巳岁"，当作于本年。又广德元年八月，元结与刘湾在鄂州相会，故有"逢故人或有在者""踟蹰为故人，且复停归船"之说。又诗中有"愚爱凉风来，明月正满天。河汉望不见，几星犹粲然"之句，当作于本年夏。诗中有"我从苍梧来，将耕旧山田"，则指元结罢道州刺史北归。

序中元结对当时文风进行了批判，提出了要恢复文道、倡导风雅之风："于戏！文章道丧盖久矣，时之作者，烦杂过多，歌儿舞女，且相喜爱，系之风雅，谁道是耶？诸公尝欲变时俗之淫靡，为后生之规范，今夕岂不能道达情性，成一时之美乎？"

夏，公在衡州，时御史中丞孟皞镇湖南，建茅阁，诸公集于茅阁，作歌咏之。公为之作记，又有《题孟中丞茅阁》诗。

元结《茅阁记》："乙巳中，平昌孟公镇湖南，将二岁矣。以威惠理戎旅，以简易肃州县，刑政之下，则无挠人。"又言："长风寥寥，入我轩槛；扇和爽气，满于阁中。世传衡阳暑湿郁蒸，休息于此，何为不然？今天下之人，正苦大热，谁似茅阁，荫而庥之？"当作于本年夏。又《题孟中丞茅阁》："及观茅阁成，始觉形胜殊。凭轩望熊湘，云榭连苍梧。天下正炎热，此然冰雪俱。"宋王象之《舆地碑记目》卷二："元次山《茅阁记》。在子城西。永泰二年记。"① 按："乙巳中"为永泰元年，《舆地碑记目》误。

孟云卿本年任校书郎，夏，赴广州南海杨慎微幕，过衡州，公等有诗相送，公为之作《序》，盛赞其才。又公有旧友乐安任鸿在杨慎微幕，公于《序》中有提及。

元结《送孟校书往南海序》："次山今罢守舂陵，云卿始典校芸阁。"按：元结与孟云卿于衡阳相会，乃衡阳为往广州必经之地，据元结《茅阁记》："乙巳中，平昌孟公镇湖南。"则孟皞与孟云卿同为昌平人，故孟云卿至衡州后稍作停留。而此时元结罢守道州刺史，夏在衡州。又"平昌孟云卿，与元次山同州里。以辞学相友，几二十年"，故元结得与其在衡州相聚。其诗曰"忽喜海风来，海帆又欲张"，当作于本年夏。又据《唐刺史考·广州》，杨慎微（眘微）于广德二年（764）至大历二年（767）在广州刺史、岭南节度观察使任。又序中有："南海幕府有乐安任鸿，与次山最旧。"任鸿生平不见于他史料。

---

① （宋）王象之编著，赵一生点校：《舆地碑记目》，浙江古籍出版社2013年版，第59页。

九月或稍后，公在衡州，时潭州刺史崔瓘去官，公应衡州司功参军郑浉之请，作《崔潭州表》。崔瓘在潭州刺史任颇有政绩，观察使孟皞奏课第一。公在表中对崔瓘政绩多有赞誉，也为崔瓘去官原因多有辩解。

元结《崔潭州表》："乙巳岁，潭州刺史崔瓘去官，州人衡州司功参军郑浉为乡人某等请余为崔公作表。……时艰道远，州人等不得诣阙冤诉，且欲刻石立表，以彰盛德。"按：《崔潭州表》："会国家以犬戎为虞，未即征拜，使苍生正暍而去其庥荫，使苍生正渴而敝其清源。"《资治通鉴·永泰元年》："（九月）仆固怀恩诱回纥、吐蕃、吐谷浑、党项、奴剌数十万众俱入寇，令吐蕃大将尚结悉赞摩、马重英等自北道趣奉天，党项帅任敷、郑庭、郝德等自东道趣同州，吐谷浑、奴剌之众自西道趣盩厔，回纥继吐蕃之后，怀恩又以朔方兵继之。"① 故此表作于本年九月稍后，表应衡州司功参军郑浉之请而作，故元结九月左右仍在衡州。

元结在《表》中，对崔瓘在潭州刺史任上的政绩进行了肯定："及领此州，在今日能使孤老寡弱无悲忧，单贫困穷安其乡，富豪强家无利害，贾人就食之类，各得其业，职役供给，不匮人而当于有司。若非清廉而信，正直而仁，则不能至，于观察御史中丞孟公奏课又第一。"崔瓘之去官，非正常考课之去官，或有人污其贪腐："时艰道远，州人等不得诣阙冤诉。"故《表》中有替崔瓘辩解的文字："刺史，有土官也，千里之内，品刑之属，不亦多乎？岂可令凶竖暴类、贪夫奸党以货权家而至此官！如崔公者，岂独真刺史耳？郑浉之为，岂苟媚其君而私于州里耶？盖惧清廉正直之道溺于时俗，君子遗爱之心，不显来世，故采其意而已矣。"又据郁贤皓《唐刺史考·澧州》考，崔瓘在永泰元年（765）至大历四年（769）再为澧州刺史，盖崔瓘之去官或因其贪腐，否则，怎会不升反降（澧州为下州，刺史为正四品下；潭州为中都督

---

① （宋）司马光编著，（元）胡三省音注：《资治通鉴》卷二二三《唐纪》三九，中华书局1956年版，第7176页。

府，刺史为从三品）。

本年或稍后，何昌裕在户部员外任。

元结《与何员外书》，原注云："永泰中何昌裕为户部员外。"《郎官石柱题名新著录》户部员外郎第十行有何昌裕。元结《别何员外》云："吾见何君饶。"可知何昌裕，字饶。

本年前后，独孤恤在永州刺史任上，公后有文提及。

元结《朝阳岩铭》："永泰丙午中，自舂陵诣都使计兵。……前刺史独孤恤为吾剪辟榛莽，后摄刺史窦必为吾创制茅阁，于是朝阳水石，始有胜绝之名。""永泰丙午"即永泰二年，元结称独孤恤为"前刺史"，则独孤恤在永泰元年前后为永州刺史。

本年前后，公或另有所娶。

大历元年，元结之季子元友让生，则公或在元妻去世后有再娶行为。然颜真卿《元君表墓碑铭并序》元结有子元友直、元友正，未提有元友让之名，则或元结在元妻去世后并未正娶，故不书。又据桂多荪《浯溪志》采民间传闻："（瞿令问）传为次山内弟，当是次山道州续娶夫人之弟，友让之母。"考元结在道州刺史任期和守孝祁阳期间，与瞿令问交往密切，元结去世之后，瞿又为其"竭资鬻石"，传闻具有一定可信度，但尚无可信资料可以证实。

本年，严郢以故吏请改谥吕𧫒，独孤及坚议以"肃"为当，从之。

《旧唐书·吕𧫒传》："（吕𧫒）卒，赠吏部尚书，有司谥曰肃。故吏度支员外郎严郢请以二字曰'忠肃'，博士独孤及坚议以'肃'为当，从之。"①《新唐书·吕𧫒传》："永泰中，严郢以故吏请谥有司，博士独孤及谥曰'肃'，郢以故事宰相谥皆二名，请益曰'忠肃'。及执奏，谓：'……故杜如晦曰成，封德彝曰明，王珪曰懿，陈叔达曰忠，温彦博曰恭，岑文本曰宪，韦巨源曰昭，皆当时赫赫居宰相位者，谥不过一名。而言故事宰相必以二名，固所未闻。宜如前谥。'遂不改。"②

---

① （后晋）刘昫等：《旧唐书》卷一八五下《吕𧫒传》，中华书局1975年版，第4825页。
② （宋）欧阳修、宋祁：《新唐书》卷一四〇《吕𧫒传》，中华书局1975年版，第4650—4651页。

《新唐书·独孤及传》:"俄改太常博士。或言景皇帝不宜为太祖,及据礼条上。谥吕諲、卢弈、郭知运等无浮美,无隐恶,得褒贬之正。"①《唐会要》卷七九:"新制礼则死必有谥,不云日月有时。今请易名者五家,无非葬后。苗太师一年矣,吕諲四年矣。"② 吕諲去世至今四年,故改谥当发生于本年。

---

① (宋)欧阳修、宋祁:《新唐书》卷一六二《独孤及传》,中华书局1975年版,第4993页。
② (宋)王溥:《唐会要》卷七九《谥法上》,中华书局1960年版,第1463页。

十三　二任道州刺史

766 丙午

永泰二年　大历元年　公四八岁

正月或稍后，公再任道州刺史，道州之民封部歌吟，旁浃于永；公到任后作《再谢上表》。

韦辞《修浯溪记》："元公再临道州，有妪伏活乱之恩，封部歌吟，旁浃于永。故去此五十年，而俚俗犹知敬慕。"① 按："再临道州"当指再次任道州刺史，此文作于元和十三年（818），自永泰二年至元和十三年，前后共计四十九年，五十当为约数。元结作《再谢上表》，题下有注："永泰二年进。"《表》曰："臣某言：某伏奉某月日敕，再授臣道州刺史，以某月日到州上讫。"不具具体日期。今据元结《奏免科率等状》所作时间及《状》中"今年贼过桂州，又团练六七十日"推断大约在本年正月或稍后，元结已在道州刺史任。又陆增祥《八琼室金石补正》卷六十《舜庙置守户状》："永泰二年三月十五日，使特节道州诸军事、守道州刺史、赐绯鱼袋臣元结状奏。"元结永泰二年（766）春已在道州刺史任，《再谢上表》当作于年永泰二年（766）正月或稍后。

又元结任官，多有辞官表，然元结两任道州刺史，都未有作，在《再谢上表》中他阐明了不能辞官的原因，《表》言："以臣自讼，合抵刑宪，圣朝宽贷，犹宜夺官。陛下过听，重有授任。伏恐守廉让者，以

---

① （清）董诰编：《全唐文》卷七一七韦辞《修浯溪记》，中华书局1983年版，第7373页。

臣为苟安禄位；抱公直者，以臣为内怀私僻。有材识者，辱臣于台隶之下；用刑法者，罪臣于程式之中。臣所以不敢即日辞免，待陛下按验虚实，然后归罪有司。"元结《再让容州表》中也有提及"臣身病母老，不敢辞谢，实为道州地安"。

在《再谢上表》中，元结又建言在战乱年代，朝廷应特加察问官吏："今四方兵革未宁，赋敛未息，百姓流亡转甚，官吏侵尅日多，实不合使凶庸贪猥之徒、凡弱下愚之类，以货赂权势而为州县长官。伏望陛下特加察问，举其功过，必行赏罚，以安苍生。"

公到任后不久，有感前时所种菊已无，于是重筑菊圃，重新植之，并作文记之。

元结《菊圃记》："舂陵俗不种菊，前时自远致之，植于前庭墙下，及再来也，菊已无矣。徘徊旧圃，嗟叹久之。"可见元结筑菊圃当在本年到任道州刺史后不久。又曰："贤士君子，自植其身，不可不慎择所处，一旦遭人不爱重，如此菊也，悲伤奈何！"感叹君子应当慎择处所。

二月，元载专权，惧朝臣论奏其短，欲弊圣听，公友颜真卿上疏激抗，由是得罪元载。公后代摄连州、转官容管、辞官不得或与其有关。

《旧唐书·颜真卿传》："时元载引用私党，惧朝臣论奏其短，乃请：百官凡欲论事，皆先白长官，长官白宰相，然后上闻。真卿上疏曰：'……臣自闻此语已来，朝野嚣然，人心亦多衰退。何则？诸司长官皆达官也，言皆专达于天子也。郎官、御史者，陛下腹心耳目之臣也。故其出使天下，事无巨细得失，皆令访察，回日奏闻，所以明四目、达四聪也。今陛下欲自屏耳目，使不聪明，则天下何述焉。……天下之士，方钳口结舌，陛下后见无人奏事，必谓朝廷无事可论，岂知惧不敢进，即林甫、国忠复起矣。凡百臣庶，以为危殆之期，又翘足而至也。如今日之事，旷古未有，虽李林甫、杨国忠犹不敢公然如此。今陛下不早觉悟，渐成孤立，后纵悔之无及矣！臣实知忤大臣者，罪在不测，不忍孤负陛下，无任恳迫之至。'其激切如此。于是中人争写内本布于外。"①《资治通鉴·大历元年》："（二月）元载专权，恐奏事者攻讦其私，乃请：'百官凡论事，皆先白长官，长官白宰相，然后奏闻。'仍以上旨谕百官曰：'比日诸司奏事烦多，所言多谗毁，故委长官、宰相先定其可否。'"②

李商隐《容州经略使元结文集后序》："见憎于第五琦、元载，故其将兵不得授，作官不至达。母老不得尽其养，母丧不得终其哀。"③元结与颜真卿为好友，元载借故贬谪颜真卿，《旧唐书·颜真卿传》："后摄祭太庙，以祭器不修言于朝，载坐以诽谤，贬硖州别驾、抚州湖州刺史。"④则元结之代摄连州、转官容管、辞官不得或与元载和颜真卿恶交有关。

三月，公在道州刺史任，公此前于州西山上建舜祠（也即舜庙），今又上《论舜庙状》，乞请蠲免近庙两户，充扫除。

元结《论舜庙状》："右，谨按地图，舜陵在九疑之山，舜庙在太阳之溪。舜陵古老以失，太阳溪今不知处。……臣谨遵旧制，于州西山上，已立庙讫，特乞天恩，许蠲免近庙一两家，令岁时拂洒，以为恒式。"据元结《舜祠表》《论舜庙状》的描述，舜祠、舜庙方位均在道州域西，可知二者实为一。陆增祥《八琼室金石补正》卷六十《舜庙置守户状》："永泰二年三月十五日，使持节道州诸军事、守道州刺史、赐绯鱼袋臣元结状奏。"《舜庙置守户状》即《论舜庙状》，故《状》作于永泰二年（766）三月十五日。宋王象之《舆地碑记目》卷二《道州碑记》："《舜庙状》、《舜祠表》。《图经》云：江华令瞿君善篆籀，元次山阳华寺等《铭》、《窊铭》、《舜庙状》、《舜祠表》皆其所书。"⑤

---

① （后晋）刘昫等：《旧唐书》卷一二八《颜真卿传》，中华书局1975年版，第3592—3594页。
② （宋）司马光编著，（元）胡三省音注：《资治通鉴》卷二二四《唐纪》四〇，中华书局1956年版，第7189页。
③ （唐）李商隐著，刘学锴、余恕诚校注：《李商隐文编年校注》之《未编年文》，中华书局2002年版，第2257页。
④ （后晋）刘昫等：《旧唐书》卷一二八《颜真卿传》，中华书局1975年版，第3595页。
⑤ （宋）王象之编著，赵一生点校：《舆地碑记目》，浙江古籍出版社2013年版，第60页。

春，杜甫在夔州，孟云卿客荆州，杜甫有诗相寄。

《杜诗详注》卷一八《别崔潩，因寄薛据、孟云卿》："志士惜妄动，知深难固辞。如何久磨砺，但取不磷缁。夙夜听忧主，飞腾急济时。荆州遇薛孟，为报欲论诗。"①《详注》注："姑从黄鹤入大历元年。"

春，公在道州刺史任，西原蛮过桂州，公积极备战，召丁壮团练六七十日，后西原蛮无犯道州。

元结《奏免科率等状》："今年贼过桂州，又团练六七十日，丁壮在军中，老弱馈粮饷。三年已来，人实疲苦。"按：元结《奏免科率等状》作于本年春夏之交，则团练在本年二三月间。

春夏之交，公巡延唐县，至紫虚洞，有题名；公又登九疑第二峰，有诗作。

据宋王象之《舆地碑记目》卷二："元次山永泰二年题名。在宁远紫虚洞。柳子厚记，后人集徐浩书再刻。"②永泰二年题名与"无为洞"题名非一处，结合元结《九疑图记》可知在永泰二年夏另有延唐之行。

元结有《登九疑第二峰》："九疑第二峰，其上有仙坛。杉松映飞泉，苍苍在云端。何人居此处？云是鲁女冠。不知几百岁，谦坐饵金丹。相传羽化时，云鹤满峰峦。妇中有高人，相望空长叹。"按：张大煦等修《宁远县志》："鲁女观：在何侯宅西，即所传鲁妙典飞升处，今废。"③又《宁远县志》："鲁女峰：在舜源峰西北，《真诰》云：九疑山女冠鲁妙典遇仙，谓曰：'此山大舜所理，天地之总司、九州之宗主也。'"④鲁女峰在今永州宁远鲁观乡山头源村。又《九疑图记》："九疑山方二千余里，四州各近一隅，世称九峰相似，望而疑之，谓之九疑。……故图画九峰，略载山谷，传于好事，以旌异之。如山中之往

---

① （唐）杜甫著，（清）仇兆鳌注：《杜诗详注》卷一八，中华书局1979年版，第1596页。
② （宋）王象之编著，赵一生点校：《舆地碑记目》，浙江古籍出版社2013年版，第60页。
③ （清）张大煦等修：《宁远县志》卷二下《寺观》，台湾成文出版社影印光绪元年刊本，1975年，第106页。
④ （清）张大煦等修：《宁远县志》卷四上《山川》，台湾成文出版社影印光绪元年刊本，1975年，第189—190页。

迹，峰洞之名称，为人所传说者，并随方题记，庶几观者易之。"元结之所以登九疑第二峰，或为图画九峰之故。末尾曰："时永泰丙午中也。"所以此诗暂系于此。

又《九疑图记》或作此稍后。

又《九疑图记》末尾曰："时永泰丙午中也。""丙午"也即本年。又言"青莎白沙，洞穴丹崖，寒泉飞流，异竹杂华"，提及寒泉者，多为春夏之交或夏天作，故本文当作于前三诗后。《九疑图记》乃《九疑山图》之记。元结巡延唐县时，"图画九峰，略载山谷，传于好事，以旌异之"。绘九疑山图，图成后为之写《记》。元脱脱《宋史·艺文三》载元结《九疑图记》一卷，盖为地理类作品，元结另或有《诸山记》一卷，不知所作时间。今《九疑山图》不存，《诸山记》仅存《武夷君》一篇。①

五月，敕依《论舜庙状》。

元结《论舜庙状》该文原注："永泰二年奏，敕依。"又《唐会要》卷二二："永泰二年五月诏：道州舜庙，宜蠲近庙两户，充扫除。（从刺史元结所请也。）"②

六月，公巡属县至江华，县令瞿令问于县南构茅亭于石上，公名之为寒亭，作《寒亭记》，刻之亭背。

元结《寒亭记》："永泰丙午中，巡属县至江华……于是休于亭上，为商之曰：'今大暑登之，疑天时将寒，炎蒸之地，而清凉可安，不合命之曰寒亭。'乃为寒亭作《记》，刻之亭背。"按：永泰丙午年即永泰二年。又《记》中有："今大暑登之，疑天时将寒。"是为六月。县大夫即县令。瞿令问时为江华令。颜真卿《元君表墓碑铭并序》："故吏大足令刘衮、江华令瞿令问、故将张满、赵温、张协、王进兴等，感念恩旧，皆送哭以终葬；竭资鬻石，愿垂美以述诚。"寒亭，在今湖南永州江华县南。

---

① （宋）曾慥辑，缪荃孙校：《类说》卷七《诸山记》，明天启六年（1626）刻，国家图书馆藏本。

② （宋）王溥：《唐会要》卷二二《前代帝王》，中华书局1960年版，第433页。

本月，公巡属县至江华，至回山，其南面有大岩，公命之阳华岩，又作《阳华岩铭并序》。县令瞿令问以篆籀刻于岩下。公又有诗招陶某家于阳华岩下。

元结《阳华岩铭并序》："道州江华县东南六七里，有回山。南面峻秀，下有大岩。岩当阳端，故以阳华命之。……如阳华殊异而可家者，未也，故作《铭》称之。县大夫瞿令问艺兼篆籀，俾依石经，刻之岩下。"《永州府志》载："江华复岭重岗，地远而险，其山之秀异者，自古称阳华岩。"阳华岩由江华令瞿令问每字以隶书、大篆、小篆三种字体同时书写（序为隶书），刻于岩中崖壁上。欧阳修《集古录跋尾》卷七："《阳华岩铭》，元结撰，瞿令问书。"①

元结《招陶别驾家阳华作》有句："海内厌兵革，骚骚十二年。"自天宝十四载（755）安史之乱爆发，至今十二年。该诗又有句"探烛饮洞中，醉昏漱寒泉"与《阳华岩铭并序》"岩高气清，洞深泉寒"一致；又《阳华岩铭并序》"所见泉石如阳华殊异而可家者，未也"与诗"谁能家此地，终老可自全"相类，则《招陶别驾家阳华作》与《阳华岩铭并序》作于同一时期。按：杨谱以为陶别驾为陶岘，依据袁郊《甘泽谣》云："陶岘，彭城子孙也。开元中，宅昆山，丰田畴，游江湖。制三舟，一自载，二宾客，三饮馔。与布衣焦遂、进士孟彦琛、樊口进士孟云卿，人置仆妾、女乐一部于舟中，奏清商曲于江湖，时号'水仙'云。"②然未有记载陶岘曾为别驾，故存疑。

本月，公巡江华，至洄溪，宿洄溪翁宅，有诗作；又作《洄溪招退者》诗。又或游秦岩。

元结《宿洄溪翁宅》："长松万株绕茅舍，怪石寒泉近檐下。老翁八十犹能行，将领儿孙行拾穑。吾羡老翁居处幽，吾爱老翁无所求。时俗是非何足道，得似老翁吾即休。"按：《宿洄溪翁宅》言"寒泉"当

---

① （宋）欧阳修著，李逸安点校：《欧阳修全集》卷一四〇《集古录跋尾》卷七，中华书局2001年版，第2239页。

② （明）高棅编纂：《唐诗品汇》之《诗人爵里详节》转引自《甘泽谣》，中华书局2015年版，第73页。

为夏季。又该诗有句"老翁八十犹能行，将领儿孙行拾稼"，又《洄溪招退者》也有句"松膏乳水田肥良，稻苗如蒲米粒长"，据此可知，元结至洄溪时，正是早稻成熟收割、晚稻秧苗生长季节。据今天情况看，江华一带早稻在七月中旬前后，也即大暑前后成熟，在永泰二年为夏历六月初八前后。故在时间上与《阳华岩铭并序》一致，当为六月所作。

又今江华秦岩内存"别有洞天"石刻，据说为元结巡江华时所作，然尚无元结所刻实据，故存疑。

夏秋之交，户部员外郎何昌裕因收赋出使湖南，独孤及有诗相送。

独孤及《送何员外使湖南》："夙昔皆黄绶，差池复琐闱。上田无晚熟，逸翮果先飞。前路舟休系，故山云不归。王程傥未复，莫遣鲤书稀。"① 按：湖南地区，稻一般两熟。早稻成熟时间一般在七月；晚稻十月成熟。诗言："上田无晚熟，逸翮果先飞。"如是早稻，则何昌裕出使湖南当在夏秋之交，稍后，元结即离道州刺史任往衡阳，不可能有送别何昌裕机会，也不可能作《别何员外》诗。又本年秋，何昌裕送元结皮弁，故何昌裕出使湖南当在本年夏秋之交。

何昌裕出使湖南，主要是为了收赋。独孤及《送何员外使湖南》："上田无晚熟，逸翮果先飞。"元结《别何员外》："犹是尚书郎，收赋来江湖。"

约此稍后，公奏免科率等状，敕依。

元结《奏免科率等状》："臣一州当岭南三州之界，守捉四十余处。岭南诸州，不与贼战，每年贼动，臣州是境上之州。若臣州陷破，则湖南为不守之地。……臣当州每年除正租正庸外，更合配率几钱，庶免使司随时加减，庶免百姓每岁不安。其今年轻货及年支米等，臣请准状处分。谨录奏闻。"题后有原注："永泰二年奏，敕依。"按：户部员外郎何昌裕因收赋出使湖南，公《奏免科率等状》当在其后，又元结《别何员外》诗中说："公能独宽大，使之力自输。"也可见敕依了元结所奏。又《新唐书·元结传》："明年，租庸使索上供十万缗，

---

① （唐）独孤及：《毗陵集校注》卷二，辽海出版社2006年版，第40页。

结又奏：'岁正租庸外，所率宜以时增减。'诏可。"据《新唐书·元结传》"明年"指永泰元年（765），实际上该文当作于本年，《新唐书》所记误。

稍后，何昌裕收赋任务完成后，公作《别何员外》送之，赞其宽大精神。

元结《别何员外》赞其宽大精神："人皆悉苍生，随意极所须。比盗无兵甲，似偷又不如。公能独宽大，使之力自输。……不然且相送，醉欢于坐隅。"

夏秋之际，公自舂陵诣都使计兵。至零陵，得岩与洞，遂以朝阳命名，作《朝阳岩铭并序》《朝阳岩下歌》，又摄刺史窦必于山之颠为公创制茅阁。

元结《朝阳岩铭并序》："永泰丙午中，自舂陵诣都使计兵，至零陵，爱其郭中有水石之异，泊舟寻之，得岩与洞。此邦之形胜也，自古荒之而无名称，以其东向，遂以朝阳命焉。前刺史独孤愐为吾剪辟榛莽，后摄刺史窦必为吾创制茅阁。于是朝阳水石，始有胜绝之名。已而，刻《铭》岩下，将示来世。"又作《朝阳岩下歌》，歌曰："朝阳岩下湘水深，朝阳洞口寒泉清。零陵城郭夹湘岸，岩洞幽奇带郡城。荒芜自古人不见，零陵徒有先贤传。水石为娱安可羡，长歌一曲留相劝。"据《零陵县志》："朝阳岩：城西南二里，潇水之浒。岩口东向，当朝暾初升，烟光石气，激射成采。唐道州司马元结维舟岩下，名之曰朝阳。刺史独孤愐始辟治之，窦泌乃建茅阁于上，结为铭诗勒石。"① 按：道州司马当为道州刺史。诗言"寒泉"，不当在冬季，杨谱误。

七月至十一月间，谭某自云阳来道州，公与之游，后谭某归云阳，公作序送之。在序中，公极力抒写道州之美景，希冀谭某归云阳后告知云阳宰峻公及隐逸之士牧犊。

---

① （清）徐保龄、嵇有庆等修：《零陵县志》卷一《地舆》，国家图书馆藏清光绪二年刻本，第22页。

十三　二任道州刺史

元结《送谭山人归云阳序》："吾于九疑之下，赏爱泉石，今几三年。"按：元结广德元年（763）十二月，自鄂州赴道州任。至本年十一月已三年。又同篇曰："此邦舜祠之奇怪，阳华之殊异，潓泉之胜绝，见峻公与牧犉，当一一说之。松竹满庭，水石满堂，石鱼负樽，凫舫运觞，醉送谭子，归于云阳。漫叟元次山序。"文中言及"阳华之殊异"，元结本年六月巡属县至江华，作《阳华岩铭》，故《送谭山人归云阳序》当作于本年六月后。

据《送谭山人归云阳序》可以推出以下诗文作于广德二年至永泰二年间：

"潓泉之胜绝"：在元结作品中，有《七泉铭并序》，其序曰："道州东郭，有泉七穴。……于戏！凡人心若清惠，而必忠孝、守方直，终不惑也。故命五泉，其一曰潓泉，次曰泚泉，次曰㳝泉、汸泉、㵦泉，铭之泉上，欲来者饮漱其流而有所感发者矣。留一泉命曰漫泉，盖欲自旌漫浪，不厌欢醉者也。一泉出山东，故命之曰东泉，引来垂流，更复殊异。各刻《铭》以记之。"《七泉铭并序》当作于元结初识七泉时。潓，泚、㳝、汸、㵦五字，当为元结自己所造，在《送谭山人归云阳序》中，有"潓泉之胜绝"，说明了《七泉铭并序》当作于《送谭山人归云阳序》前。又七泉在道州城东郭，离元结所在地近，易于发现，最有可能作于元结初到道州时，也即广德二年。但《七泉铭并序》无明确时间标志，故系于此。《道州府志》："七泉：在州治东北，曰惠泉、方泉、直泉、忠泉、孝泉、漫泉、东泉，状类七井，其五井相连，属二井稍离，亦脉理相连。"①

又元结另有《引东泉作》，其诗曰："东泉人未知，在我左山东。引之傍山来，垂流落庭中。"与《七泉铭序》："一泉出山东，故命之曰东泉，引来垂流，更复殊异。"及《东泉铭》："泉在山东，以东为名。爱其悬流，溶溶在庭。"一致，故诗与铭当作于同时。

---

① （清）李镜蓉、盛赓主修：《道州志》卷一《方域志》，国家图书馆藏清光绪三年刻本，第43页。

又元结另有《五如石铭》，其序曰："浯泉之阳，得怪石焉。左右前后，及登石颠，均有如似，故命之曰五如石。石皆有窦，窦中涌泉。泉诡异于七泉，故命为七胜泉。"五如石在浯泉之阳，故当与浯泉先后发现。序中又提及"石皆有窦，窦中涌泉。泉诡异于七泉，故命为七胜泉"。故当作于《七泉铭并序》同时或稍后。光绪三年修《道州府志》："五如石在下津门外，江北岸。唐元结刻铭并序于上。今已淤废。"

又元结另有《潓阳亭作》，其序曰："初得潓泉，则为亭于泉上。因开檐霤，又得石渠。泉渠相宜，亭更加好。以亭在泉北，故命之曰潓阳亭。"据此潓阳亭所建时间当在《七泉铭并序》作后不久。在《七泉铭》中，元结表达了对潓阳亭的喜爱，诗曰："问吾常谦息，泉上何处好？独有潓阳亭，令人可终老。"

又"石鱼负樽"，在元结作品中，有《石鱼湖上作》，其序曰："潓泉南上，有独石在水中，状如游鱼。……乃命湖曰'石鱼湖'，镌《铭》于湖上，显示来者，又作诗以歌之。"也当作此期间。

秋冬之际，何昌裕仍在户部员外郎任，送公皮弁，公作文感激之。又有赠之凡裘、愚巾之意。

元结《与何员外书》："月日，次山白：何夫子执事，皮弁，时俗废之久矣，非好古君子，谁能存之？忽蒙见赠，惊喜无喻。……赠及皮弁，与凡裘正相宜。"按：元结《与何员外书》："若风霜惨然，出行林野，次山则戴皮弁、衣凡裘；若大暑蒸湿，出见宾客，次山则戴愚巾、衣野服。"则何昌裕之送皮弁，当在秋冬之季。又本年春夏之交，何昌裕收赋至道州，二人之友情当自此开始。

元结《与何员外书》："不审夫子异时归休，适在山野，能衣戴此者不乎？若以为宜，当各造一副送往。"

本年十月或稍前，公在道州，作《问进士》。

元结《问进士》，其下有原注："永泰二年道州问。"本年十一月甲子，改元大历，故当作于本年十一月前。又《问进士·第一》："天下兴兵，今十二年矣。"从天宝十四载（755）至今正好十二年。

十三　二任道州刺史

按：《问进士》即策问，权德舆就曾作《进士策问五道》《贞元十三年中书试进士策问二道》《贞元十九年礼部策问进士五道》《贞元二十一年礼部策问五道》，唐代士人考取进士后并不能马上做官，还要经过礼部的策问，有时甚至是皇帝的亲自策问，方能释褐，所以不少人中进士大多先入幕府，以增长阅历。根据元结《问进士》原注："永泰二年道州问。"这并非礼部的策问，但其形式与礼部策问极为相似，也是五道。应当是有进士入元结幕，在其即将参加礼部策问时，元结进行的一次模拟策问。一说是士人参加进士考试时的模拟策问。

十一月，公在道州，道州之东有左湖、湖东有小石山，山顶有窊石，稍前，公建亭其上，又作铭与诗，本月刻《窊樽铭》于石上。

元结《窊樽铭并序》："道州城东有左湖，湖东二十步有小石山，山颠有窊石，可以为樽。乃为亭樽上，刻《铭》为志。"欧阳修《集古录跋尾》卷七："唐元结《洼罇铭》跋（永泰二年）：右《洼罇铭》，元结撰，瞿令问书。"① 按："洼罇"即"窊樽"，"洼"为"窊"异体，"罇"为"樽"异体，"尊"则为本字。又元结有《窊樽诗》，《全唐诗》中，其下有注："在道州。"其诗曰："巉巉小山石，数峰对窊亭。窊石堪为樽，状类不可名。"当与铭先后作。据杨谱引《永州府志》卷一八《金石志》载《窊樽铭》纪年漫漶，尚存"年十一月廿日刻"等字，从元结作品看，铭文、铭文书写、石刻往往不在同一时间。从《窊樽铭》看，铭文当作于巡江华前，书写则在巡江华期间（瞿令问书），石刻在回道州后。又按：道州之东有左湖，左溪当自左湖流出，则所谓左湖，当即今天九井塘，塘内有数泉涌出。明徐弘祖《徐霞客游记·楚游日记》："由南门外循城半里，过东门，又东半里，有小桥，即泽泉入江处也。桥侧江滨有石突立，状如永州愚溪桥，透漏耸削过之，分岐空腹，其隙可分瓣而入，其窦可穿瓠而透，所谓五如石也。中有一石，击之声韵幽亮，是为响石。按元次山《道州诗题》，石则有五

---

① 曾枣庄、刘琳主编：《全宋文》卷七二五《欧阳修》六三，上海辞书出版社、安徽教育出版社2006年版，第34册，第260页。

如、窊樽，泉则有瀿、漫等七名，皆在州东。而泉经一浕而可概其余，石得五如而窊樽莫觅。"① 则窊樽当在九井塘之东二十步之小石山上。则宋祝穆撰《方舆胜览》卷二四："在城中报恩寺之西。"② 光绪三年修《道州府志》："窊尊石：在城内报恩寺西。唐元结刻铭于上，字皆古篆，虽剥落犹可识。前有小引数十字，后有年月，止存数字。又尝建亭于上，今久废。……光绪元年知州盛赓修州志，重构其亭，并建书院，而古迹于是乎永护矣。"③ 皆误。

十一月，元结石刻《唐容亭铭》于道州。

宋赵明诚《金石录·目录八》："《唐容亭铭》：元结撰，瞿令问篆书。永泰二年十一月。"④ 金文明《金石录校证》以为："《唐㢘亭铭》：元结撰，瞿令问篆书。永泰二年十一月。"其校证曰："㢘亭：'㢘'原作'容'，误。三长本作'㢘'。按第一千四百八《唐㢘台铭》卢案云：'元次山爱祁阳山水，名其亭曰㢘亭。当作㢘为是。"⑤ 又按：《唐容亭铭》或与《唐㢘亭铭》是不同篇目。孙望《元次山集》中，有《㢘颛铭》，其校曰："黄本作亭。"又在题下注曰："明本无此篇，此据石刻补入，而以《全唐文》及黄本校之。"然在孙望《元次山集》中，篇末曰："有唐大历二年岁次丁未六月十五日刻。"《唐容亭铭》与《㢘颛铭》均据石刻所录，然石刻时间却不同；且浯溪碑林石刻题下有"道州刺史河南元结次山撰，季康篆"，赵明诚《金石录·目录八》则明确表明《唐容亭铭》为"瞿令问篆书"，则可见二者并非同篇。今传元结作品中无《唐容亭铭》，《金石录》中也仅存目，则《唐容亭铭》已佚。又大历二年二月，元结尚在道州，不大可能本年冬十一月在祁阳。则

---

① （明）徐弘祖著，褚绍唐、吴应寿整理：《徐霞客游记》卷二下《楚游日记》，上海古籍出版社1987年版，第220页。

② （宋）祝穆撰，（宋）祝洙增订：《方舆胜览》卷二四《道州》，中华书局2003年版，第441页。

③ （清）李镜蓉、盛赓主修：《道州志》卷一《方域志》，国家图书馆藏清光绪三年刻本，第38页。

④ （宋）赵明诚：《金石录》卷八《目录八》，齐鲁书社2009年版，第67页。

⑤ （宋）赵明诚撰，金文明校证：《金石录校证》卷第八《唐㢘亭铭》，广西师范大学出版社2005年版，第136页。

"容亭"当在道州。

本年改元前，公以张季秀能介直自全，退守廉让，举之。敕依。然不久之后，张季秀离世，公又作《表》颂之。

元结《举处士张季秀状》题下又原注："永泰二年奏，敕依。"元结之所以举张季秀，主要原因是张季秀与元结有旧，上元元年元结参来瑱幕，曾向来瑱上《请收养孤弱状》："当军孤弱小儿都七十六人：张季秀等三十九人，无父母；周国良等三十七人，有父兄在军。"张季秀就在其军中，现元结刺道州，张季秀或因此来奔。元结又有《张处士表》："永泰丙午中，处士张秀卒。""张秀"应即"张季秀"，"季"或为排行。该《表》不言大历，言永泰，张季秀当本年改元前就已去世。元文中感叹张季秀"与时不合者耶？而未能矫然绝世，遭以礼法相检不见容，悲夫"！

十一月，甲子，改永泰二年为大历元年，大赦天下。

《旧唐书·代宗纪》："（十一月）甲子，日长至，上御含元殿，下制大赦天下，改永泰二年为大历元年。"①《资治通鉴·大历元年》："十一月，甲子，日南至，赦，改元。"②

本年左右，博陵崔曼往道州，与公游数月，后潭州都督张谓荐其为属邑长，将行，公作序送之。

元结《别崔曼序》："漫叟年将五十，与时世不合，垂三十年，爱恶之声，纷纷人间。"按：古人一般称年龄时用虚数，凡四十九者，大多称五十。文中称将五十，则可能还不到五十。又开元二十三年（735）公始折节读书，"与时世不合，垂三十年"，当从其折节读书时算起。如下推30年，则为永泰元年。然考元结行迹，永泰元年夏即离开道州，"博陵崔曼，惑叟所为，游而辨之，数月未去"，如发生在永泰元年，与之游数月而未去不大可能。

又元结《别崔曼序》："会潭州都督张正言荐曼为属邑长，将行。"

---

① （后晋）刘昫等：《旧唐书》卷一一《代宗纪》，中华书局1975年版，第285页。
② （宋）司马光编著，（元）胡三省音注：《资治通鉴》卷二二四《唐纪》四〇，中华书局1956年版，第7192页。

张正言即张谓，据《唐刺史考》，约永泰元年（765）至大历二年（767）在潭州刺史任。如此推算，元结别崔曼当在本年左右。

本年前后，唐王朝物价飞涨，民不聊生。公在其文中有提及。

元结《问进士》："往年粟一斗，估钱四百，犹贵；近年粟一斗，估钱五百，尚贱。往年帛一匹，估钱五百，犹贵；近年帛一匹，估钱二千，尚贱。"

本年前后，公之季子元友让生。

《全唐诗·元友让》："元友让，元结子，见《永州志》。按《元结集》载，长子友直，次子友正，此盖其幼子也。"① 元友让《复游浯溪》："昔到才三岁，今来鬓已苍。"元结大历二年于浯溪畔营构其家，元友让也当在此前后至浯溪，以此逆推三年，元友让当在本年前后出生。参见"大历二年条"。

767 丁未

大历二年　公四九岁

二月，元结由道州刺史任赴衡州计事，归途中作《欸乃曲》五首。

元结《欸乃曲五首》序言："大历丁未中，漫叟结为道州刺史，以军事诣都。使还州，逢春水，舟行不进，作《欸乃》五曲，令舟子唱之，盖欲取适于道路耳。"按：大历丁未年即大历二年。"逢春水"当在春天，其二有句："湘江二月春水平，满月和风宜夜行。"

又其一曰："来谒大官兼问政，扁舟却入九疑山。"按：湖南都团练守捉观察处置使，唐广德二年（764）置，治所在衡州，辖衡、潭、邵、永、道五州。《旧唐书·代宗纪》："（大历四年二月）辛酉，以湖南都团练观察使、衡州刺史韦之晋为潭州刺史，因是徙湖南军于潭州。"② 故元结"来谒大官兼问政"，所谒之人为衡州刺史韦之晋，所谒之事也必当与军事相关。《元和郡县志》卷二九："大历县，本汉营道县地，大历二年

---

① （清）彭定求等编：《全唐诗》卷二五八《元友让》，中华书局1960年版，第2881页。
② （后晋）刘昫等：《旧唐书》卷一一一《代宗纪》，中华书局1975年版，第292页。

观察使韦之晋奏析延唐县于州东置，因年号为名。"① 则大历二年至大历四年，韦之晋在衡州刺史任。元结所谒之人必为韦之晋。

又其一"来谒大官兼问政，扁舟却入九疑山"，其二"唱桡欲过平阳戍，守吏相呼问姓名"，其四"零陵郡北湘水东，浯溪形胜满湘中"，其五"下泷船似入深渊，上泷船似欲升天"。据谭其骧《中国历史地图集》，平阳戍在今衡阳市南，一说在祁阳附近。泷，指双牌至道县一带的潇水，柳宗元在《游黄溪记》中有"南至于泷泉"，可知元结返回路线是衡州—平阳戍—浯溪—零陵—道州。

本月，公自衡州归道州，过零陵泷下三十里，与唐旧泷水令唐节相聚为欢，因唐节居丹崖之下，自称丹崖翁，临别，公为其宅作铭，又作诗歌咏之。

元结《宿丹崖翁宅》："扁舟欲到泷口湍，春水湍泷上水难。投竿来泊丹崖下，得与崖翁尽一欢。"按：泷指急流的水；元结一生多次往返于道州与衡州期间，但于春过零陵泷只有本年。诗中言"春水湍泷上水难"，当指从零陵返道州逆流而上的情形。又元结作品中，另有《丹崖翁宅铭并序》，其序曰："零陵泷下三十里，得丹崖翁宅。有唐节者，曾为泷水令，去官家于崖下，自称丹崖翁。丹崖，湘中水石之异者；翁，湘中得道之逸者。爱其水石，为之作《铭》。"可知，诗中的丹崖翁是前泷水令，从《诗》与《铭》看，二者应作于同一时间。按：徐霞客《徐霞客游记·楚游日记》："泷中有麻潭驿，［属零陵。］驿南四十里属道州，驿北三十里属陵零。按其地即丹霞翁宅也，《志》云：在府南百里零陵泷下，唐永泰中有泷水令唐节去官，即家于此泷，自称为丹霞翁。元结自道州过之，为作宅刻铭。然则此泷北属零陵，故谓之零陵泷。而所谓泷水县者，其即此非耶？"② 郭本《宿丹崖翁宅》文中注曰："俗曰赤石园。"考今永州零陵凼底乡赤石回村，距零陵城三十余里，潇水流经该地，石壁峭立，其色如丹，水流回旋，当即丹崖所在地。

---

① （唐）李吉甫：《元和郡县图志》卷二九《道州》，中华书局1983年版，第713页。
② （明）徐弘祖著，褚绍唐、吴应寿整理：《徐霞客游记》卷二下《楚游日记》，上海古籍出版社1987年版，第218—219页。

四月，公至祁阳，见浯溪景美胜异，遂举家迁于此，作《浯溪铭》，并刻于崖壁。此后数年，公于闲暇时期在浯溪之畔凿山修路、因泉涨池、构建亭宇、读书种药、饮酒垂钓、弹琴长啸，营构其家。

从《元次山文集》各版本次第看，《浯溪铭》排列于《峿台铭》《唐亭铭》前，由溪、至台、庼亦合逻辑，故《浯溪铭》所作时间当在《峿台铭》稍前。《浯溪铭》："浯溪在湘水之南，北汇于湘。爱其胜异，遂家溪畔。溪，世无名称者也，为自爱之，故命曰浯溪。"按：元结有老母，年迈多病，元结或在此前后已获知有连州之任，可能出于照顾母亲原因，故家于此。其母也于本月或稍后迁于此，大历四年，其母去世，元结辞官居于祁阳，为其母守制。元结在大历三年作《让容州表》其表曰："但以老母念臣疾疹日久，时方大暑，南逾火山，举家漂泊，寄在湖上，单车将命，赴于贼庭。臣将就路，老母悲泣，闻者凄怆，臣心可知。臣欲扶持版舆，南之合浦，则老母气力，难于远行。臣欲奋不顾家，则母子之情，禽畜犹有。"元结则在此之前安家于祁阳。其母在大历二年（767）四月或稍后至大历四年（769）间居于祁阳。唐韦辞《修浯溪记》："元公再临道州，有妪伏活乱之恩，封部歌吟，旁浃于永。故去此五十年，而俚俗犹知敬慕。……今年春，公季子友让，以逊敏知治术，为观察使袁公所厚，用前宝鼎尉假道州长史。……余嘉其损约贫寓，而能以章复旧志为急，思有以白之，故不得用质俚辞命。元和十三年十二月六日，江州员外司马韦辞记。"① 元和十三年（818）上推五十年，元结家于浯溪当在大历二年（767）。又按：石刻文尾有："有唐大历二年岁次丁未四月日。"则元结家于祁阳具体时间可知。又元友让《复游浯溪》："昔到才三岁，今来鬓已苍。"亦可见此次为举家迁于此。

王邕《后浯溪铭》："河南元公，高卧其中。……凿巚作逵，因泉涨池。乃构竹亭，乃葺茅宇。群书当户，灵药映圃。嘉宾驻舟，爱子能文。弄琴对云，酒熟兰熏。何必磻溪，方可学钓。何必衡峤，方可长啸。"②

---

① （清）董诰编：《全唐文》卷七一七韦辞《修浯溪记》，中华书局1983年版，第7373页。
② （清）董诰编：《全唐文》卷三五六王邕《后浯溪铭》，中华书局1983年版，第3617页。

可知元结在闲暇期间有营构其家的行为。

六月，公于浯溪之口石巅上构建厅堂，又作《峿台铭》，于本月十五日刻于石上。

又欧阳修《集古录跋尾》卷七："唐元结《峿台铭跋》：大历二年。又，斯人之作，非好古者不知为可爱也，然来者安知无同好也邪？"①《金石录》卷八《唐峿台铭》："元结撰。篆书，无姓名。大历二年六月。"②又现存浯溪碑林石刻《峿台铭》文末有："有唐大历二年岁次丁未六月十五日刻。"明陆容《菽园杂记》卷六："浯溪、峿台、㟧亭，皆在今永州祁阳县治南五里。唐元结次山爱其胜异，遂家其处。命名制字，皆始于结，字从水，从山，从广，皆曰吾者，旌吾独有也。今按峿、㟧字，韵书无之，盖制自次山。浯，本琅琊水名，古有此字。湘江之溪，命名曰浯，则自次山耳。"③

《峿台铭》序曰："石颠胜异之处，悉为亭堂。小峰欹窦，宜间松竹，掩映轩户，毕皆幽奇。"可见，元结在峿台之上，已构亭堂。则元结本年六月前已安家于此。

秋，杜甫在夔州，读公《舂陵行》《退贼示官吏》诗，有感，作《同元使君舂陵行》，寄知己。

杜甫《同元使君舂陵行》其序："览道州元使君结《舂陵行》兼《贼退后示官吏作》二首，志之曰：当天子分忧之地，效汉官良吏之目。今盗贼未息，知民疾苦，得结辈十数公，落落然参错天下为邦伯，万物吐气，天下小安可待矣。不意复见比兴体制，微婉顿挫之词，感而有诗，增诸卷轴，简知我者，不必寄元。"④按：元结《舂陵行》《贼退后示官吏作》两诗作于广德二年（764），参见广德二年条。

杜甫又在其诗中盛赞元结："粲粲元道州，前圣畏后生。观乎《舂

---

① 曾枣庄、刘琳主编：《全宋文》卷七二五《欧阳修》六三，上海辞书出版社、安徽教育出版社2006年版，第34册，第261页。
② （宋）赵明诚撰，金文明校证：《金石录校证》卷八《唐峿台铭》，广西师范大学出版社2005年版，第137页。
③ （明）陆容：《菽园杂记》卷六，中华书局1985年版，第76页。
④ （唐）杜甫著，（清）仇兆鳌注：《杜诗详注》卷一九，中华书局1979年版，第1691页。

陵》作，欤见俊哲情。复览《贼退》篇，结也实国桢。贾谊昔流恸，匡衡尝引经。道州忧黎庶，词气浩纵横。两章对秋月，一字偕华星。"① 按：杜甫此诗仇兆鳌在《杜诗详注》引鹤注："此当大历二年在夔州作。"② 杨伦《杜诗镜铨》："公诗乃大历初年作。"诗中有句："肺枯渴太甚，漂泊公孙城。"公孙城，即白帝城，在夔州东南（今四川奉节县东之白帝山上）。东汉初年公孙述筑城，自号白帝，故称。则杜甫作此诗时尚在夔州。然诗中又有句："沈绵盗贼际，狼狈江汉行。"则杜甫于此时有江汉之行的打算。又据《杜诗详注》卷一九《峡隘》："闻说江陵府，云沙静眇然。白鱼如切玉，朱橘不论钱。水有远湖树，人今何处船。青山各在眼，却望峡中天。"③ 仇兆鳌引鹤注："当是大历二年有意出峡而作。" 又引《杜臆》："公心欲出峡，故觉其隘也。"④ 从《同元使君春陵行》看，诗中既出现"漂泊公孙城"，又出现"狼狈江汉行"，同时还有"两章对秋月"之句，可见此诗当作于《峡隘》前后，也即大历二年秋作。按：本年前后，元结与孟云卿有诗歌往来，《春陵行》《退贼示官吏》或杜甫通过孟云卿之手而获得。

九月，山獠陷桂州，逐刺史李良。

《资治通鉴·大历二年》："（九月）山獠陷桂州，逐刺史李良。"⑤

十月下旬，时韦之晋在湖南观察使任，奏公课第一。

颜真卿《元君表墓碑铭并序》："观察使奏课第一，转容府都督兼侍御史本管经略使。"《旧唐书·职官二》："郎中、员外郎之职，掌内外文武官吏之考课。凡应考之官家，具录当年功过行能，本司及本州长官对众读，议其优劣，定为九等考第，各于所由司准额校定，然后送省。"⑥ 同书同卷："凡考课之法，有四善：一曰德义有闻，二曰清慎明著，三曰

---

① （唐）杜甫著，（清）仇兆鳌注：《杜诗详注》卷一九，中华书局1979年版，第1692页。
② （唐）杜甫著，（清）仇兆鳌注：《杜诗详注》卷一九，中华书局1979年版，第1691页。
③ （唐）杜甫著，（清）仇兆鳌注：《杜诗详注》卷一九，中华书局1979年版，第1727页。
④ （唐）杜甫著，（清）仇兆鳌注：《杜诗详注》卷一九，中华书局1979年版，第1727页。
⑤ （宋）司马光编著，（元）胡三省音注：《资治通鉴》卷二二四《唐纪》四〇，中华书局1956年版，第7197页。
⑥ （后晋）刘昫等：《旧唐书》卷四三《职官二》，中华书局1975年版，第1822页。

公平可称，四曰恪勤匪懈。……一最以上，有四善，为上上。"又同书同卷："尚书、侍郎之职，掌天下官吏选授、勋封、考课之政令。……凡选授之制，每岁集于孟冬。去王城五百里之内以上旬，千里之内以中旬，千里之外以下旬。"①

十一月，公尚在道州，取天宝年间旧编，合以道州任内所作，共二百三首，分为十卷，重命之《文编》，并为之序。

天宝十二载，三十五岁的元结作《文编》献给苏源明及礼部侍郎阳浚，颜真卿《元君表墓碑铭》载："天宝十二载举进士，作《文编》。礼部侍郎阳浚曰：'一第污元子耳，有司得元子是赖。'遂登高第。"《新唐书·元结传》亦云："天宝十二载举进士，礼部侍郎阳浚见其文，曰：'一第恩子耳，有司得子是赖！'果擢上第。"苏源明及阳浚对《文编》其赞赏有加。后举进士，入为上第。但与《元子》不同的是，元结在大历二年（767）十一月时，取天宝年间旧编，合以道州任内所作，共二百三首，分为十卷，重命之《文编》，并为之序。元结在《文编序》中论及收录之文："叟在此州今五年矣，地偏事简，得以文史自娱，乃次第近作，合于旧编，凡二百三首，分为十卷，复命曰《文编》，示门人弟子，可传之于筐笥耳。"《文编序》又载："尔来十五年矣，更经丧乱，所望全活……时大历二年丁未中冬也。"指明了序所作时间；元结自广德元年（763）赴道州刺史任，大历二年（767），正好五年，与"叟在此州今五年矣"相合，又自天宝十二载（753）公中进士至大历二年（767）正好十五年。

清永瑢等《四库全书总目提要》："结所著有《元子》十卷，李商隐为作序。《文编》十卷，李纾为作序。又《猗玕子》一卷。并见《唐志》，今皆不传。所传者惟此本，而书名、卷数皆不合。盖后人搜拾散佚而编之，非其旧本。"② 从《四库》十二卷本《元次山文集》看，确与原本卷数、书名不合，但《四库》本是在明郭勋十卷本《元次山文集》的

---

① （后晋）刘昫等：《旧唐书》卷四三《职官二》，中华书局1975年版，第1818页。
② （清）永瑢等：《四库全书总目》卷一四九《别集类二·次山集》，中华书局1965年版，下册，第1283页。

基础上编纂的。据湛若水《元次山集序》："余自北游，观艺于燕冀之都，得《元子》而异焉。"① 但很明显此《元子》并非元结最初所编《元子》（参见《元子》条），因为明本十卷中很多内容涉及天宝十二载之后，而且洪迈提及的一些篇目并没有出现在文集中。郭本可能是在《文编》的基础上再补辑其他作品而成。《文编》作于大历二年冬，元结去世于大历七年，明本《元次山集》收录最晚的作品为大历二年所作的《欸乃曲五首》及《浯溪铭》，且时间都在《文编序》之前。在大历二年冬至大历七年春期间，经考证，元结尚有《橘井》《海阳泉诗十三首》《㵉泉铭》《峿台铭》《唐庼铭》《寒泉铭》《东崖铭》《上容州表》《再上容州表》《冰泉铭》等，当然，这还只是考录出来的，可以推测元结作于此五年的作品远不只这些，但明本却一篇未录，明本参考《文编》而非《元子》编纂成《元次山集》是十分明显的。再看篇数，明本共收录元结作品 121 题、192 首，与《文编》所载 203 首相距不大。值得注意的是，明本十卷外，另辑补了一卷 7 题、16 首，均为元结早期作品。也就是说明本共计共 129 题、208 首。此数量略高于《文编序》所载数，但元结作品的分合历来存在争议，如《七不如》在此处统计中算为七篇，但也可以算作一篇。如此看来，在数量上郭本比较和《文编》接近。但也不要以为郭本完全依据《文编》旧本，事实上《文编》旧本也存在散佚，最明显的是在郭本中，《文编序》没有收录进去，另外基本可以肯定为《文编》所收录的 7 题、16 首早期作品，放入到了最后的辑补中，且元结另有《诗集》并行，可能诗歌并未收录进《文编》中。这说明了郭勋本《元次山集》并非完全依照《文编》旧本编纂而成。

又以下诗歌作于广德二年（764）至大历二年（767）元结道州刺史任上。

《游㵉泉示泉上学者》："顾吾漫浪久，不欲有所拘。每到㵉泉上，情性可安舒。"《宴湖上亭》："广亭盖小湖，湖亭实清旷。轩窗幽水石，怪

---

① （唐）元结著，（明）湛若水校：《元次山集》之《〈元次山集〉序》，明正德十二年（1517）郭勋刻，国家图书馆藏本。

异尤难状。石樽能寒酒,寒水宜初涨。"《夜宴石鱼湖作》:"风霜虽惨然,出游熙天正。登临日暮归,置酒湖上亭。"《石鱼湖上醉歌有序》:"漫叟以公田米酿酒,因休暇,则载酒于湖上,时取一醉。欢醉中,据湖岸引臂向鱼取酒。"按:据《七泉铭序》:"一泉出山东,故命之曰东泉,引来垂流,更复殊异。"《东泉铭》:"泉在山东,以东为名。爱其悬流,溶溶在庭。"及《引东泉作》:"东泉人未知,在我左山东。引之傍山来,垂流落庭中。"可以看出,元结在道州刺史任内建庭院于石鱼湖和七泉边(石鱼湖在灊泉南),以上作品也都与七泉或石鱼湖相关。故元结游七泉,饮湖上当是常有的事,故以上作品,只能确定作于道州刺史任上。

《登白云亭》:"出门上南山,喜逐松径行。穷高欲极远,始到白云亭。长山绕井邑,登望宜新晴。洲渚曲湘水,萦回随郡城。九疑千万峰,嶙嶙天外青。"按:诗中提及"九疑千万峰""郡城",则必在道州刺史任上作。又从诗中可以看出,白云亭在道州附近之南山。光绪三年修《道州府志》也云:"白云亭:在南山。"①

公在道州刺史任颇有政绩,流亡归者万余,张谓作《甘棠颂》美之,道州之民立生祠乞留。

《新唐书·元结传》:"结为民营舍给田,免徭役,流亡归者万余。进授容管经略使。"公离道州刺史任,张谓为潭州刺史,作《甘棠颂》美元结。颜真卿《元君表墓碑铭并序》:"仍请礼部侍郎张谓作《甘棠颂》以美之。"《元君表墓碑铭并序》:"既受代,百姓诣阙,请立生祠,仍乞再留。"考今道县北门村九井塘边有黄龙庙,祠黄龙娘娘和刺堂公公,又黄龙庙前有石碑曰《刺史元公祠记》,则刺堂公公为元结。又"道州城东有左湖",则左湖即今九井塘,元结又有《七泉铭并序》:"道州东郭,有泉七穴",其中《漫泉铭》:"谁爱漫泉,自成小湖。能浮酒舫,不没石鱼。"《东泉铭》:"泉在山东,以东为名。爱其悬流,溶溶在庭。作铭者何?吾意未尽。将告来世,无忘畎引。"又有《引东泉作》:"东泉人未知,在我

---

① (清)李镜蓉、盛赓主修:《道州志》卷二《建置志》,国家图书馆藏清光绪三年刻本,第31页。

左山东。引之傍山来，垂流落庭中。"则元结安家于东泉附近，东泉与其他六泉相隔很近，故七泉之铭能合一。又《五如石铭》："浐泉之阳，得怪石焉。"此怪石在左溪入潇水处，与左溪相连者必为左湖，则可知九井塘即左湖，元结安家其附近，则今之黄龙庙，或即元结生祠所在地。

十四　代摄连州

767 丁未

大历二年　公四九岁

十一月或稍后，公摄连州刺史，赴任途中，过郴州，作《橘井》诗。

孙望先生校本《元次山集》共收录元结作品151题，217篇。217篇诗文绝大多数可以肯定为元结所作。唯有《橘井》一诗，孙先生在题后加注："明本原缺此诗，惟于卷末拾遗中间之，《全唐诗》亦收之。"① 四部丛刊本王国维校本《元次山集》谓"此绝非次山诗"②。王先生的观点得到了大多数学者的认同，此后多位学者在研究元结作品时，包括给元结编订年谱时，都没有把这首诗考虑进去。

王先生断定此诗为"伪诗"时，并未给出任何证据。但应该据此两方面：一是该诗没有收入郭本《元次山集》中，是后人辑录而来。这点不能作为否定《橘井》为元诗的充分证据。在孙望先生校定的《元次山文集》中，不少作品并非来源于郭勋本，有的来源于宋代类书、选本，有的来源于石刻，还有的来源于其他版本辑佚。《橘井》是孙望据《全唐诗》补录进来的，而《全唐诗》则是依据宋祝穆《方舆胜览》卷二五所录，先看《方舆胜览》所载："橘井、在苏仙故宅，即今开利寺。传云仙君将去世，谓母潘曰：'明年郡有灾，民大疫，母取橘叶、井水饮之。'

---

① （唐）元结著，孙望校：《元次山集》，《元次山集》卷三《橘井》，上海中华书局1960年版，第47页。

② （唐）元结著：《元次山集》之《元集补》，北京大学图书馆藏王国维批点四部丛刊本，上海商务印书馆1919年版，《元集补》第2页。

如期疫果作，郡人臆前言，竞诣饮，饮下咽而愈，日起百余人，以故争持钱敬谢潘。"① 其后录有元结这首诗，《全唐诗》中则把遗迹和诗文合一。可见现存《橘井》诗来源甚至早于明郭勋刻本，且《方舆胜览》中的文献可信度比较高，故从版本学角度试图排除《橘井》非元结作品不能成立。二是《橘井》诗从形式和风格上与元结其他作品看上去不一致。《橘井》无论是平仄、用韵和对仗上，都符合律诗格律。在元结作品中，除《橘井》之外确实没有一首七言律诗，而且连五言律诗都不存在，但这并不意味着元结不懂律诗的格律。据《登科记考补正》载，元结在天宝十三载（754）中进士，元结自己也说："侍郎杨公见《文编》，叹曰：'以上第污元子耳！有司得元子是赖。'"在天宝十三载举行的辞藻宏丽科，"策问外更诗律赋各一首"②。元结有可能为科举而作律诗。元结一生对诗体的选择也在不断发生改变：在安史之乱前，元结的作品多拟上古乐歌、《诗经》及汉乐府等古体，语言以三言、四言、五言为主，多重章形式，反复咏叹；安史之乱后，元结抛弃了三言、四言句式，主要采用五言句式；大约永泰年间，元结开始创作以七言为主的诗，如《无为洞口作》《宿无为观》《宿洄溪翁宅》《说洄溪招退者》《朝阳岩下歌》《石鱼湖上醉歌》等；到大历年间时，元结诗歌以七言为主，创作了《宿丹崖翁宅》《欸乃曲五首》，其中，《欸乃曲五首》虽为民歌体形式，但采用七言四句形式，且在诗中开始注意平仄。据《全唐诗分析系统》分析，"千里枫林烟雨深""零陵郡北湘水东"两首在格律上完全符合七言绝句，属于近体诗。这说明在大历年间左右，元结的创作开始由古体诗向近体诗转变。既然能够创作七言绝句，创作七言律诗则完全存在可能。虽然元结的这些诗歌没有如《橘井》讲究对仗的工整，但像《无为洞口作》《宿无为观》等诗歌在主题思想上与《橘井》表现出一致性。下面是《宿无为观》："九疑山深几千里，峰谷崎岖人不到。山中旧有仙姥家，十里飞泉绕丹灶。如今道士三

---

① （宋）祝穆撰，（宋）祝洙增订：《方舆胜览》卷之二五《郴州》，中华书局2003年版，第449页。

② （清）徐松撰，孟二冬补正：《登科记考补正》卷九，北京燕山出版社2003年版，第379页。

四人，茹芝炼玉学轻身。霓裳羽盖傍临壑，飘飘似欲来云鹤。"表现出了诗人羡慕神仙和隐逸情怀，这一点与《橘井》十分相似。

可见，元结是能够创作出如《橘井》这样的作品的，但文人的创作大多具有应景性，他们创作与古迹类相关的作品，常亲临该地。如果能证实元结确实去过一个有橘井的地方，那他创作《橘井》就更存在可能了。翻阅相关地志，可以发现元结经历地湖北大冶有橘井，清胡复初修《大冶县志》卷二载："橘井，《总志》载在市中，今无考，但县左黎衙与儒学之右各有井，未知孰是。"① 但没有文献记载该橘井与苏仙翁相关。全国各地存在的橘井不在少数，但与《橘井》诗中所载苏仙翁（苏耽）相关的橘井主要有一处，那便是湖南郴州橘井。除前所引宋祝穆《方舆胜览》记载郴州有橘井外，明李贤等撰《明一统志》、清迈柱等监修《湖广通志》、清朱偓《嘉庆郴州总志》等都记载了郴州的橘井与苏耽相关。且元结同时代的杜甫曾作《奉送二十三舅录事之摄郴州》："郴州颇凉冷，橘井尚凄清。"② 也证明了郴州橘井的存在。那元结是否到过郴州呢？孙望先生《元次山年谱》中未记载元结有郴州之行。但清光绪三年李镜蓉等编撰的《道州志》载："杨越公房：其先本中原成纪人，为郴州刺史，尝过道州见元结。还，过莲塘李氏，慕宁邑之胜境，家焉。"③ 清光绪元年张大煦《宁远县志》："杨房：其先本成纪人，封越公，为郴州刺史。尝过道州见元结，还，过莲塘李氏，慕邑之形胜秀异，因卜居于县西之董洲。至唐末至宋，科第不绝，遂称巨族云。"④ 此二则均记载了郴州刺史与元结有交往。考文献来源，当源自《新唐书·宰相世系》，但转载有误。《新唐书》载："越公房本出中山相结次子继。生晖，洛州刺史，谥曰简。生河间太守恩，恩生越恭

---

① （清）胡复初修纂：《大冶县志》卷二《井》，嘉庆（1796—1820）刻本，第71页。
② （唐）杜甫著，（清）仇兆鳌注：《杜诗详注》卷二三《奉送二十三舅录事之摄郴州》，中华书局1979年版，第2055页。
③ （清）李镜蓉、盛赓修纂《道州志》卷九《人物志》，清光绪三年（1877）刻本，第789页。
④ （清）张大煦等修：《宁远县志》卷七《人物》，台湾成文出版社影印光绪元年刊本，1975年，第561页。

公钩,号越公房。"① 而在越公房杨钧后有载:"仲敏,郴州刺史。"② 则任郴州刺史的为杨仲敏。《唐故舒州太湖县丞弘农杨府君墓志铭》:"曾祖、祖具于郴州府君石记,府君即郴州刺史府君仲敏之第五子也……以大历九年七月十三日终于官舍……时年廿有九",郁贤皓《唐刺史考》杨仲敏或在玄宗时期任郴州刺史,但其子杨颂卒于大历九年,且去世时年纪较轻,则杨仲敏任郴州刺史是完全可能与元结任道州刺史在同一时间,故地志所载虽错误颇多,但也当有所依据。杨仲敏在元结任道州刺史任上访问了元结,那元结是否有机会去访问杨仲敏,是否有机会见到苏仙山和橘井呢?据刘禹锡《吏隐亭述》云:"元和十年,再牧于连州、作吏隐亭海阳湖壖。……海阳之名,自元先生。先生元结,有铭其碣。元维假符,予维左迁。其间相距,五十余年。"③《刘梦得文集外集》中也载"元次山始作海阳湖"④,宋祝穆《方舆胜览·连州》载:"海阳湖。在桂阳东北二里。唐大历间,元结到此,创湖通小舟游泛,刘禹锡赋《海阳湖》十咏。"⑤ 元结究竟大历几年到连州呢?元结《欸乃曲五首》序言:"大历丁未中,漫叟结为道州刺史,以军事诣都。使还州,逢春水,舟行不进,作《欸乃》五首。"大历丁未为大历二年(767),元结还道州。道州秩满,元结闲暇时间较多,故于本年六月,至永州祁阳,作《峿台铭》,刻于石上。《金石录》:"《唐峿台铭》,元结撰。篆书,无姓名。大历二年六月。"⑥ 颜真卿《元君表墓碑铭》:"观察使奏课第一,转容府都督兼侍御史本管经略使。"正如"大历二

---

① (宋)欧阳修、宋祁:《新唐书》卷七一下《宰相世系一下》,中华书局1975年版,第2365页。
② (宋)欧阳修、宋祁:《新唐书》卷七一下《宰相世系一下》,中华书局1975年版,第2369页。
③ (唐)刘禹锡撰,瞿蜕园笺证:《刘禹锡集笺证》《外集》卷九,上海古籍出版社1989年版,下册,第1493—1494页。
④ (唐)刘禹锡撰,瞿蜕园笺证:《刘禹锡集笺证》《外集》卷八《海阳十咏并引》,上海古籍出版社1989年版,下册,第1453页。
⑤ (宋)祝穆撰,(宋)祝洙增订:《方舆胜览》卷三七《连州》,中华书局2003年版,第667页。
⑥ (宋)赵明诚撰,金文明校证:《金石录校证》卷八《唐峿台铭》,广西师范大学出版社2005年版,第137页。

年十月"条考证，元结参与选授，转容府都督兼侍御史本管经略使当在十月稍后。事实上，本年十一月前后元结仍在道州。他取天宝年间旧编，合以道州任内所作，共二百三首，分为十卷，重命之《文编》，并为之序。《文编序》："时大历二年丁未中冬也。"中冬即十一月；又"尔来十五年矣，更经丧乱，所望全活"。元结自广德元年（763）赴道州刺史任，至大历二年（767），正好五年，与"叟在此州，今五年矣"相合。又元结《让容州表》："臣结言：臣伏奉今月二十二日敕，授臣使持节都督容州诸军事、守容州刺史、御史中丞、充本管经略守捉使。四月十六日敕到，二十一日发付本道行营。"按：《表》言："四月十六日敕到。"然又曰："臣伏奉今月二十二日敕。"则敕命元结自道州刺史转容府都督兼侍御史本管经略使当在大历三年三月二十二日或稍前。而元结摄连州刺史当在大历二年十一月至大历三年四月十六日间。又元结摄连州刺史后，在连州修建海阳湖，是时元结为水部员外郎摄连州刺史，大历二年十一月至大历三年四月十六日属于农闲时间，元结完全有可能利用这段时间在连州修建海阳湖。海阳湖在元明时期淤塞，至今天已完全消失，但笔者在连州考察时，尚于连州中学内发现宋代官员游海阳湖的石刻记载，刘禹锡博物馆内也存有海阳湖图，均可印证元结修建海阳湖这一事实。

元结至郴州游橘井可能存在两条路线，一是他从道州出发，绕道郴州，拜访郴州刺史杨仲敏，然后由郴州入连州；或者他返衡州，自衡州受命前往连州代摄刺史，则由耒水直接进入郴州，在郴州稍作停留后再继续前往，这种可能性比前者要大。宋人周去非《岭外代答》：入岭南的交通路线有五条："自湖南之郴入连，三也。"① 耒水发源郴州，自衡州与湘水合。元结自此路入连州十分便捷。元结抵达郴州时间应该在大历二年十一月稍后，毕竟修筑海阳湖是项较大工程。由此可见，《橘井》是元结诗歌创作发生新变时在大历二年十一月或稍后拜访郴州刺史杨仲敏时所作，他代表着元结诗歌最高艺术水平。清管世铭《读雪

---

① （宋）周去非著，杨武泉校注：《岭外代答校注》，中华书局1999年版，第11页。

山房唐诗序例》:"开、宝以前,如孙逖、王昌龄、卢象、张继、包何辈,皆不以七言律名,而流传一二篇,音节安和,情词高雅,迥非后来可及,信乎时代为之也。元次山尤称与世聱牙,而《橘井》一章,又何其流逸乃尔!"① 确是中的评价。

本年或次年,于邵出为道州刺史,未就道,转巴州。

郁贤皓《唐刺史考·道州》:"于邵,约大历三年(768)(未之任)"《旧唐书·于邵传》:"邵天宝末进士登科,书判超绝,授崇文馆校书郎。累历使府,入为起居郎,再迁比部郎中,尚二十考第于吏部,以当称。无何,出为道州刺史,未就道,转巴州。"②《新唐书·于邵传》:"天宝末,第进士,以书判超绝,补崇文校书郎。繇比部郎中为道州刺史,未行,徙巴州。"③ 于邵《与李尚书书》:"某忝接末姻,早承余睠,南秦旅寄,特奉周旋;西掖宦游,叨联清切。高山景行,何日忘之?去年出守江华,未遑进路,猥当时议,且复拘留。"④ 又于邵《送从舅赴阳翟序》:"小子江华罢守,未离系滞。"⑤ 按:元结实大历二年十一月前后离任道州刺史,大历三年八月崔涣为道州刺史。于邵出为道州刺史当在此期间。

768 戊申

大历三年　公五十岁

一月或稍前,公至连州,在摄连州刺史任,于连州修建海阳湖;在此前后,公在连州多有游历,作《海阳湖》诗十三首,并铭一篇。

《孙谱》记载着元结直接由道州刺史转容管经略使,对于元结作《橘井》及修筑海阳湖的经历尚未提及,最主要的原因是一组文献资料尚未发掘,这便是《海阳泉帖》。大约在五代宋初时期,日本藤原佐理

---

① 郭绍虞编:《清诗话续编》,上海古籍出版社1983年版,第1553页。
② (后晋)刘昫等:《旧唐书》卷一三七《于邵传》,中华书局1975年版,第3765页。
③ (宋)欧阳修、宋祁:《新唐书》卷二〇三《于邵传》,中华书局1975年版,第3765页。
④ (清)董诰编:《全唐文》卷四二六于邵《与李尚书书》,中华书局1983年版,第4344页。
⑤ (清)董诰编:《全唐文》卷四二八《送从舅赴阳翟序》,中华书局1983年版,第4362页。

书写了一组《海阳泉帖》，未具作者姓名。中华书局1985年出版日本河世宁纂辑的《全唐诗逸》收录了其中的十三首诗，并断定为中唐诗人所作。① 日本昭和三十年（1955）太田晶二郎先生曾撰文《海阳泉帖考》，发表在日本《历史地理》第86卷第二号（总第540号），1994年王汉民、陶敏翻译此文，题为《无名氏〈海阳泉〉诗当为元结作》②，国人始知为元结所作无疑。2018年黄山长《中日千年接力考证元结连州〈海阳湖〉组诗》发表在《岭南文史》上，加入了实地考证的内容。2018年，陈尚君先生在《文史知识》发表了《元结与〈箧中集〉作者之佚诗》，《海阳泉帖》中的十三首诗歌也被认定为元结作品。因这十三首诗已在国内流行，且被公认为元结作品，这里不一一列出，仅录其目录。这十三首诗是《海阳泉》《曲石凫》《望远亭》《石上阁》（两首）《海阳湖》（两首）《盘石》（两首）《湖下溪》（两首）《夕阳洞》《游海门峡》。在藤原佐理《海阳泉帖》中的《夕阳洞》《游海门峡》间，另有《漫泉铭有序》当同为元结所作，无须另加证明。但检索国内各类《全唐文》补辑文献，尚无著作收录此文，从《三国笔海·佐理书》中辑录《漫泉铭有序》："海阳泉东北一二百步得泉亭。泉源出于石下，破平石为渠，流一二里，合湖下溪汭。爱其胜绝，命为漫泉，欲海阳之人知我。爱之而不忘修，赏者也。铭曰：**潨潨漫泉**，灵怪者钦。能破平石，为溪为渠。溪门活□，□而浚渠。□□□□，平而令□。我行天下，曾未之得。**漫泉之傍**，猗不可忘。"③ 本人曾前往连州考察漫泉，得知其北山有群泉，唐时当为海阳湖之水源，漫泉为其中之一泉，惜其石刻不存。其创作时间当在《橘井》稍后，据其铭文看，应与其他十三首诗同作于大历三年春或稍前。

　　元结在诗歌中记载修海阳湖事：《海阳湖》："吾涨海阳泉，以为海阳湖。"唐刘禹锡《吏隐亭述》："海阳之名，自元先生。先生元结，有

---

① ［日］河世宁：《全唐诗逸》卷下，中华书局1985年版，第43—46页。
② ［日］太田晶二郎：《无名氏〈海阳泉〉诗当为元结作》，王汉民、陶敏译，《吴中学刊》1994年第4期，第59页。
③ ［日］藤原佐理：《海阳泉帖》，《三国笔海全书》卷一五《佐理书》，大阪市立图书馆藏本。

铭其碣。元维假符，余维左迁。其间相距，十五余年。对境怀人，其犹比肩。"按："十五余年"当为"五十余年"。又刘禹锡作有《海阳十咏并引》："元次山始作海阳湖。后之人或立亭榭，率无指名，及余而大备，每疏凿构置，必揣称以标之，人咸曰有旨。"① 祝穆撰《方舆胜览》卷之三七："海阳湖。在桂阳东北二里。唐大历间，元结到此，创湖通小舟游泛，刘禹锡赋《海阳湖》十咏。"②

又元结在海阳湖上建湖光桥、湖光亭。清乾隆三十六年杨楚枝修《连州志》卷二："湖光桥在海阳湖，唐元结建，今废。"③《大明一统志》："湖光桥，在连州城北。唐元结自舂陵来游，凿湖潴水，作桥其上，登桥一览，湖光如练，因名。"④

据元结诗歌看，元结在摄连州刺史期间，多有游历。

以海阳湖为中心，游览海阳泉、曲石氿、望远亭、石上阁、湖下溪。《海阳泉》："激繁似涌云，静同冰镜悬。吾欲以海阳，跨于河、洛间。使彼云林客，来游皆忘还。"《曲石氿》："为爱水石奇，不厌湖畔行。每登曲石氿，则有远兴生。敧差半湖□，宛若龙象形。"《望远亭》："泛湖劳水戏，饮漱厌清澜。……归来湖中馆，窗户聊自安。"《石上阁》："水石引我去，南湖复东壑。不厌随竹阴，来登石上阁。"《湖下溪》："海阳湖下溪，夹峰多异石。"从以上诗句中不难看出，海阳泉、曲石氿、望远亭、石上阁、湖下溪均在海阳湖附近，其中石上阁或即在今连州中学内。

又曾游连州巾峰山。《盘石》其一："海阳泉上山，巉巉尽殊状。忽然有平石，盘薄千峰上。"其二："下山复山上，山势临云空。有石圆且平，疑是□□功。"按：巾峰山在连州城内，远望之，有巨石盘薄其上。

---

① （唐）刘禹锡撰，卞孝萱校订：《刘禹锡集》卷三八，中华书局1990年版，第563页。
② （宋）祝穆撰，（宋）祝洙增订：《方舆胜览》卷三七《连州》，中华书局2003年版，第667页。
③ （清）杨楚枝修：《连州志》卷二，故宫珍本丛刊（第171册）影印清乾隆三十六年（1771）刊本，海南出版社2001年版，第38页。
④ 方志远等点校：《大明一统志》卷七九《广州府》，巴蜀书社2017年版，第3059页。

又曾游夕阳洞。《夕阳洞》:"顺山高几许,亭亭似人蹲。左右自回抱,抱中有清源。异石匝阶墀,巉巉快四轩。凭几见城邑,一峰当石门。"按:夕阳洞在连州城湟水西岸,又称"大云洞",洞内幽奇,有泉水滴出。"秀岩滴翠"为古连州八景之一。洞内石刻众多,现为广东省文物保护单位。

又曾游海门峡。《游海门峡》:"沿流二十里,始到海门山。仰视见两崖,有如万盖悬。逐上几千仞,尤未穷绝颠。"海门峡在今连州龙潭镇湟川三峡附近。海门:内河通海之处,后内陆河流由窄变宽处亦称海门。

公修筑海阳湖后,自唐至宋,再无水患。连州文风之盛亦自公始。

清乾隆三十六年杨楚枝修《连州志》卷六:"元结字次山,客游连州,凿湖潴水,建亭筑桥。自唐迄宋,连无水患,海阳湖之力也。"[①]同书同卷:"连自唐元道州结初凿海阳湖,构亭其上,厥后昌黎、梦得复以迁谪至此。歌咏流连、遗风斯在。"[②]

[①] (清)杨楚枝修:《连州志》卷六,故宫珍本丛刊(第171册)影印清乾隆三十六年(1771)刊本,海南出版社2001年版,第12页。

[②] (清)杨楚枝修:《连州志》卷六,故宫珍本丛刊(第171册)影印清乾隆三十六年(1771)刊本,海南出版社2001年版,第25页。

十五　经略容管

768 戊申

大历三年　公五十岁

三月或稍前，敕命公自摄连州刺史任转容府都督兼侍御史本管经略使。

元结《让容州表》："臣结言：臣伏奉今月二十二日敕，授臣使持节都督容州诸军事、守容州刺史、御史中丞、充本管经略守捉使。四月十六日敕到，二十一日发付本道行营。"按：《表》言："四月十六日敕到。"然又曰"臣伏奉今月二十二日敕"，则敕命公自连州刺史转容府都督兼侍御史本管经略使当在三月二十二日或稍前。又按：《旧唐书·地理四》："容州下都督府：……天宝元年，改为普宁郡。乾元元年，复为容州都督府。仍旧置防御、经略、招讨等使，以刺史领之。刺史充经略军使，管镇兵一千一百人，衣粮税本管自给。旧领县七，户八千八百九十。天宝后，领县五，户四千九百七十，口一万七千八十七。"①《旧唐书·职官一》："从第三品：……下都督。"② 又同书同卷："正第五品上阶：……御史中丞。"③ 又《旧唐书·地理一》："容管经略使，治容州，管兵千一百人。"④ 同书同卷："容管经略使。治容州，管容、

---

① （后晋）刘昫等：《旧唐书》卷四一《地理四》，中华书局1975年版，第1743页。
② （后晋）刘昫等：《旧唐书》卷四二《职官一》，中华书局1975年版，第1792页。
③ （后晋）刘昫等：《旧唐书》卷四二《职官一》，中华书局1975年版，第1794页。
④ （后晋）刘昫等：《旧唐书》卷三八《地理一》，中华书局1975年版，第1389页。

辩、白、牢、钦、岩、禺、汤、瀼、古等州。"① 元结自道州刺史转容府都督从正四品升为从三品，然就实际情况看，元结在道州刺史任，道州尚未为西原蛮攻破，但容州却为西原蛮占领，元结不得不寄理他州。

四月，公转容府都督兼侍御史本管经略使，敕到，公以老母病重为由，作《让容州表》辞之，然未从之。

颜真卿《元君表墓碑铭并序》："观察使奏课第一，转容府都督兼侍御史本管经略使。"元结《让容州表》："臣结言：臣伏奉今月二十二日敕，授臣使持节都督容州诸军事、守容州刺史、御史中丞、充本管经略守捉使。四月十六日敕到，二十一日发付本道行营。"又曰："今臣所属之州，陷贼岁久，颓城古木，远在炎荒，管内诸州，多未宾伏，行营野次，向十余年。"《旧唐书·王翃传》："岭南溪洞夷獠乘此相恐为乱……前后经略使陈仁琇、李抗、侯令仪、耿慎惑、元结、长孙全绪等，虽容州刺史，皆寄理藤州，或寄梧州。"② 时元结在梧州。又《表》言："前在道州，黾勉六岁，实无政理，多是假名，频请停官，使司不许。"又言"臣闻孝于家者忠于国，以事君者无所隐。臣有至切，不敢不言。臣实一身，奉养老母，医药饮食，非臣不喜，臣暂违离，则忧悸成疾。……但以老母念臣疾疹日久，时方大暑，南逾大山，举家漂泊，寄在湖上，单车将命，赴于贼庭。臣将就路，老母悲泣，闻者凄怆，臣心可知。臣欲扶持版舆，南之合浦，则老母气力，难于远行。臣欲奋不顾家，则母子之情，禽畜犹有。臣欲久辞老母，则又污辱名教。臣欲便不之官，又恐稽违诏命。在臣肝肠，如煎如灼。昔徐庶心乱，先主不逼；令伯陈情，晋武允许。君臣国家，万代为规。伏惟陛下以孝理万姓，慈育生民，在臣情志，实堪矜愍。臣每读前史，见吴起游宦，噬臂不归；温峤奉使，绝裾而去。常恨不逢斯人，使之殊死。臣所以冒犯圣旨，乞停今授，待罪私门，长得奉养，供给井税，臣之恳愿。"公自广德元年（763）赴道州刺史任，至大历三年（768），正好六年，故元结自道州刺史转容

---

① （后晋）刘昫等：《旧唐书》卷三八《地理一》，中华书局1975年版，第1392页。
② （后晋）刘昫等：《旧唐书》卷一五七《王翃传》，中华书局1975年版，第4143—4144页。

府都督兼侍御史本管经略使在本年。

本月或稍后，公在容州刺史任，时容州为洞夷獠、西原蛮所据，公寄理梧州。

元结《让容州表》："今臣所属之州，陷贼岁久，颓城古木，远在炎荒，管内诸州，多未宾伏，行营野次，向十余年。"《旧唐书·王翃传》："岭南溪洞夷獠乘此相恐为乱，其首领梁崇牵自号'平南十道大都统'，及其党覃问等，诱西原贼张侯、夏永攻陷城邑，据容州。前后经略使陈仁琇、李抗、侯令仪、耿慎惑、元结、长孙全绪等，虽容州刺史，皆寄理藤州，或寄梧州。"①《新唐书·王翃传》："溪洞夷獠相挻为乱，夷酋梁崇牵号'平南都统'，与别帅覃问合，又与西原贼张侯、夏永更诱啸，因陷城邑，遂据容州。前经略使陈仁琇、元结、长孙全绪等皆侨治藤、梧。"② 按：据元结《冰泉铭》："苍梧郡城东二三里，有泉焉。"该文作于本年夏，苍梧郡即梧州。可知元结虽为容州刺史，实则寄理梧州。

稍后，公收复容州普宁，于永安门外筑台练军③；又于县东建面面亭，县西横江石上建濯缨亭，政暇时游于其中；在此前后公单车入洞，抚慰叛乱诸州。

《新唐书·地理七》："容州普宁郡，下都督府。本铜州，武德四年以合浦郡之北流、普宁置。贞观八年更名。元和中徙治普宁。……县六：普宁、北流、陵城、渭龙、欣道、陆川。"④《广西通志》卷四四《容县》："经略台：在永安门外。唐经略使元结建。"清光绪封祝唐等修《容县志》，其序言："唐时元次山领容管经略使，邑东有经略台，是其遗迹，流风余韵，今有存焉。"同书卷四："经略台：在永安门外。

---

① （后晋）刘昫等：《旧唐书》卷一五七《王翃传》，中华书局1975年版，第4143—4144页。
② （宋）欧阳修、宋祁：《新唐书》卷一四三《王翃传》，中华书局1975年版，第4691页。
③ 元结修建经略台之说，尚存异议，参见廖幼华《从唐代容州形势看容州经略台的始建年代》，《中国历史地理论丛》1999年第3期，第115—142页；俞德华《唐普宁置经略台考——兼辨元结建台的误传》，《学术论坛》第6期，第80—84页。然时容州治所在北流，元和中才徙治普宁（今容县），元结普宁修台与寄理梧州并不矛盾，容州的收复，经历了元结与王翃。
④ （宋）欧阳修、宋祁：《新唐书》卷四三上《地理七上》，中华书局1975年版，第1109页。

《金通志》：唐经略使元结常游玩于此，因名。《明统志·府志》唐经略使元结建，明初改为真武庙，嘉靖间重修，训导梁佩有记。"清同治十二年吴九龄《梧州府志》卷四："经略台：在永安门外，唐经略使元结建。台乘高阜，三面临江，揽縶江而控大容。为前贤游览胜地，今改建真武阁。"

清同治十二年吴九龄《梧州府志》卷四《容州》："面面亭：在县东。""濯缨亭：在县西三里，江上有石横江，石平如砥，可坐数人。石罐如紫玉，尊受水数斗，元次山名之为霍尊，水色澄澈似沧浪，故以名。"

颜真卿《元君表墓碑铭并序》："容府自艰虞以来，所管皆固拒山谷，君单车入洞，亲自抚谕。"《新唐书·元结传》："身谕蛮豪。"

五月，颜真卿除抚州刺史。

殷亮《颜鲁公行状》："永泰二年春，差公摄职谒太庙。公以祭器不修，言之于朝。载潛公以为讪谤时政，贬峡州别驾。代宗为罚过其罪，寻换吉州别驾。公与往来词客，诗酒讲论，为乐甚。有所著，编为《庐陵集》十卷。于大历三年迁抚州刺史。在州四年，以约身减事为政。然而接遇才人，耽嗜文卷，未曾暂废焉。"①《全唐文》卷三三八颜真卿《乞御书题额恩敕批答碑阴记》："大历三年夏五月蒙除抚州刺史。"②

盛夏，公在梧州，时苍梧郡城东二三里有寒泉，救苍梧郡人之渴，因泉与火山相对，故命名为冰泉，且为之作《铭》。

元结《冰泉铭》其序曰："苍梧郡城东二三里，有泉焉。出在郭中，清而甘，寒若冰。在盛暑之候，苍梧之人得救渴。泉与火山相对，故命之曰'冰泉'，以变旧俗。"按：元结大历四年（769）四月丁母忧，稍后辞去容州刺史兼容管经略守捉使之职，未历盛夏，故《冰泉铭并序》当作于本年盛夏。《宝刻丛编》卷一九引《复斋碑录》："《唐

---

① （清）董诰编：《全唐文》卷五一四殷亮《颜鲁公行状》，中华书局1983年版，第5229页。
② （清）董诰编：《全唐文》卷三三八颜真卿《乞御书题额恩敕批答碑阴记》，中华书局1983年版，第3431页。

冰泉铭》，唐大历间容州刺史元结撰，贞元十二年正月十六日韦武重修并书。"①《梧州府志》载："梧州城东有井出冰泉，井水甘凉清冽。"《漫泉亭赋》："天与贞良，七叶中唐，令闻令望，漫叟漫郎。……于时苍梧东、漓水北，地辟元脉。决决涓涓，盈盈瀝瀝。注醴泉之芳溶，溜石髓之香液。汇六月之甘寒，贮两涵之深碧。挹之而杯勺冰澌，歃也而齿牙霜刺。清飚飒兮凄容，霁月湛其流魄。斯媲洁于襜帷，又鉴荣于棨戟。心尔醒兮澄凉，热斯濯兮疏泽。于是俯而叹，仰而兴，洑休沭美，命名曰'冰'。伐坚贞于星魄，绎雅思以镌铭。"②同篇又曰："有唐元子，贤也哲兮。世皆涸浊，彼独洁兮。受命南绥，驻玉节兮。嗜泉甘寒，曰冰冽兮。刻以铭诗，溥莫竭兮。"③

六月左右，叛乱八州归顺；公乃驾轺车，乃历险阻，乃采风谣，以问疾苦。

颜真卿《元君表墓碑铭并序》："君单车入洞，亲自抚谕，六旬而收复八州。"《新唐书·元结传》："身谕蛮豪，绥定八州。"按：《旧唐书·地理一》："容管经略使。治容州，管容、辩、白、牢、钦、岩、禺、汤、瀼、古等州。"④也正因为元结收复八州，使得容州叛军成为孤军，所以大历六年，容管经略使王翃与义州刺史陈仁璀、藤州刺史李晓庭攻容州，拔之，擒梁崇牵，才尽复容州故地。

陈洙《漫泉亭赋》："天与贞良，七叶中唐，令闻令望，漫叟漫郎。系大历之初载，驻玉节于南荒，谕蛮酋而王化洽，绥八州而民事康。爰顾以瞻，曰此边土，政虽少纾，俗或未煦。乃驾轺车，乃历险阻，乃采风谣，以问疾苦。"⑤

---

① （南宋）陈思编著：《宝刻丛编》卷一九《容州》，浙江古籍出版社2012年版，第1144页。
② 曾枣庄、刘琳主编：《全宋文》卷一〇三一《陈洙》，上海辞书出版社、安徽教育出版社2006年版，第48册，第34—35页。
③ 曾枣庄、刘琳主编：《全宋文》卷一〇三一《陈洙》，上海辞书出版社、安徽教育出版社2006年版，第48册，第35页。
④ （后晋）刘昫等：《旧唐书》卷三八《地理一》，中华书局1975年版，第1392页。
⑤ 曾枣庄、刘琳主编：《全宋文》卷一〇三一《陈洙》，上海辞书出版社、安徽教育出版社2006年版，第48册，第34页。

十五　经略容管

闰六月或稍前，公于浯溪之口异石上作㢱，临湘江、枕浯溪，又作《唐㢱铭》，闰六月九日，林云刻之于石上。

元结《唐㢱铭》其序曰："浯溪之口，有异石焉。高六十余丈，周回四十余步。西面在江中，东望峿台，北面临大渊，南枕浯溪。唐㢱当乎石上，异木夹户，疏竹傍檐。瀛洲言无，谓此可信。若在㢱上，目所厌者，远山清川；耳所厌者，水声松吹；霜朝厌者寒日；方暑厌者清风。于戏！厌，不厌也。厌犹爱也，命曰'唐㢱'，旌独有也。"其铭曰："年将五十，始有唐㢱。"又曰："有唐大历三年岁次戊申闰六月九日林云刻。"大历三年（768）闰六月。《旧唐书·代宗纪》："六月戊子，承天皇帝祔奉天皇帝庙，同殿异室。……闰月己酉，郭子仪加司徒。"①《资治通鉴·大历三年》："六月，壬辰，幽州兵马使朱希彩、经略副使昌平朱泚、泚弟滔共杀节度使李怀仙，希彩自称留后。闰月，成德军节度使李宝臣遣将将兵讨希彩。"② 可见本年确实闰六月，元结也正好五十。

八月，贬崔涣为道州刺史。

《旧唐书·代宗纪》："（大历三年八月）御史大夫崔涣为税地青苗钱使，给百官俸钱不平，诏尚书左丞蒋涣按鞫，贬崔涣为道州刺史。"③ 同书《崔涣传》："（崔涣）迁御史大夫，加税地青苗钱物使。时以此钱充给京百官料，涣为属吏希中，以下估为使料，上估为百官料。其时为皇城副留守张清发之，诏下有司讯鞫，涣无词以对，坐是贬道州刺史。"④ 又见《新唐书·崔涣传》。

十二月，道州刺史崔涣卒，时刘长卿在湖湘，作《祭崔相公文》。

《旧唐书·崔涣传》："（崔涣）坐是贬道州刺史。大历三年十二月壬寅，以疾终。"⑤《全唐文》卷七八四穆员《相国崔公墓志铭》："（崔涣）

---

① （后晋）刘昫等：《旧唐书》卷一一《代宗纪》，中华书局1975年版，第289页。
② （宋）司马光编著，（元）胡三省音注：《资治通鉴》卷二二四《唐纪》四〇，中华书局1956年版，第7200—7201页。
③ （后晋）刘昫等：《旧唐书》卷一一《代宗纪》，中华书局1975年版，第290页。
④ （后晋）刘昫等：《旧唐书》卷一〇八《崔涣传》，中华书局1975年版，第3280页。
⑤ （后晋）刘昫等：《旧唐书》卷一〇八《崔涣传》，中华书局1975年版，第3280页。

享年六十二，以大历三年冬十有二月二日薨于道州刺史之寝。"① 刘长卿《祭崔相公文》："旅榇还乡，危旌启路吊湘水而自波，望长沙而空暮。呜呼！万古兮归舟，千里兮东流。过洞庭而摇落，出夏口而夷犹。"

769 己酉

大历四年　　公五一岁

二月，以湖南都团练观察使、衡州刺史韦之晋为潭州刺史，徙湖南军于潭州。不久，卒于任上，杜甫有《哭韦大夫之晋》伤之。

《旧唐书·代宗纪》："（二月）辛酉，以湖南都团练观察使、衡州刺史韦之晋为潭州刺史，因是徙湖南军于潭州。"②《新唐书·方镇六》："（大历四年）湖南观察使徙治潭州。"③《杜诗详注》卷二二杜甫《哭韦大夫之晋》："贡喜音容间，冯招疾病缠。南过骇仓卒，北思悄联绵。鹏鸟长沙讳，犀牛蜀郡怜。素车犹恸哭，宝剑欲高悬。"④

四月，公丁母忧。公拜左金吾卫将军，员外置同正员，兼御史中丞使持节都督容州诸军事兼容州刺史充本管经略守捉使，赐紫金鱼袋。

元结《再让容州表》："草土臣结言：伏奉四月十三日敕，以臣前在容州，殊有理政，使司乞留，以遂人望。起复臣守金吾卫将军、员外置同正员、兼御史中丞，使持节都督容州诸军事、兼容州刺史、充本管经略守捉使，赐紫金鱼袋。"颜真卿《元君表墓碑铭并序》："丁陈郡太夫人忧，百姓诣使请留，大历四年夏四月，拜左金吾卫将军兼御史中丞，管使如故。"《新唐书·元结传》："会母丧，人皆诣节度府请留，加左金吾卫将军。"

本月，公以亡母旅榇未归葬，有违礼法，再次辞让容州，作《再让容州表》，时公在祁阳，请永州刺史王庭璬进表以陈。

元结《再让容州表》："草土臣结言：伏奉四月十三日敕……今陛

---

① （清）董诰编：《全唐文》卷七八四穆员《相国崔公墓志铭》，中华书局1983年版，第8192页。
② （后晋）刘昫等：《旧唐书》一一卷《代宗纪》，中华书局1975年版，第292页。
③ （宋）欧阳修、宋祁：《新唐书》卷六九《方镇六》，中华书局1975年版，第1938页。
④ （唐）杜甫著，（清）仇兆鳌注：《杜诗详注》卷二二，中华书局1979年版，第1992—1993页。

下又夺臣情，礼授容州。臣遂行，则亡母旅榇，归葬无日；几筵漂寄，奠祀无主。捧读诏书，不胜悲惧。臣旧患风疾，近转增剧，荒忽迷忘，不自知觉。余生残喘，朝夕殒灭，岂堪金革，能伏叛人？特乞圣慈，允臣所请，收臣新授官诰，令臣终丧制，免生死羞愧，是臣恳愿。"又曰："臣闻苟伤礼法，妄蒙寄任，古人所畏，臣敢不惧？国家近年，切恶薄俗，文官忧免，许终丧制。臣素非战士，曾忝台省，墨缞戎旅，实伤礼法。"颜真卿《元君表墓碑铭并序》："大历四年夏四月，拜左金吾卫将军兼御史中丞，管使如故。君矢死陈乞者再三，优诏褒许。"

元结《再让容州表》结尾曰："臣今寄住永州，请刺史王庭璪为臣进表，陈乞以闻。"按：《旧唐书·地理三》"永州中：隋零陵郡。武德四年，平萧铣，置永州，领零陵、湘源、祁阳、灌阳四县。七年，省灌阳。贞观元年，省祁阳县，四年，复置。天宝元年，改为零陵郡。乾元元年，复为永州。"①

本月或稍后，帝允公所奏，以长孙全绪为容州刺史充本管经略守捉使，寄理藤州。

颜真卿《元君表墓碑铭并序》："大历四年夏四月，拜左金吾卫将军兼御史中丞，管使如故。君矢死陈乞者再三，优诏褒许。"《旧唐书·王翃传》："前后经略使陈仁琇、李抗、侯令仪、耿慎惑、元结、长孙全绪等，虽容州刺史，皆寄理藤州，或寄梧州。"②《新唐书·王翃传》："前经略使陈仁琇、元结、长孙全绪等皆侨治藤、梧。"③按：据《墓碑铭》载，代宗最终准元结所奏，而据《旧唐书·王翃传》载，长孙全绪接替了元结位置。又长孙全绪之后的王翃寄理藤州，元结又曾于容州普宁建台练军，则在元结时，滕州已复，其后的长孙全绪当寄理滕州。

---

① （后晋）刘昫等：《旧唐书》卷四〇《地理三》，中华书局1975年版，第1615页。
② （后晋）刘昫等：《旧唐书》卷一五七《王翃传》，中华书局1975年版，第4144页。
③ （宋）欧阳修、宋祁：《新唐书》卷一四三《王翃传》，中华书局1975年版，第4691页。

十六　守孝祁阳

769 己酉

　　大历四年　公五一岁

　　四月或稍后，公回祁阳，居家守制。公在容管经略使任，民乐其教，立石颂其德。

　　颜真卿《元君表墓碑铭并序》："君矢死陈乞者再三，优诏褒许。"按：此后数月，公之行迹少见，当在居丧期间。

　　又《新唐书·元结传》："民乐其教，至立石颂德。"《宝刻丛编》卷一九《容州》："《唐元结德政碑》：唐大历中立。"① 清光绪封祝唐等修《容县志》卷二四："《容管经略使元结德政碑》：佚，唐大历中立在容县。"（《宝刻丛编》引诸道石刻）后人也曾于容县修建思元堂、思贤堂以纪念之。清同治十二年吴九龄《梧州府志》："思元堂：在旧州治中，宋守王庆曾建有记，有诗碑。"同卷又载："思贤堂：在县治，南宋知州谭惟寅建，祀唐守元结、王翃、戴叔伦、韦丹及前守王次翁。"《大明一统志》："王次翁。建炎中知容州，尝慕元结之为人，取结在道州时《乞免科率二奏》刻之石，并刻其遗像以便观省，且曰：'庶不坠元子之政也'"②

　　七月，以澧州刺史崔瓘为潭州刺史、湖南都团练观察使。以西川溃将杨子琳为澧阳守。

　　《旧唐书·代宗纪》："秋七月己巳，以澧州刺史崔瓘为潭州刺史、

---

① （宋）陈思编著：《宝刻丛编》卷一九《容州》，浙江古籍出版社 2012 年版，第 1142—1143 页。

② 方志远等点校：《大明一统志》卷八四《梧州府》，巴蜀书社 2017 年版，第 3734 页。

十六　守孝祁阳

湖南都团练观察使。"① 常衮《授崔瓘自澧州刺史除湖南观察使制》："银青光禄大夫前澧州刺史兼侍御史上柱国义丰县开国男崔瓘，尝守江潭，有清静简易之化，勤俭约已，精诚感物。……可使持节都督潭州诸军事潭州刺史兼御史中丞充湖南都团练守捉使及观察处置等使，仍兼充诸道营田副使知本管营田事，散官勋封如故。"② 按：崔瓘曾两为澧州刺史、两为潭州刺史。温造《瞿童述》："大历四年，西川溃将杨林为澧阳守。"③ 杨林新、旧《唐书》均作杨子琳。

十月，孟云卿自扬州北归，韦应物有诗相送。其后不久，卒于嵩阳。

韦应物《广陵遇孟九云卿》："忽逢翰林友。欢乐斗酒前。……所念京国远，我来君欲还。"④ 按：韦应物另有《寄卢庚》："时节异京洛。孟冬天未寒。广陵多车马。日夕自遊盘。"⑤ 可知韦应物在本年十月至扬州。"我来君欲还"，则韦应物至扬州时，正是孟云卿北归时。又据孟郊《哀孟云卿嵩阳荒居》："戚戚抱幽独，宴宴沈荒居。不闻新欢笑，但睹旧诗书。……秋芜上空堂，寒槿落枯渠。薙草恐伤蕙，摄衣自理锄。残芳亦可饵，遗秀谁忍除。徘徊未能去，为尔涕涟如。"⑥ 可知其卒于嵩阳，其卒年不可考。

高仲武《中兴间气集》录其诗六首，称其："祖述沈千运，渔猎陈拾遗，词气伤怨，如'虎豹不相食，哀哉人食人'，方于《七哀》'路有饥妇人，抱子弃草间'，则云卿之句深矣。虽效于沈、陈，才得升堂，犹未入室，然当今古调，无出其右，一时之英也。"⑦ 唐张为《诗人主客图》以其为"高古奥逸主"。《全唐诗》存其诗一卷。元结《箧

---

① （后晋）刘昫等：《旧唐书》卷一一《代宗纪》，中华书局1975年版，第293页。
② （清）董诰编：《全唐文》卷四一三常衮《授崔瓘自澧州刺史除湖南观察使制》，中华书局1983年版，第4230页。
③ （清）董诰编：《全唐文》卷七三○温造《瞿童述》，中华书局1983年版，第7528页。
④ （唐）韦应物撰，孙望校笺：《韦应物诗集系年校笺》卷二，中华书局2002年版，第75页。
⑤ （唐）韦应物撰，孙望校笺：《韦应物诗集系年校笺》卷二，中华书局2002年版，第70页。
⑥ （清）彭定求等编：《全唐诗》卷三八一孟郊《哀孟云卿嵩阳荒居》，中华书局1960年版，第4271—4272页。
⑦ 傅璇琮编撰：《唐人选唐诗新编》之高仲武《中兴间气集》卷下，陕西人民教育出版社1996年版，第518页。

中集》录其诗五首，分别为：《古乐府挽歌》《今别离》《悲哉行》《古别离》《伤怀赠故人》，为集中录诗最多者。钟惺《唐诗归》："元次山与云卿以词学相友二十年，次山直奥，云卿深婉，各不相同，此古人真相友处也。"

770 庚戌

大历五年　公五二岁

四月，庚子，湖南都团练使崔瓘为其兵马使臧玠所杀，玠据潭州为乱。杜甫时居江阁，有诗作。

《旧唐书·崔瓘传》："大历五年四月，会月给粮储，兵马使臧玠与判官达奚觏忿争，觏曰：'今幸无事。'玠曰：'有事何逃？'厉色而去。是夜，玠遂构乱，犯州城，以杀达奚觏为名。瓘惶遽走，逢玠兵至，遂遇害。"① 《旧唐书·代宗纪》："夏四月庚子，湖南都团练使崔瓘为其兵马使臧玠所杀，玠据潭州为乱。澧州刺史杨子琳、道州刺史裴虬、衡州刺史杨济出军讨玠。"② 杜甫《江阁对雨，有怀行营裴二端公》有句"雨来铜柱北，应洗伏波军"③ 用东汉光武帝伏波将军的典故，《后汉书·马援传》："又交阯女子征侧及女弟征貳反……（光武）十八年春，军至浪泊上，与贼战，破之，斩首数千级，降者万余人。援追征侧等至禁溪，数败之，贼遂散走。"④ "伏波军"当指裴虬军。旧注以为，裴虬与讨臧玠，故有行营。《逃难》《入衡州》《舟中苦热遣怀奉呈阳中丞通简台省诸公》也当作此前后。

五月，以羽林大将军辛京杲为潭州刺史、湖南观察使。

《旧唐书·代宗纪》："（大历五年五月）癸未，以羽林大将军辛京杲为潭州刺史、湖南观察使。"⑤ 《全唐文》卷四一三常衮《授辛杲京湖

---

① （后晋）刘昫等：《旧唐书》卷一一五《崔瓘传》，中华书局1975年版，第3375页。
② （后晋）刘昫等：《旧唐书》卷一一《代宗纪》，中华书局1975年版，第296页。
③ （唐）杜甫著，（清）仇兆鳌注：《杜诗详注》卷二三，中华书局1979年版，第2078页。
④ （南朝宋）范晔撰，（唐）李贤等注：《后汉书》卷二四《马援传》，中华书局1965年版，第838页。
⑤ （后晋）刘昫等：《旧唐书》卷一一《代宗纪》，中华书局1975年版，第297页。

南观察使制》："开府仪同三司试太常卿兼御史中丞同朔方节度副使上柱国晋昌郡王辛杲京，居敬可久，尽忠必诚，精办郡务，通于典试。……可使持节都督潭州诸军事行潭州刺史兼御史大夫充河南都团练守捉及观察处置使，仍赐散官勋封如故。"① 按：新、旧《唐书》及穆员《陕虢观察使卢公墓志铭》均作辛京杲，常衮文作"辛杲京"或误。详考见郁贤皓《唐刺史考·潭州》。

冬，杜甫自潭州北归，卧疾舟中，伏枕书怀，作诗三十六韵，卒，年五十九。

《杜诗详注》卷二三有《风疾舟中伏枕书怀三十六韵，奉呈湖南亲友》。有《杜甫集》六十卷，又《小集》六卷。事见《元稹集》卷五六《唐故工部员外郎杜君墓系铭》《新唐书·艺文志》四、《直斋书录解题》卷一六。

元稹在《唐故工部员外郎杜君墓系铭》赞曰："至于子美，盖所谓上薄风骚，下该沈宋，古傍苏李，气吞曹刘，掩颜谢之孤高，杂徐庾之流丽，尽得古今之体势，而兼人人之所独专矣。"② 又曰："时山东人李白，亦以奇文取称，时人谓之李杜。予观其壮浪纵恣，摆去拘束，摸写物象及乐府歌诗，诚亦差肩于子美矣！至若铺陈终始，排比声韵，大或千言，次犹数百，词气豪迈而风调清深，属对律切而脱弃凡近，则李尚不能历其藩翰，况堂奥乎？"③ 后韩愈在《调张籍》中也写道："李杜文章在，光焰万丈长。"自此，李杜得以并称。

杜甫人生与元结多有交集，曾一同参与了天宝六载的科举考试，元结西蜀之游时，杜甫作有《送元二适江左》，后又作有《同元使君〈春陵行〉》，称赞元结诗文："道州忧黎庶，词气浩纵横。两章对秋月，一字偕华星。"④ 亦可谓知己。

---

① （清）董诰编：《全唐文》卷四一三常衮《授辛杲京湖南观察使制》，中华书局1983年版，第4232页。
② （唐）元稹：《新编元稹集》之《元和八年》，三秦出版社2015年版，第3287—3288页。
③ （唐）元稹：《新编元稹集》之《元和八年》，三秦出版社2015年版，第3288页。
④ （唐）杜甫著，（清）仇兆鳌注：《杜诗详注》卷一九，中华书局1979年版，第1692页。

本年，王翃自朗州刺史迁容州刺史、容管经略使，后寄寓藤州。

《旧唐书·王翃传》："大历五年迁容州刺史、容管经略使。"① 《资治通鉴·大历六年》："（二月）经略使王翃至藤州，以私财募兵。"② 权德舆《唐故楚州淮阴县令赠尚书右仆射王府君神道碑铭并序》："公（王光谦）之才子五人。……次曰翃……历辰、朗、容三州刺史、容管经略使，兼御史中丞，河中少尹，朔方节度留后，汾州刺史，单于副都护、镇武军使。"③

771 辛亥

大历六年　公五三岁

二月，容管经略使王翃与义州刺史陈仁璀、藤州刺史李晓庭攻容州，拔之，擒梁崇牵，尽复容州故地。

《新唐书·王翃传》："前经略使陈仁琇、元结、长孙全绪等皆侨治藤、梧。翃至，言于众曰：'我，容州刺史，安可客治它所？必得容乃止。'即出私财募士，有功者许署吏，于是人自奋。不数月，斩贼帅欧阳珪。因至广州，请节度使李勉出兵并力，勉不许，曰：'容陷贼久，獠方强，今速攻，只自败耳。'翃曰：'大夫即不出师，愿下书州县，阳言以兵为助，冀藉此声，成万一功。'勉许诺。翃乃移书义、藤二州刺史，约皆进讨，引兵三千与贼鏖战，日数遇。勉檄止之，辄匿不发，战愈力，卒破贼，禽崇牵，悉复容州故地。捷书闻，诏更置顺州，以定余乱。翃凡百余战，禽首领七十，罝问遁去。复遣将李实等分讨西原，平郁林等诸州。累兼御史中丞、招讨处置使。会哥舒晃反，翃命实悉师援广州，问因合众乘间来袭，翃设伏击之，生禽问，岭表平。"④ 《资治

---

① （后晋）刘昫等：《旧唐书》卷一五七《王翃传》，中华书局1975年版，第4143页。
② （宋）司马光编著，（元）胡三省音注：《资治通鉴》卷二二四《唐纪》四〇，中华书局1956年版，第7216页。
③ （唐）权德舆撰，蒋寅笺，唐元校，张静注：《权德舆诗文集编年校注》之《披垣作品系年》，辽海出版社2013年版，第386页。
④ （宋）欧阳修、宋祁：《新唐书》卷一四三《王翃传》，中华书局1975年版，第4692—4693页。

通鉴·大历六年》:"(二月)经略使王翃至藤州,以私财募兵,不数月,斩贼帅欧阳珪,驰诣广州,见节度使李勉,请兵以复容州;勉以为难,翃曰:'大夫如未暇出兵,但乞移牒诸州,扬言出千兵为援,冀藉声势,亦可成功。'勉从之。翃乃与义州刺史陈仁璀、藤州刺史李晓庭等结盟讨贼。翃募得三千余人,破贼数万众;攻容州,拔之,擒梁崇牵,前后大小百余战,尽复容州故地。分命诸将袭西原蛮,复郁林等诸州。"①

在此前后,王翃与李观并力攻讨番禺贼帅冯崇道,桂州叛将朱济时,三月,五岭平。

《旧唐书·李勉传》:"勉至,遣将李观与容州刺史王翃并力招讨,悉斩之,五岭平。"②《资治通鉴·大历六年》:"先是,番禺贼帅冯崇道,桂州叛将朱济时,皆据险为乱,陷十余州,官军讨之,连年不克;李勉遣其将李观与翃并力攻讨,悉斩之,三月,五岭皆平。"③

本月,颜真卿在抚州刺史任。

《全唐文》卷三三八颜真卿《抚州宝应寺律藏院戒坛记》:"大历三年,真卿忝刺抚州。……有唐大历辛亥岁春三月,行抚州刺史鲁郡开国公颜真卿书而志之。"④ 大历辛亥即本年,可见颜真卿在抚州刺史任。

闰三月,公在祁阳,刻《右堂铭》《中唐铭》于浯溪。

《金石录》:"《唐右堂铭》:元结撰。篆书,无姓名。大历六年闰三月。"⑤ 据金文明《金石录校证》:"叶本作《石堂铭》"⑥ 按:在元结集诸版本中,皆不见《右堂铭》或《石堂铭》,则该文已佚。现据《八琼

---

① (宋)司马光编著,(元)胡三省音注:《资治通鉴》卷二二四《唐纪》四○,中华书局1956年版,第7216—7217页。
② (后晋)刘昫等:《旧唐书》卷一三一《李勉传》,中华书局1975年版,第3635页。
③ (宋)司马光编著,(元)胡三省音注:《资治通鉴》卷二二四《唐纪》四○,中华书局1956年版,第7217页。
④ (清)董诰:《全唐文》卷三三八颜真卿《抚州宝应寺律藏院戒坛记》,中华书局1983年版,第3422—3423页。
⑤ (宋)赵明诚撰,金文明校证:《金石录校证》卷八,中华书局2019年版,第155页。
⑥ (宋)赵明诚撰,金文明校证:《金石录校证》卷八,中华书局2019年版,第155页。

室金石补正》《浯溪志》及元结在浯溪所留石刻（篆刻），录《右堂铭》残文（括号内依据《浯溪志》补）如下：

右堂铭（有序）

（河南）元结字次山撰

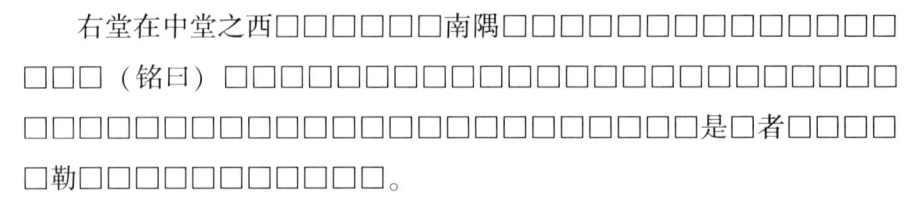

右堂在中堂之西□□□□□南隅□□□□□□□□□□□□□□□□（铭曰）□□□□□□□□□□□□□□□□□□□□□□□□□□□□□□□□是□者□□□□□勒□□□□□□□□□。

（有唐）大历六年岁次辛亥闰三月高（重）明书①

宋黄庭坚《浯溪题记》："余与陶介石绕浯溪，寻元次山遗迹，如《中兴颂》《峿台铭》《右堂铭》，皆众所共知也。"② 宋朱长文《墨池编》："《唐右堂铭》，元结撰，高重明书。"③ 可知《右堂铭》的存在。《广湖南考古略》："铭在浯溪胜异亭之后，文首云：'右堂在中堂之西'"④ 又宋朱纶《石屏题名》："豫章朱纶、行之，嘉定庚辰（1220）长至日……舣舟于磨崖之下，步自峿台，至于中堂……"⑤ 宋沈绅《磨崖题名》："湖南转运判官屯田郎中沈绅，治平四年（1067）孟春丙子，访浯溪元子次山故居，读《中兴颂》《峿台》《中堂》《右堂》三铭。璿、琬侍行。"⑥ 则元结另有《中堂铭》，然诸金石及地志皆不载，原碑不存，故仅录其名。其创作时间当与《右堂铭》相先后。

本月，颜真卿离开抚州赴京。

颜真卿《乞御书题额恩敕批答碑阴记》："大历三年夏五月蒙除抚州刺史，六年闰三月代到。"⑦ 代刺史为谁已无考。又《嘉泰吴兴志》：

---

① 据《八琼室金石补正》卷五九第396页辑录；另据桂多荪《浯溪志》第48—49页补正。
② （宋）黄庭坚撰，刘琳等校点：《黄庭坚全集》，四川大学出版社2001年版，第1497页。
③ （宋）朱长文辑，薛晨校注：《墨池编》卷六《唐碑》，李荷永和堂明隆庆二年（1568）本。
④ 桂多荪：《浯溪志》卷二转引同德斋主人《广湖南考古略》，湖南人民出版社2004年版，第42页。
⑤ 桂多荪：《浯溪志》卷二朱纶《石屏题名》，湖南人民出版社2004年版，第42页。
⑥ 桂多荪：《浯溪志》卷二沈绅《磨崖题名》，湖南人民出版社2004年版，第42页。
⑦ （清）董诰编：《全唐文》卷三三八颜真卿《乞御书题额恩敕批答碑阴记》，中华书局1983年版，第3431页。

"颜真卿，大历七年自抚州刺史授，迁刑部尚书。"① 按：颜真卿离任抚州后，有返京经历，故大历七年才授以湖州刺史。又虽颜真卿闰三月离任，然其离开抚州，或当稍后。

春，刘长卿在鄂岳观察使院，因督赋潭州，有湖南之行。

据拙文《刘长卿湖湘诗重系年》：刘长卿入湖南经岳州，作《湘妃庙》，然后进入长沙，有《送道标上人归南岳》《重送道标上人》。其《重送道标上人》："春草青青新覆地，深山无路若为归。"可知其出使潭州在本年春。

春，戴叔伦在湖南，南巡道州，有诗寄道州刺史李圻、永州刺史王邕。秋冬之季返回，又作诗留别。

戴叔伦《桂阳北岭偶过野人所居，聊书即事呈王永州邕李道州圻》："犬吠空山响，林深一径存。隔云寻板屋，渡水到柴门。日昼风烟静，花明草树繁。乍疑秦世客，渐识楚人言。不记逃乡里，居然长子孙。种田烧险谷，汲井凿高原。畦叶藏春雉，庭柯宿旅猿。"② 所写皆春天之景。同书同卷戴叔伦《将至道州寄李使君》："九疑深路绕山回。木落天清猿昼哀。犹隔箫韶一峰在。遥传五马向东来。"③ 按："裴虬，大历四年—五年（769—770）。"④《唐刺史考·道州》："李圻，约大历中。"⑤ 又《唐刺史考·永州》："王邕，约大历中。"⑥ 又大历四年，王庭璲尚在永州刺史任上，戴叔伦诗同时提及道州刺史李圻和永州刺史王邕，则王邕任永州刺史也当在大历六年前后。

约此前后，王邕在永州刺史任，与公游，作《后浯溪铭》。

王邕《后浯溪铭》："峈然峿台，枕于祁阳。迥然楚方，临于潇湘。

---

① 陶敏：《全唐诗人名汇考》转引自《嘉泰吴兴志》卷一四，辽海出版社2006年版，第1344页。
② （清）彭定求等编：《全唐诗》卷二七四戴叔伦《桂阳北岭偶过野人所居，聊书即事呈王永州邕李道州圻》，中华书局1960年版，第3115页。
③ （清）彭定求等编：《全唐诗》卷二七四戴叔伦《将至道州寄李使君》，中华书局1960年版，第3107页。
④ 郁贤皓：《唐刺史考》卷一七〇《道州》，江苏古籍出版社1987年版，第4册，第2176页。
⑤ 郁贤皓：《唐刺史考》卷一七〇《道州》，江苏古籍出版社1987年版，第4册，第2176页。
⑥ 郁贤皓：《唐刺史考》卷一七一《永州》，江苏古籍出版社1987年版，第4册，第2184页。

孤标一峰，不止百尺。嵯峨巨峻，□洁堪砺。英才别业，雅有儒风。河南元公，高卧其中。……我牧此郡，契于幽寻。刻铭山岑，敢告烟林。"① 从此铭文可知，王邕在永州刺史任上，且与元结有游历。然诸金石著作中皆未录《后浯溪铭》，今浯溪石刻中亦不见此文，则此文已磨灭不可寻。

六月或稍前，颜真卿与公相会于祁阳，正书《大唐中兴颂》；本月，公在祁阳，刻《大唐中兴颂》于湘江石壁。

欧阳修《集古录跋尾》卷七："《唐中兴颂》（大历六年）：右《大唐中兴颂》，元结撰，颜真卿书。书字尤奇伟，而文辞古雅，世多模以黄绢，为图障。碑在永州，磨崖石而刻之，模打既多，石亦残缺。今世人所传字画完好者，多是传模补足，非其真者。此本得自故西京留台御史李建中家，盖四十年前崖石真本也，尤为难得尔。"② 《金石录》卷八载："《唐中兴颂上》（元结撰，颜真卿正书。大历六年六月。）"按：《大唐中兴颂》碑文后署："上元二年秋八月撰，大历六年夏六月刻。"《金石萃编》载："尚书水部员外郎兼殿中侍御史荆南节度判官元结撰，金紫光禄大夫前行抚州刺史上柱国鲁郡开国公颜真卿书。"又曰："上元二年秋八月撰，大历六年夏六月刻。"又目下有注："正书，在祁阳县石崖。"③ 言"前行抚州刺史"，颜真卿《乞御书题额恩敕批答碑阴记》："大历三年夏五月蒙除抚州刺史，六年闰三月代到。"④ 则颜真卿正书《大唐中兴颂》，当在闰三月至六月间，而此段时间正是颜真卿赴京期间，则颜真卿绕道过浯溪而书《大唐中兴颂》存在可能；又宋李洪《石碣传》："颜鲁公真卿、元道州结文翰表世，尝共游浯溪，颂中兴，咤曰：'名字托石生，信磨不磷、涅不淄矣。'其

---

① （清）董诰编：《全唐文》卷三五六王邕《后浯溪铭》，中华书局1983年版，第3616—3617页。
② （宋）欧阳修：《欧阳修全集》卷一四〇《集古录跋尾》卷七，中华书局2001年版，第2243页。
③ （清）王昶：《金石萃编》卷九六（四库全书本），上海古籍出版社1986年版。
④ （清）董诰编：《全唐文》卷三三八颜真卿《乞御书题额恩敕批答碑阴记》，中华书局1983年版，第3431页。

见重如此。"① 也可见二人有游历浯溪经历。宋王存《元丰九域志》："浯溪，石崖上有元结《中兴颂》。"② 今从祁阳浯溪碑林看，《大唐中兴颂》刻于浯溪附近湘江石壁上。

元结《大唐中兴颂》在唐代并不受重视，然自宋以来，论者纷起，张耒、李清照、陆游、范成大等皆撰有文，而其因虽与黄庭坚诗有关，然宋人议论之风与中兴之梦当为其根本，则文学之接受也与时代相关。自宋以来，历代士人对《大唐中兴颂》评价极高。宋洪迈《容斋随笔》卷一四："次山《中兴颂》，与日月争光。"元辛文房《唐才子传》卷三："《中兴颂》一文，灿烂金石，清夺湘流。"明董其昌《画禅室随笔》卷四："余至衡州，欲观《大唐中兴颂》。永州守以墨刻进，亦不甚精。盖彼中称为三绝碑，曰元漫郎颂，颜平原书，并祁阳石为三，殊可嗤恨。石何足绝也？盖两公书与文与其人为三绝耳。"③

夏，公作《东崖铭并序》，并刻于石上。

《东崖铭并序》："峿台西面，敳攲高迥，在唐庼为东崖，下可行坐八九人。其为形胜，与石门、石屏亦犹宫羽之相资也。"《序》中提及"峿台""唐庼"，当作于此两篇后。有据清石刻夾父书，篇末尚有"有唐大历六年岁次辛亥 月 日。"其铭曰："峿台苍苍，西崖云端。亭午崖下，清阴更寒。" 当作于本年夏。

秋冬之季，戴叔伦自道州归，有诗与道州刺史李圻留别；刘长卿至潭州，适逢公自祁阳朝京师，刘作诗赠公。

戴叔伦《留别道州李使君圻》："泷路下丹徼，邮童挥画桡。山回千骑隐，云断两乡遥。渔浥拥寒溜，畲田落远烧。维舟更相忆，惆怅坐空宵。"④ 言及"寒溜"，当在秋冬之季。

---

① 曾枣庄、刘琳主编：《全宋文》卷五三八五李洪《石碣传》，第241册，上海辞书出版社、安徽教育出版社2006年版，第125页。
② （宋）王存：《元丰九域志》卷六《永州》，中华书局1984年版，第644页。
③ （明）董其昌撰，印晓峰点校：《画禅室随笔》卷四《楚中随笔》，华东师范大学出版社2012年版，第142页。
④ （清）彭定求等编：《全唐诗》卷二七三戴叔伦《留别道州李使君圻》，中华书局1960年版，第3087页。

刘长卿《赠元容州》："拥旌临合浦，上印卧长沙。海徼长无戍，湘山独种畲。政传通岁贡，才惜过年华。万里依孤剑，千峰寄一家。累征期旦暮，未起恋烟霞。避世歌芝草，休官醉菊花。旧遊如梦里，此别是天涯。何事沧波上，漂漂逐海槎。"① 按：据杨世明《刘长卿集编年校注》考，此诗为"大历六年冬潭州作"。元容州即元结，大历五年居家祁阳浯溪。本年六月刻《大唐中兴颂》于浯溪，七年正月入京。本诗中有"避世歌芝草，休官醉菊花"，故作于六年秋冬之季。又诗中有"上印卧长沙"。当指元结自祁阳朝京师过长沙。此时，刘长卿正好在潭州。又刘长卿有《长沙过贾谊宅》："秋草独寻人去后，寒林空见日斜时。"② 也可知刘长卿本年秋正在长沙。

本年左右，公之子元友直约二一岁，元友正约一九岁，已能作文。

王邕《后浯溪铭》："河南元公，高卧其中。……嘉宾驻舟，爱子能文。"③

---

① （唐）刘长卿著，储仲君笺注：《刘长卿诗编年笺注》之《编年诗》，中华书局1996年版，第342页。
② （唐）刘长卿著，储仲君笺注：《刘长卿诗编年笺注》之《编年诗》，中华书局1996年版，第337页。
③ （清）董诰编：《全唐文》卷三五六王邕《后浯溪铭》，中华书局1983年版，第3617页。

十七　薨于长安

772 壬子
大历七年　公五四岁

正月，公朝京师，不幸遇疾，帝多次遣中使慰问。

颜真卿《元君表墓碑铭并序》："七年正月朝京师，上深礼重，方加位秩，不幸遇疾，中使临问者相望。"

四月庚午，公薨于永崇坊之旅馆，葬于长安，年五四，杨炎、常衮皆作碑志以抒公之志业。后卒赠礼部侍郎。

颜真卿《元君表墓碑铭并序》："夏四月庚午，薨于永崇坊之旅馆，春秋五十，朝野震悼焉。"《新唐书·元结传》："罢还京师，卒，年五十，赠礼部侍郎。"郑樵《通志二十略·金石略》："元次山墓铭，西京。"同书同卷："容州都督元结碑，汝州。"丰坊《书诀》："元次山墓志，在洛阳。"可见三者非同一碑。据颜真卿《元君表墓碑铭并序》："中书舍人杨炎、常衮皆作碑志，以抒君之志业。"然杨炎、常衮所作碑志今不存，郑樵所谓西京之《元次山墓铭》、丰坊所谓《元次山墓志》，不知为两人中谁作。元结死后，当先葬于长安，而后于同年十一月二十六日，迁葬于河南鲁山。

元结卒年，可据元结《别王佐卿序》推测："癸卯岁，京兆王契佐卿年四十六，河南元结次山年四十五。"癸卯岁即广德元年（763），以此推论，至大历七年，元结当为五十四岁。此与《墓碑铭》及《新唐书》本传不合。从其史料的可信度而言，元结自身文可信度更高，故元结之生卒年，姑从其文。

九月，颜真卿归自东京，起家蒙除湖州刺史。

殷亮《颜鲁公行状》："七年九月，拜湖州刺史。"①

十一月二十六日，迁葬公于鲁山青岭泉陂原。约此稍后，颜真卿作《唐故容州都督兼御史中丞本管经略使元君表墓碑铭并序》，对其功德盛赞之，时颜真卿在湖州刺史任。

颜真卿《元君表墓碑铭并序》："以其年冬十一月壬寅，虔葬君于鲁山青岭泉陂原，礼也。"按：壬寅即二十六日。时颜真卿在湖州刺史任。在颜真卿《墓碑铭》中，提及"冬十一月壬寅，虔葬君于鲁山青岭泉陂原"，则铭文当作此稍后。又欧阳棐《集古录目》："《容州都督元结碑》，湖州刺史颜鲁公撰并书。元结字次山，官至容州都督、本管经略使。碑以大历中立，在鲁山县。"钱大昕《潜研堂金石文跋尾》："《容州都督元结墓碑》，颜鲁公书，四面刻字，与《宋广平》《李含光》及《家庙碑》式相同。后题大历下阙一字，据《鲁公行状》称：'大历七年，除滁州。'此碑署湖州刺史，必在七年以后矣。"王昶《金石萃编》卷九八系此碑在"大历七年"，朱光田《颜真卿年谱》也系此碑于大历七年十一月稍后。

颜真卿在《墓碑铭》中盛赞其德，其《序》曰："呜呼！君其心古，其行古，其言古，躬是三者，而见重于今。虽拥旄麾幢，总戎于五岭之下；弥纶秉宪，对越于九重之上，不为不遇。然以君之才之德之美，竟不得专政方面，登翼泰阶，而感激者不能不为之太息也。"其《铭》曰："次山斌斌，王之荩臣。义烈刚劲，忠和俭勤。炳文华国，孔武宁屯。率性方直，秉心真纯。见危不挠，临难遗身。允矣全德，今之古人。奈何清贤，素志莫伸？群士立表，垂声不泯。"

又清康熙三十三年王雍《鲁山县志》："泉陂：县北二十里，青条岭下。其深莫测，甘凉可饮。元结爱之，宅于此。今有元次山墓。"②同书卷六："元次山墓：在县北三十里，青条岭泉陂之原，结官经略，

---

① （清）董诰编：《全唐文》卷五一四殷亮《颜鲁公行状》，中华书局1983年版，第5229页。
② （清）王雍修纂：《鲁山县志》卷一《舆地志》，康熙三十三年（1694）本，2001年5月鲁山地方史志编纂委员会再版，第9页。

徙葬此。颜真卿为书《墓志铭》。"① 按：笔者前于鲁山实地考察，于鲁高一中老校区内见颜真卿《元君表墓碑铭并序》，而元次山陵则在鲁山县梁洼镇泉上村，即所谓"鲁山青岭泉陂原"。

元结去世后，其人、其文得到后人极力称赞。

李商隐《容州经略使元结文集后序》："次山之作，其绵远长大，以自然为祖，元气为根，变化移易之。太虚无状，大贲无色，寒暑攸出，鬼神有职。南斗北斗，东龙西虎，方向物色，欸何从生？哑钟复鸣，黄雌变雄，山相朝捧，水信潮汐。若大压然，不觉其兴；若大醉然，不觉其醒。其疾怒急击，快利劲果，出行万里，不见其敌。高歌酣颜，入饮于朝，断章摘句，如娠始生。狼子貂孙，竞于跳走，翦余斩残，程露血脉。其详缓柔润，压抑趋儒，如以一国买人一笑，如以万世换人一朝。重屋深宫，但见其脊；牵缞长河，不知其载。死而更生，夜而更明，衣裳钟石，雅在宫藏。其正听严毅，不滓不浊，如坐正人，照彼佞者。子从其翁，妇从其姑。竖麾为门，悬木为牙，张盖乘车，屹不敢入；将刑断死，帝不得赦。其碎细分擘，切截纤颗，如坠地碎，若大咽余。锯取朽蠹，栎蟒出毒，刺眼楚齿，不见可视。顾颠踣错杂，污潴伤损，如在危处，如出梦中。其总旨会源，条纲正目，若国大治，若年大熟。君君尧、舜，人人羲皇。上之视下，不知有尊；下之望上，不知有篡。辩头凿齿，扶服臣仆，融风彩露，飘零委落。耋老者在，童龀者蕃。邪人佞夫，指之触之，熏熏熙熙，不识其故。"② 欧阳修《唐元次山铭跋》："右《元次山铭》，颜真卿撰并书。唐自太宗致治之盛，几乎三代之隆，而惟文章独不能革五〔代〕（国）之弊。既久而后，韩、柳之徒出，盖习俗难变，而文章变体又难也。次山当开元、天宝时，独作古文，其笔力雄健，意气超拔，不减韩之徒也。可谓特立之士哉！"③

---

① （清）王雍修纂：《鲁山县志》卷六《古迹》，康熙三十三年（1694）本，2001年5月鲁山地方史志编纂委员会再版，第80页。

② （唐）李商隐著，刘学锴、余恕诚校注：《李商隐文编年校注》之《未编年文》，中华书局2002年版，第2257页。

③ 曾枣庄、刘琳主编：《全宋文》卷七二五《欧阳修》六三，上海辞书出版社、安徽教育出版社2006年版，第34册，第259页。

刘熙载《诗概》称："次山诗令人想见'立意较然，不欺其志'。其疾官邪、'轻爵禄'，意皆起于'恻怛为民'，不独《春陵行》及《贼退示官吏》作，足使杜陵感喟也。"① 湛若水《元次山集序》则曰："余自北游，观艺于燕冀之都，得《元子》而异焉。欲质不欲野，欲朴不欲陋，欲拙不欲固，卓然自成其家者也。唐之大家，风斯下矣，其骎骎乎中古而不已矣乎！其泯而不传，将文末之世尔矣乎！"②

---

① （清）刘熙载著，袁津琥笺释：《艺概笺释》卷二《诗概》，中华书局2019年版，第313页。
② （唐）元结著，（明）湛若水校：《元次山集》之《〈元次山集〉序》，明正德十二年（1517）郭勋刻，国家图书馆藏本。

十八　未编年作品

（一）《诗集》。现存元结诗歌，均应来自诗集；其中《诗集序》存目。

考辨：李商隐《容州经略使元结文集后序》："次山有《文编》，有《诗集》，有《元子》，三书皆自为之序。"① 则元结在《文编》《元子》外，另有《诗集》，如三集并行，则《文编》《元子》仅录其文，《诗集》录其诗。明郭勋本中，第一、二卷及第四卷（楚辞体）录其诗歌，可见已非原本。又清芬堂丛书本中有《元次山诗集》二卷，收录诗歌与郭本收录诗歌一致，然无《序》，或该诗集从明本《元次山集》中辑出，并非原本。

（二）《元文后编》。其中《占心经》存目。

考辨：唐李商隐《容州经略使元结文集后序》："自《占心经》已下若干篇，是外曾孙辽东李恽辞收得之，聚为《元文后编》。"② 宋陈振孙《直斋书录解题》："《元次山集》十卷，唐容管经略使河南元结次山撰。蜀本但载自序，江州本以李商隐所作序冠其首。蜀本《拾遗》一卷，《中兴颂》《五规》《二恶》之属皆在焉。"③ 考明郭勋本《元次山集》，其后有拾遗一卷，后虽无《中兴颂》，《五规》《二恶》仍在，则明本当以宋蜀本为底本。江州本以李商隐序冠其首，或依据李恽辞本所编，然已佚，《元文后编》及具体篇目已不可考，仅《占心经》存目。

---

① （唐）李商隐著，刘学锴、余恕诚校注：《李商隐文编年校注》之《未编年文》，中华书局2002年版，第2257页。
② （唐）李商隐著，刘学锴、余恕诚校注：《李商隐文编年校注》之《未编年文》，中华书局2002年版，第2257页。
③ （宋）陈振孙：《直斋书录解题》卷一六，上海古籍出版社2015年版，第471页。

附录一　相关人物之著述

唐故容州都督兼御史中丞本管经略使元君表墓碑铭[1] ［并序］

颜真卿

呜呼！可惜哉元君！君讳结，字次山，皇家忠烈义激文武之直清臣也。盖后魏昭成皇帝孙曰常山王遵之十二代孙，自遵七叶，王公相继，著在惇史。高祖善祎，皇朝尚书都官郎中常山郡公。曾祖仁基，朝散大夫褒信令，袭常山公。祖利贞，霍王府参军，随镇改襄州。父延祖，清净恬俭，历魏成主簿、延唐丞。思闲辄自引去，以鲁县商余山多灵药，遂家焉。及终，门人谥曰太先生，宝应元年追赠左赞善大夫。

君聪悟宏达，倜傥而不羁。十七始知书，乃授学于宗兄先生德秀。常著《说楚赋》三篇，中行子苏源明骇之曰："子居今而作真淳之语，难哉！然世自浇浮，何伤元子？"天宝十二载举进士，作《文编》。礼部侍郎阳浚曰："一第污元子耳，有司得元子是赖。"遂登高第。及羯胡首乱，逃难于猗玕洞，因招集邻里二百余家奔襄阳，元宗异而征之。值君移居瀼溪，乃寝。乾元二年，李光弼拒史思明于河阳，肃宗欲幸河东，闻君有谋略，虚怀召问。君悉陈兵势，献《时议》三篇。上大悦曰："卿果破贼，朕忧遂停。"乃拜君右金吾兵曹，摄监察御史，充山南东道节度参谋，仍于唐、邓、汝、蔡等州招缉义军。山棚高晃等率五千余人，一时归附，大压贼境，于是思明挫锐，不敢南侵。前是泌南战士积骨者，君悉收瘗，刻石立表，命之曰哀邱。将吏感焉，无不勇励。

---

[1] （清）董诰编：《全唐文》卷三四四颜真卿《唐故容州都督兼御史中丞本管经略使元君表墓碑铭并序》，中华书局1983年版，第3494—3496页。

玺书频降，威望日崇。时张瑾杀史翙于襄州，遣使请罪，君为奏闻，特蒙嘉纳，乃真拜君监察，仍授部将张远帆、田瀛等十数人将军。属荆南有专杀者，吕谭为节度使，谭辞以无兵。上曰："元结有兵在泌阳。"乃拜君水部员外郎兼殿中侍御史，充谭节度判官。君起家十月，超拜至此，时论荣之。属道士申泰芝诬湖南防御使庞承鼎谋反，并判官吴子宜等皆被决杀，推官严郢坐流，俾君按覆。君建明承鼎，获免者百余家。及谭卒，淮西节度使王仲昪为贼所擒，裴茂与来瑱交恶，远近危惧，莫敢谁何。君知节度观察使事，经八月，境内晏然。今上登极，节度使留后者例加封邑，君逊让不受，遂归养亲。特蒙褒奖，乃拜著作郎。遂家于武昌之樊口，著《自释》以见意，其略曰："少习静于商余山，著《元子》十卷。兵起，逃难于猗玗洞，著《猗玗子》三篇。将家瀼滨，乃自称浪士，著《浪说》七篇。及为郎，时人以浪者亦漫为官乎，遂见呼为漫郎，著《漫记》七篇。及家樊上，渔者戏谓之聱叟，[阙八字]又以君漫浪于人间，或谓之漫叟。"岁余，上以君居贫，起家为道州刺史。州为西原贼所陷，人十无一，户才满千。君下车，行古人之政，二年间，归者万余家，贼亦怀畏，不敢来犯。既受代，百姓诣阙，请立生祠，仍乞再留。观察使奏课第一，转容府都督兼侍御史本管经略使，仍请礼部侍郎张谓作《甘棠颂》以美之。容府自艰虞以来，所管皆固拒山谷，君单车入洞，亲自抚谕，六旬而收复八州。丁陈郡太夫人忧，百姓诣使请留。大历四年夏四月，拜左金吾卫将军兼御史中丞，管使如故。君矢死陈乞者再三，优诏褒许。七年正月朝京师，上深礼重，方加位秩，不幸遇疾，中使临问者相望。夏四月庚午，薨于永崇坊之旅馆，春秋五十，朝野震悼焉。二子以方、以明，能世其业，名虽著而官未立。以其年冬十一月壬寅，虔葬君于鲁山青岭泉陂原，礼也。

呜呼！君其心古，其行古，其言古，躬是三者，而见重于今。虽拥旄麾幢，总戎于五岭之下；弥纶秉宪，对越于九重之上，不为不遇。然以君之才之德之美，竟不得专政方面，登翼泰阶，而感激者不能不为之太息也。君雅好山水，闻有胜绝，未尝不枉路登览而铭赞之。感中行见知之恩，及亡，至今分宅以恤其子，其不偷也多此类。中书舍人杨炎、常衮皆作碑志，以抒君之志业。故吏大足令刘衮、江华令瞿令问、故将张满、赵温、张协、王进兴等，感念恩旧，皆送哭以终葬；竭资礲石，愿垂美以述诚。真卿不敏，常忝次山风义之末，尚存蠹往，敢废无愧之辞。铭曰：

次山斌斌，王之荩臣。义烈刚劲，忠和俭勤。炳文华国，孔武宁屯。率性方直，秉心真纯。见危不挠，临难遗身。允矣全德，今之古人。奈何清贤，素志莫伸？群士立表，垂声不泯。

新唐书·元结传[①]

欧阳修

元结，后魏常山王遵十五代孙。曾祖仁基，字惟固，从太宗征辽东，以功赐宜君田二十顷，辽口并马牝牡各五十，拜宁塞令，袭常山公。祖亨，字利贞，美姿仪。尝曰："我承王公余烈，鹰犬声乐是习，吾当以儒学易之。"霍王元轨闻其名，辟参军事。父延祖，三岁而孤，仁基敕其母曰："此儿且祀我。"因名而字之。逮长，不仕，年过四十，亲娅强劝之，再调舂陵丞，辄弃官去，曰："人生衣食，可适饥饱，不宜复有所须。"每灌畦掇薪，以为"有生之役，过此吾不思也"。安禄山反，召结戒曰："而曹逢世多故，不得自安山林，勉树名节，无近羞辱"云。卒年七十六，门人私谥曰太先生。

结少不羁，十七乃折节向学，事元德秀。天宝十二载举进士，礼部侍郎阳浚见其文，曰："一第恩子耳，有司得子是赖！"果擢上第。复举制科。会天下乱，沉浮人间。国子司业苏源明见肃宗，问天下士，荐结可用。时史思明攻河阳，帝将幸河东，召结诣京师，问所欲言，结自以始见轩陛，拘忌讳，恐言不悉情，乃上时议三篇。其一曰：

议者问："往年逆贼，东穷海，南淮、汉，西抵函、秦，北彻幽都，丑徒狼扈在四方者几百万，当时之祸可谓剧，而人心危矣。天子独

[①] （宋）欧阳修、宋祁：《新唐书》卷一四三《元结传》，中华书局1975年版，第4681—4686页。

以匹马至灵武，合弱旅，鉏强寇，师及渭西，曾不踰时，摧锐攘凶，复两京，收河南州县，何其易邪？乃今河北奸逆不尽，山林江湖亡命尚多，盗贼数犯州县，百姓转徙，踵系不绝，将士临敌而奔，贤人君子遁逃不出。陛下往在灵武、凤翔，无今日胜兵而能杀敌，无今日检禁而无亡命，无今日威令而盗贼不作，无今日财用而百姓不流，无今日爵赏而士不散，无今日朝廷而贤者思仕，何哉？将天子能以危为安，而忍以未安忘危邪？"对曰："此非难言之。前日天子恨愧陵庙为羯逆伤污，愤怅上皇南幸巴、蜀，隐悼宗戚见诛，侧身勤劳，不惮亲抚士卒，与人权位，信而不疑，渴闻忠直，过弗讳改。此以弱制强，以危取安之繇也。今天子重城深宫，燕和而居；凝冕大昕，缨佩而朝；太官具味，视时而献；太常备乐，和声以荐；国机军务，参筹乃敢进；百姓疾苦，时有不闻；厩刍良马、宫籍美女、舆服礼物、休符瑞谍，日月充备；朝廷歌颂盛德大业，听而不厌；四方贡赋，争上尤异；谐臣颗官，怡愉天颜；文武大臣至于庶官，皆权赏逾望。此所以不能以强制弱，以未安忘危。若陛下视今日之安，能如灵武时，何寇盗强弱可言哉！"

其二曰：

议者曰："吾闻士人共自谋：'昔我奉天子拒凶逆，胜则家国两全，不胜则两亡，故生死决于战，是非极于谏。今吾名位重，财货足，爵赏厚，勤劳已极，外无仇雠害我，内无穷贱迫我，何苦当锋刃以近死，忤人主以近祸乎？'又闻曰：'吾州里有病父老母、孤兄寡妇，皆力役乞丐，冻馁不足，况于死者，人谁哀之？'又闻曰：'天下残破，苍生危窘，受赋与役者，皆寡弱贫独，流亡死徙，悲忧道路，盖亦极矣。天下安，我等岂无畎亩自处？若不安，我不复以忠义仁信方直死矣！'人且如此，奈何？"对曰："国家非欲其然，盖失于太明太信耳。夫太明则见其内情，将藏内情则罔惑生下。能令必信，信可必矣，而太信之中，至奸尤恶之。如此遂使朝廷亡公直，天下失忠信，苍生益冤结。将欲治之，能无端由？吾等议于野，又何所及？"

其三曰：

议者曰："陛下思安苍生，灭奸逆，图太平，劳心悉精，于今四年，说者异之，何哉？"对曰："如天子所思，说者所异，非不知之。凡有诏令丁宁事皆不行，空言一再，颇类谐戏。今有仁恤之令，忧勤之诰，人皆族立党语，指而议之。天子不知其然，以为言虽不行，犹足以劝。彼沮劝，在乎明审均当而必行也。天子能行已言之令，必将来之法，杂徭弊制，拘忌烦令，一切蠲荡，任天下贤士，屏斥小人，然后推仁信威令，谨行不惑。此帝王常道，何为不及？"

帝悦曰："卿能破朕忧。"擢右金吾兵曹参军，摄监察御史，为山南西道节度参谋。募义士于唐、邓、汝、蔡，降剧贼五千，瘗战死露胔于泌南，名曰哀丘。

史思明乱，帝将亲征，结建言："贼锐不可与争，宜折以谋。"帝善之，因命发宛、叶军挫贼南锋，结屯泌阳守险，全十五城。以讨贼功迁监察御史里行。荆南节度使吕谭请益兵拒贼，帝进结水部员外郎，佐谭府。又参山南东道来瑱府，时有父母随子在军者，结说瑱曰："孝而仁者，可与言忠；信而勇者，可以全义。渠有责其忠信义勇而不劝之孝慈邪？将士父母，宜给以衣食，则义有所存矣。"瑱纳之。瑱诛，结摄领府事。会代宗立，固辞，丐侍亲归樊上。授著作郎。益著书，作自释，曰：

河南，元氏望也。结，元子名也。次山，结字也。世业载国史，世系在家谍。少居商余山，著元子十篇，故以元子为称。天下兵兴，逃乱入猗玗洞，始称猗玗子。后家瀼滨，乃自称浪士。及有官，人以为浪者亦漫为官乎，呼为漫郎。既客樊上，漫遂显。樊左右皆渔者，少长相戏，更曰聱叟。彼诮以聱者，为其不相从听，不相钩加，带笭箵而尽船，独聱齖而挥车。酒徒得此，又曰："公之漫其犹聱乎？公守著作，不带笭箵乎？又漫浪于人间，得非聱齖乎？公漫久矣，可以漫为叟。"于戏！吾不从听于时俗，不钩加于当世，谁是聱者，吾欲从之！彼聱叟不惭带乎笭箵，吾又安能薄乎著作？彼聱叟不羞聱齖于邻里，吾又安能惭漫浪于人间？取而醉人议，当以漫叟为称。直荒浪其情性，诞漫其所为，使人知无所存有，无所将待。乃为语曰："能带笭箵，全独而保生；能学聱齖，保宗而全家。聱也如此，漫乎非邪！"

久之，拜道州刺史。初，西原蛮掠居人数万去，遗户裁四千，诸使调发符牒二百函,结以人困甚,不忍加赋,即上言:"臣州为贼焚破,粮储、屋宅、男女、牛马几尽。今百姓十不一在,耄孺骚离,未有所安。岭南诸州,寇盗不尽,得守捉候望四十余屯,一有不靖,湖南且乱。请免百姓所负租税及租庸使和市杂物十三万缗。"帝许之。明年,租庸使索上供十万缗,结又奏:"岁正租庸外,所率宜以时增减。"诏可。结为民营舍给田,免徭役,流亡归者万余。进授容管经略使,身谕蛮豪,绥定八州。会母丧,人皆诣节度府请留,加左金吾卫将军。民乐其教,至立石颂德。罢还京师,卒,年五十,赠礼部侍郎。

元次山居武昌之樊山 [一作上],新春大雪,以诗问之①

孟彦深

江山十日雪,雪深江雾浓。起来望樊山,但见群玉峰。林莺却不语,野兽翻有踪。山中应大寒,短褐何以完 [一作安]。皓气凝书帐,清著钓鱼竿。怀君欲进谒,溪滑渡舟难。

陪元侍御游支硎山寺②

刘长卿

支公去已久,寂寞龙华会。古木闲空山,苍然暮相对。林峦非一状,水石有余态。密竹藏晦明,群峰争向背。峰峰带落日,步步入青霭。香气空翠中,猿声暮云外。留连南台客,想象西方内。因逐溪水还,观心两无碍。〔按:杨世明以为元侍御为元载。〕

赠元容州③

刘长卿

拥旄临合浦,上印卧长沙。海徼长无戍,湘山独种畲。政传通岁

---

① (清)彭定求等编:《全唐诗》卷一九六《孟彦深》,中华书局1960年版,第2011页。
② (唐)刘长卿撰,杨世明校注:《刘长卿集编年校注》,人民文学出版社1999年版,第103页。
③ (唐)刘长卿撰,杨世明校注:《刘长卿集编年校注》,人民文学出版社1999年版,第335—336页。

贡，才惜过年华。万里依孤剑，千峰寄一家。累征期旦暮，未起恋烟霞。避世歌芝草，休官醉菊花。旧游如梦里，此别是天涯。何事沧波上，漂漂逐海槎。

送元侍御还荆南幕府①
李嘉祐

迢递荆州路，山多水又分。霜林澹寒日，朔［一作故，一作朝］雁蔽南云。八座由持节，三湘亦置军。自当行直指，应不为功勋。

送元二适江左②
杜甫

［黄鹤编在广德元年，今姑仍之。朱注：《王右丞集》有《送元二适安西》诗，疑即此人。旧注以元二为元结，钱笺辩其谬误。考本传，结未尝至蜀，亦未尝适江左也。］〔经考证，元曾至蜀，亦曾至江左，本诗中元二即元结。〕

乱后今相见，秋深复［扶又切］远行。风尘为客日，江海送君情。晋室丹阳尹，公孙白帝城。经过自爱惜，取次莫论［平声］兵。

同元使君舂陵行③［有序］
［鹤注：此当大历二年在夔州作。］

览道州元使君结《舂陵行》兼《贼退后示官吏作》二首，志之曰：当天子分忧之地，效汉官［旧作朝］良吏之目［一作日］。今盗贼未息，知民疾苦，得结辈十数公，落落然参错天下为邦伯，万物吐［晋作姓壮］气，天下小［一作少］安可待矣［一作已］。不意复［扶又切］见比兴［去声］体制，微婉顿挫之词，感而有诗，增诸卷轴，简知我者，不必寄元［晋作云］。

---

① （清）彭定求等编：《全唐诗》卷二〇六《李嘉祐》，中华书局1960年版，第2157页。
② （唐）杜甫著，（清）仇兆鳌注：《杜诗详注》卷一二《送元二适江左》，中华书局1979年版，第1032—1033页。
③ （唐）杜甫著，（清）仇兆鳌注：《杜诗详注》卷一九《同元使君舂陵行》，中华书局1979年版，第1691—1694页。

遭乱发尽［一作遽］白，转衰病相婴［一作萦］。沉绵盗贼际，狼狈江汉行。叹时药力薄，为客赢瘵成。吾人诗家秀［一作流］，博采世上名。粲粲元道州，前圣畏后生。观乎舂陵作，欻见俊哲情。复［扶又切］览贼退篇，结也实国桢。贾谊昔流恸，匡衡尝引经。道州忧［一作哀］黎庶，词气浩纵［平声］横。两章对秋月［一作水］，一字偕［一作皆］华星。致君唐虞际，淳［一作纯］朴忆［一作意］大庭。何时降玺书，用尔为丹青。狱讼永［一作久］衰息，岂惟偃甲兵。凄恻念诛求，薄敛近休明。乃知正人意，不苟飞长缨。凉飙振南岳，之子宠若惊。色沮［一作阻］金印大，兴［去声］含沧浪［一作溟］清。我多长［子两切］卿病，日夕思［去声］朝［音潮］廷。肺枯渴太甚，漂泊公孙城。呼儿具纸笔，隐（去声）几临轩楹。作诗呻吟内，墨淡字敧倾。感彼危苦词，庶几［平声］知者听［平声］。

复游浯溪①

元友让

元友让，元结子，见《永州志》。按元结集载，长子友直，次子友正，此盖其幼子也。诗一首。

昔到才三岁，今来鬓已苍。剥苔看篆字，薙草觅书堂。引客登台上，呼童扫树旁。石渠疏拥水，门径剧丛篁。田地潜更主，林园尽废荒。悲凉问耆耋，疆界指垂杨。

后浯溪铭②

王邕，天宝间进士，官金部郎中。

岿然峿台，枕于祁阳。迥然楚方，临于潇湘。孤标一峰，不止百尺。嵯峨巨峻，□洁堪砺。英才别业，雅有儒风。河南元公，高卧其

---

① （清）彭定求等编：《全唐诗》卷二五八《元友让》，中华书局1960年版，第2881—2882页。
② （清）董诰编：《全唐文》卷三五六王邕《后浯溪铭》，中华书局1983年版，第3616—3617页。

中。位为独坐，人不知贵。兴惬兹地，心闲胜事。松花对偃，薜叶交垂。凿巇作逵，因泉涨池。乃构竹亭，乃葺茅宇。群书当户，灵药映圃。嘉宾驻舟，爱子能文。弄琴对云，酒熟兰熏。何必磻溪，方可学钓。何必衡峤，方可长啸。我牧此郡，契于幽寻。刻铭山岑，敢告烟林。

修浯溪记①

韦辞

元公再临道州，有妪伏活乱之恩，封部歌吟，旁浃于永。故去此五十年，而俚俗犹知敬慕。凡琴堂水斋，珍植嘉卉，虽欹倾荒翳，终樵采不及焉。仁声之感物也如此。今年春，公季子友让，以逊敏知治术，为观察使袁公所厚，用前宝鼎尉假道州长史。路出亭下，维舟感泣，以简书程责之不遑也。乃罄撤资俸，托所部祁阳长豆卢［阙六字］归喜获私尚。会余亦以恩例自道州司马移佐江州，帆风楫流相［阙六字］毕宝鼎竦然曰："兹亭创治之始，既铭于崖侧矣。至于水石之秀，赋咏所及，则家集存焉。然自空阒，时余四纪，士林经过，篇翰相属。今圬墁移旧，手笔亡矣，将编于左方，用存此亭故事。既适相会，盍为志焉！"余嘉其损约贫寓，而能以章复旧志为急，思有以白之，故不得用质俚辞命。元和十三年十二月六日，江州员外司马韦辞记。

---

① （清）董诰编：《全唐文》卷七一七韦辞《修浯溪记》，中华书局1983年版，第7373页。

附录二 主要参考文献

B

（汉）班固：《汉书》，中华书局1962年版。

（元）白珽：《湛渊静语》卷二，文渊阁四库全书本。

北京语言学院《中国文学家辞典》编委会：《中国文学家辞典》，四川人民出版社1978年版。

北京大学古文献研究所编：《全宋诗》，北京大学出版社1998年版。

卞孝萱：《刘禹锡年谱》，中华书局1963年版。

不著撰人：《大唐传载》，《四库全书》本，上海古籍出版社1987年版。

C

（宋）晁公武撰，孙猛校证：《郡斋读书志校证》，上海古籍出版社2011年版。

（宋）晁公武撰：《郡斋读书志》，清嘉庆二十四年（1819）汪氏艺芸书舍刻本。

（宋）陈思纂次：《宝刻丛编》，浙江古籍出版社2012年版。

（宋）陈振孙：《直斋书录解题》，上海古籍出版社2015年版。

（清）陈运溶辑：《麓山精舍丛书》，岳麓书社2008年版。

（清）陈运溶纂：《湘城访古录》《湘城遗事记》，岳麓书社2009年版。

蔡镇楚编：《中国诗话珍本丛书》，北京图书馆出版社2004年版。

岑仲勉：《金石论丛》，上海古籍出版社1981年版。

岑仲勉：《郎官石柱题名新考证》，上海古籍出版社 1984 年版。

岑仲勉：《唐人行第录》，上海古籍出版社 1978 年版。

陈伯海：《唐诗汇评》，浙江教育出版社 1995 年版。

陈伯海主编：《历代唐诗论评选》，河北大学出版社 2003 年版。

陈尚君：《唐代文学丛考》，中华书局 1992 年版。

陈尚君辑校：《全唐诗补编》，中华书局 1992 年版。

陈贻焮：《增订注释全唐诗》，文化艺术出版社 2001 年版。

陈正祥：《中国文化地理》，生活·读书·新知三联书店 1983 年版。

程千帆：《唐代进士行卷与文学》，上海古籍出版社 1980 年版。

D

（唐）独孤及：《毗陵集校注》，辽海出版社 2006 年版。

（唐）杜甫撰，（清）钱谦益笺注：《杜工部集》，清康熙六年（1667）季氏静思堂刻本，天津图书馆藏。

（唐）杜甫撰，（清）仇兆鳌注：《杜诗详注》，中华书局 1979 年版。

（唐）杜甫撰，（清）杨伦笺注：《杜诗镜铨》，上海古籍出版社 1998 年版。

（唐）杜佑：《通典》，中华书局 1988 年版。

（唐）段成式：《酉阳杂俎》，中华书局 1981 年版。

（宋）戴侗：《六书故》，上海古籍出版社 1987 年版。

（清）邓显鹤编纂：《沅湘耆旧集》，岳麓书社 2007 年版。

（清）邓显鹤编纂：《资江耆旧集》，岳麓书社 2010 年版。

（清）董浩等编纂：《全唐文》，中华书局 1983 年版。

（清）董作栋、武亿修纂：《鲁山县志》，嘉庆元年（1796）刻本。《中国地方志集成·河南府县志辑》，上海书店出版社 2013 年版。

戴伟华：《唐方镇文职僚佐考》，天津古籍出版社 1994 年版。

丁凤云：《翰墨忠烈颜真卿》，中华书局 1998 年版。

丁福保辑：《历代诗话续编》，中华书局 1983 年版。

丁如明辑：《开元天宝遗事十种》，上海古籍出版社 1985 年版。

F

（刘宋）范晔：《后汉书》，中华书局 1965 年版。

（唐）范摅：《云溪友议》，古典文学出版社 1957 年版。

（唐）房玄龄：《晋书》，中华书局 1974 年版。

（唐）封演撰，赵贞信校注：《封氏闻见记校注》，中华书局 2005 年版。

（宋）范致明：《岳阳风土记》，成文出版社 1976 年版。

方志远等点校：《大明一统志》，巴蜀书社 2017 年版。

傅角今编著，雷树德校点：《湖南地理志》，湖南教育出版社 2008 年版。

傅璇琮：《唐代科举与文学》，陕西人民出版社 1986 年版。

傅璇琮：《唐代诗人丛考》，中华书局 2003 年版。

傅璇琮编：《唐人选唐诗新编》，陕西人民教育出版社 1996 年版。

傅璇琮主编：《唐五代文学编年史》，辽海出版社 1998 年版。

G

（唐）高仲武编：《中兴间气集》，台湾商务印书馆 1983 年版。

（明）高棅编纂：《唐诗品汇》，中华书局 2015 年版。

（明）顾璘：《唐音评注》，河北大学出版社 2006 年版。

桂多荪：《浯溪志》，湖南人民出版社 2004 年版。

郭沫若主编：《中国史稿地图集》，中国地图出版社 1996 年版。

H

（唐）韩愈著，刘真伦、岳珍校注：《韩愈文集汇校笺注》，中华书局 2010 年版。

（唐）韩愈撰，马其昶校注：《韩昌黎文集校注》，上海古籍出版社 1986 年版。

（唐）韩愈撰，钱仲联集释：《韩昌黎诗系年集释》，上海古籍出版社 1984 年版。

（宋）洪迈：《容斋随笔》，中华书局2005年版。

（宋）胡仔：《苕溪渔隐丛话》，人民文学出版社1993年版。

（明）何良俊撰：《四友斋丛说》，中华书局1959年版。

（明）胡应麟：《诗薮》，上海古籍出版社1979年版。

（明）胡震亨：《唐音癸签》，上海古籍出版社1981年版。

（宋）黄庭坚撰，刘琳等校点：《黄庭坚全集》，四川大学出版社2001年版。

（清）和珅：《大清一统志》，上海古籍出版社1987年版。

（清）何文焕：《历代诗话》，中华书局1981年版。

（清）胡复初修纂：《大冶县志》，嘉庆（1796—1820）刻本。

（清）胡渭：《禹贡锥指》，上海古籍出版社1987年版。

［日］河世宁纂辑：《全唐诗逸》，中华书局1985年版。

黄丽容：《元结山水散文及创作理论》，秀威资讯科技股份有限公司2006年版。

J

（唐）皎然撰，李壮鹰校注：《诗式校注》，人民文学出版社2003年版。

（宋）计有功：《唐诗纪事》，中华书局1965年版。

（宋）计有功撰，王仲镛校笺：《唐诗纪事校笺》，中华书局2007年版。

K

（唐）康骈：《剧谈录》，古典文学出版社1958年版。

孔令纪等主编：《中国历代官制》，齐鲁书社1993年版。

L

（汉）刘熙撰，（清）毕沅疏证，（清）王先谦补：《释名疏证补》，中华书局2008年版。

（北魏）郦道元著，陈桥驿校证：《水经注校证》，中华书局 2007 年版。

（北魏）郦道元撰，王国维校：《水经注校》，上海人民出版社 1984 年版。

（南朝）刘勰撰，范文澜注：《文心雕龙注》，人民文学出版社 1958 年版。

（南朝）刘勰撰，杨明照校注：《订增文心雕龙注》，中华书局 2000 年版。

（唐）李白撰，（清）王琦注：《李太白全集》，中华书局 1977 年版。

（唐）李白撰，安旗等编年注释：《李太白全集编年注释》，巴蜀书社 1990 年版。

（唐）李百药：《北齐书》，中华书局 1972 年版。

（唐）李吉甫：《元和郡县图志》，中华书局 1983 年版。

（唐）李林甫等撰：《唐六典》，中华书局 1992 年版。

（唐）李商隐：《樊南文集》，上海古籍出版社 1988 年版。

（唐）李商隐著，刘学锴、余恕诚校注：《李商隐文编年校注》，中华书局 2002 年版。

（唐）李商隐撰，（清）冯浩笺注，蒋凡标点：《玉溪生诗集笺注》，上海古籍出版社 1998 年版。

（唐）李商隐撰，刘学锴、余恕诚集解：《李商隐诗歌集解》，中华书局 1988 年版。

（唐）李商隐撰，叶葱奇疏注：《李商隐诗集疏注》，人民文学出版社 1985 年版。

（唐）李延寿：《北史》，中华书局 1974 年版。

（唐）李延寿：《南史》，中华书局 1975 年版。

（唐）李肇：《唐国史补》，上海古籍出版社 1979 年版。

（唐）林宝撰，岑仲勉校记，郁贤皓等整理：《元和姓纂附四校记》，中华书局 1994 年版。

（唐）令狐德棻等：《周书》，中华书局 1971 年版。

（唐）刘肃：《大唐新语》，中华书局 1984 年版。

（唐）刘禹锡撰，卞孝萱校订：《刘禹锡集》，中华书局 1990 年版。

（唐）刘禹锡撰，蒋维崧等笺注：《刘禹锡诗集编年笺注》，山东大学出版社 1997 年版。

（唐）刘禹锡撰，瞿蜕园笺证：《刘禹锡集笺证》，上海古籍出版社 1989 年版。

（唐）刘禹锡撰，陶敏等校注：《刘禹锡全集编年校注》，岳麓书社 2003 年版。

（唐）刘长卿著，储仲君笺注：《刘长卿诗编年笺注》，中华书局 1996 年版。

（唐）刘禹锡撰，杨世明校注：《刘长卿集编年校注》，人民文学出版社 1999 年版。

（唐）刘长卿：《刘随州文集》，上海书店 1989 年版。

（唐）刘知几：《史通》，中华书局 1961 年版。

（唐）柳宗元：《柳宗元集》，中华书局 1979 年版。

（唐）柳宗元撰，王国安笺释：《柳宗元诗集笺释》，上海古籍出版社 1993 年版。

（唐）柳宗元撰，温绍堃集评：《柳宗元诗歌笺释集评》，中国国际广播出版社 1994 年版。

（唐）吕温：《吕衡州文集》，《丛书集成本》，商务印书馆 1935 年版。

（后晋）刘昫等：《旧唐书》，中华书局 1975 年版。

（宋）李昉等编：《太平广记》，中华书局 1961 年版。

（宋）李昉等辑：《文苑英华》，北京图书馆出版社 2006 年版。

（宋）刘克庄：《后村诗话》，中华书局 1983 年版。

（明）李贤等：《明一统志》，上海古籍出版社 1987 年版。

（明）陆楫：《古今说海》，《四库全书》本，上海古籍出版社 1987 年版。

（明）陆容撰：《菽园杂记》，中华书局 1985 年版。

（清）劳格、赵钺撰，徐敏霞、王桂珍点校：《唐尚书省郎官石柱题名考》，中华书局1992年版。

（清）李瀚章、（清）裕禄等编纂：《光绪湖南通志》，岳麓书社2009年版。

（清）刘熙载著，袁津琥笺释：《艺概笺释》，中华书局2019年版。

（清）刘献廷撰，汪北平等点校：《广阳杂记》，中华书局1957年版。

（清）李镜蓉、盛赓修纂：《道州志》，清光绪三年（1877）刻本。

（清）陆耀遹：《金石续编》，艺文印书馆1976年版。

（清）陆增祥：《八琼室金石补正》，国家图书馆善本金石组编《隋唐五代石刻全编》，北京图书馆出版社2003年版。

（清）吕肃高修，（清）张雄图、（清）王文清纂：《乾隆长沙府志》，岳麓书社2008年版。

李德辉：《唐代交通与文学》，湖南人民出版社2003年版。

李花蕾、张京华：《湖南地方文献与摩崖石刻研究》，华东师范大学出版社2011年版。

李建昆：《元次山之生平及其文学》，台湾商务印书馆1980年版。

李希泌主编，毛华轩等编：《唐大诏令集补编》，上海古籍出版社2003年版。

刘俊文撰：《唐律疏议笺解》，中华书局1996年版。

芦荻、朱帆：《刘禹锡及其作品》，时代文艺出版社1985年版。

鲁迅：《中国小说史略》，上海古籍出版社1998年版。

逯立钦辑校：《先秦汉魏晋南北朝诗》，中华书局1958年版。

罗尔纲：《金石萃编校补》，中华书局2003年版。

M

（唐）孟浩然撰，佟培基笺注：《孟浩然诗集笺注》，上海古籍出版社2005年版。

（唐）孟浩然撰，徐鹏校注：《孟浩然集校注》，中华书局1997年版。

（唐）孟郊撰，华忱之校注：《孟郊诗集校注》，人民文学出版社1995年版。

（元）马端临撰：《文献通考》，明嘉靖三年（1524）司礼监刻，国家图书馆藏本。

（清）迈柱监修，夏力恕等编纂：《湖广通志》，《四库全书》本，上海古籍出版社1987年版。

马蓉等点校：《永乐大典方志辑佚》，中华书局2004年版。

梅新林：《中国古代文学地理形态与演变》，复旦大学出版社2006年版。

N

聂文郁：《元结诗解》，陕西人民出版社1984年版。

O

（唐）欧阳询编：《艺文类聚》，中华书局1959年版。

（宋）欧阳忞：《舆地广记》，四川大学出版社2003年版。

（宋）欧阳修、宋祁等：《新唐书》，中华书局1975年版。

（宋）欧阳修：《欧阳修全集》，中华书局2001年版。

P

（清）彭定求等辑：《全唐诗》，中华书局1960年版。

Q

（唐）权德舆撰，蒋寅笺，唐元校，张静注：《权德舆诗文集编年校注》，辽海出版社2013年版。

R

（宋）阮阅：《诗话总龟》，人民文学出版社1987年版。

S

（汉）司马迁：《史记》，中华书局1959年版。

（梁）沈约：《宋书》，中华书局1974年版。

（唐）沈亚之撰，肖占鹏、李勃洋校注：《沈下贤集校注》，南开大学出版社2003年版。

（唐）释道世撰，周叔迦、苏晋仁校注：《法苑珠林校注》，中华书局2003年版。

（五代）孙光宪：《北梦琐言》，中华书局2002年版。

（宋）邵博：《邵氏闻见后录》，中华书局1983年版。

（宋）司马光编著，（元）胡三省音注：《资治通鉴》，中华书局1956年版。

（宋）宋敏求编：《唐大诏令集》，中华书局2008年版。

（明）谢榛：《四溟诗话》，人民文学出版社1996年版。

（清）沈德潜：《唐诗别裁集》，上海古籍出版社1979年版。

（清）孙希旦撰：《礼记集解》，中华书局1989年版。

尚永亮：《唐五代逐臣与贬谪文学研究》，武汉大学出版社2007年版。

沈起炜：《中国历史大事年表》，上海辞书出版社1983年版。

施子愉：《柳宗元年谱》，湖北人民出版社1958年版。

史念海：《唐代历史地理研究》，中国社会科学出版社1998年版。

孙昌武：《唐代古文运动通论》，百花文艺出版社1984年版。

孙望：《元次山年谱》，上海古典文献出版社1957年版。

孙望：《蜗叟杂稿》，上海古籍出版社1982年版。

T

（宋）谈钥：《嘉泰吴兴志》，宋元方志丛书，大化书局1987年版。

（明）唐汝询：《唐诗解》，河北大学出版社2001年版。

（清）同德斋主人编：《广湖南考古略》，湖南教育出版社2010年版。

［日］藤原佐理：《海阳泉帖》，《三国笔海全书》，大阪市立图书馆藏本。

谭其骧主编：《中国历史地图集》，中国地图出版社1982年版。

陶敏：《全唐诗人名汇考》，辽海出版社2006年版。

W

（北齐）魏收：《魏书》，中华书局1974年版。

（唐）王昌龄撰，李云逸注：《王昌龄诗注》，上海古籍出版社1984年版。

（唐）王维撰，陈铁民校注：《王维集校注》，中华书局1997年版。

（唐）韦应物撰，孙望校笺：《韦应物诗集系年校笺》，中华书局2002年版。

（唐）魏征等：《隋书》，中华书局1973年版。

（五代）王定保：《唐摭言》，中华书局1985年版。

（五代）王仁裕等撰，丁如明辑校：《开元天宝遗事十种》，上海古籍出版社1985年版。

（宋）王存撰：《元丰九域志》，中华书局1984年版。

（宋）王谠撰，周勋初校证：《唐语林校证》，中华书局2008年版。

（宋）王观国：《学林》，中华书局1988年版。

（宋）王溥：《唐会要》，中华书局1960年版。

（宋）王钦若等编：《册府元龟》，凤凰出版社2006年版。

（宋）王象之：《舆地纪胜》，中华书局1992年版。

（宋）王象之编著，赵一生点校：《舆地碑记目》，浙江古籍出版社2012年版。

（宋）王应麟辑：《玉海》，广陵书社2003年版。

（宋）魏庆之：《诗人玉屑》，上海古籍出版社1978年版。

（宋）吴曾：《能改斋漫录》，上海古籍出版社1979年版。

（清）王昶撰：《金石萃编》（四库全书本），上海古籍出版社1986年版。

（清）王先谦辑：《湖南全省掌故备考》，岳麓书社2009年版。

（清）王先谦撰：《荀子集解》，中华书局1988年版。

（清）王雍修纂：《鲁山县志》，康熙三十三年（1694）本，鲁山地方史志编纂委员会2001年再版。

（清）翁方纲：《石洲诗话》，人民文学出版社1981年版。

（民国）王国维撰，彭林整理：《观堂集林·观堂别集》，河北教育出版社2001年版。

万曼：《唐集叙录》，中华书局1980年版。

汪辟疆辑：《唐人小说》，上海古籍出版社1978年版。

王水照编：《历代文话》，复旦大学出版社2007年版。

王运熙、杨明：《隋唐五代文学批评史》，上海古籍出版社1996年版。

王重民、孙望等辑：《全唐诗外篇》，中华书局1982年版。

吴钢主编：《全唐文补遗》（第六辑），三秦出版社1999年版。

吴钢辑：《全唐文补遗·千唐志斋新藏专辑》，三秦出版社2006年版。

吴汝煜：《唐五代文人交往诗索引》，上海古籍出版社1993年版。

吴树平、吴宁欧：《隋唐五代墓志汇编》，天津古籍出版社2009年版。

吴廷燮：《唐方镇年表》，中华书局1980年版。

吴文治：《中国文学史大事年表》，黄山书社1987年版。

吴文治：《柳宗元资料汇编》，中华书局1997年版。

吴文庆：《一代英杰——颜真卿》，内蒙古人民出版社2004年版。

X

（汉）许慎著，臧克和等校订：《说文解字新订》，中华书局2002年版。

（唐）萧颖士著，黄大宏、张晓芝校笺：《萧颖士集校笺》，中华书局2017年版。

（元）辛文房撰，傅璇琮等校笺：《唐才子传校笺》，中华书局1987—1995年版。

（元）辛文房撰，孙映逵校注：《唐才子传校注》，中国社会科学出版社1991年版。

（元）辛文房撰，徐明霞校点：《唐才子传》，辽宁教育出版社1998年版。

（元）辛文房撰，周绍良笺证：《唐才子传笺证》，中华书局2010年版。

（明）徐弘祖著，褚绍唐、吴应寿整理：《徐霞客游记》，上海古籍出版社1987年版。

（清）徐保龄、嵇有庆等修：《零陵县志》，国家图书馆藏清光绪二年刻本。

（清）徐松撰，赵守俨点校：《登科记考》，中华书局1984年版。

（清）徐松撰，孟二冬补正：《登科记考补正》，中华书局2019年版。

肖献军：《唐代湖湘客籍文人年谱》，中国社会科学出版社2017年版。

薛国屏：《中国古今地名对照表》，上海辞书出版社2010年版。

Y

（唐）颜真卿：《颜鲁公文集》，上海书店1989年版。

（唐）颜真卿：《颜真卿书法全集》，天津人民美术出版社2009年版。

（唐）颜真卿：《颜真卿书大唐中兴颂》，北京古籍出版社1992年版。

（唐）姚汝能：《安禄山事迹》，中华书局2006年版。

（唐）殷璠辑：《河岳英灵集》，北京图书馆出版社2002年版。

（唐）元结著，（明）湛若水校：《元次山集》，明正德十二年（1517）郭勋刻，国家图书馆藏本。

（唐）元结著：《元次山集》，北京大学图书馆藏王国维批点四部丛刊本，上海商务印书馆1919年版。

（唐）元结著，孙望校：《元次山集》，中华书局1960年版。

（唐）元稹著：《新编元稹集》，三秦出版社2015年版。

（宋）姚宽撰：《西溪丛语》，中华书局1993年版。

（宋）叶梦得撰：《避暑录话》，国家图书馆藏明崇祯汲古阁本。

（宋）乐史：《太平寰宇记》，中华书局1999年版。

（宋）袁枢撰：《通鉴纪事本末》，中华书局2015年版。

（明）姚卿、孙铎修纂：《鲁山县志》，明嘉靖三十一年（1552）刻，宁波天一阁藏本。

（明）袁中道著，钱伯诚点校：《珂雪斋集》，上海古籍出版社1989年版。

（清）杨楚枝修：《连州志》，故宫珍本丛刊（第171册）影印清乾隆三十六年（1771）刊本，海南出版社2001年版。

（清）姚诗德、郑桂星修，（清）杜贵墀编纂：《巴陵县志》，岳麓书社2008年版。

（清）永瑢等：《四库全书总目提要》，中华书局1965年版。

杨承祖：《元结研究》，台湾国立编译馆2002年版。

严耕望：《唐代交通图考》，上海古籍出版社2007年版。

严可均辑：《全上古三代秦汉三国六朝文》，中华书局1958年版。

郁贤皓、胡可先：《唐九卿考》，中国社会科学出版社2003年版。

郁贤皓：《李白丛考》，陕西人民出版社1982年版。

郁贤皓：《唐刺史考》，江苏古籍出版社1987年版。

袁珂校注：《山海经校注》，上海古籍出版社1980年版。

Z

（唐）张彦远：《法书要录》，刘石校点，辽宁教育出版社1998年版。

（唐）张彦远：《历代名画记》，中华书局1985年版。

（唐）张鷟：《朝野金载》，《丛书集成初编》本，中华书局 1985 年版。

（唐）赵璘：《因话录》，上海古籍出版社 1979 年版。

（唐）郑处诲：《明皇杂录》，中华书局 1994 年版。

（唐）朱景玄撰，温肇桐注：《唐朝名画录》，四川美术出版社 1985 年版。

（宋）祝穆撰，（宋）祝洙增订：《方舆胜览》，中华书局 2003 年版。

（宋）曾慥辑，缪荃孙校：《类说》卷七《诸山记》，明天启六年（1626）刻，国家图书馆藏本。

（宋）张君房：《云笈七签》，中华书局 2003 年版。

（宋）赵明诚撰，金文明校证：《金石录校证》，中华书局 2019 年版。

（宋）赵明诚撰，金文明校证：《金石录校证》，广西师范大学出版社 2005 年版。

（宋）周去非著，杨武泉校注：《岭外代答校注》，中华书局 1999 年版。

（宋）郑樵撰，王树民点校：《通志二十略》，中华书局 1995 年版。

（宋）郑樵撰：《通志二十略》，明正德（1506—1521）陈宗夔刻本。

（宋）朱长文：《吴郡图经续记》，江苏古籍出版社 1999 年版。

（宋）朱长文辑，薛晨校注：《墨池编》，李荷永和堂明隆庆二年（1568）本。

（宋）赵令畤：《侯鲭录》，中华书局 2002 年版。

（明）朱国祯撰，王根林校点：《涌幢小品》，上海古籍出版社 2012 年版。

（清）张大煦等修：《宁远县志》，台湾成文出版社影印光绪元年刊本 1975 年版。

曾枣庄、刘琳主编：《全宋文》，上海辞书出版社、安徽教育出版社 2006 年版。

詹锳：《李白诗文系年》，人民文学出版社1984年版。

张采田：《玉溪生年谱会笺》，上海古籍出版社1983年版。

张京华等：《湖南朝阳岩石刻考释》，中国社会科学出版社2018年版。

张守富：《颜真卿志》，山东人民出版社2009年版。

张燕瑾、吕薇芬主编：《隋唐五代文学研究》，北京出版社2001年版。

张忱石撰：《唐尚书省郎官石柱题名考补考》，中华书局2018年版。

中华书局编辑部编：《文史》（第六辑），中华书局1979年版。

周绍良、赵超主编：《唐代墓志汇编续集》，上海古籍出版社2001年版。

周绍良主编：《唐代墓志汇编》，上海古籍出版社1992年版。

周玉华：《元结潇湘诗文研究》，汕头大学出版社2018年版。

周祖譔：《中国文学家大辞典》，中华书局1992年版。

朱关田：《唐代书法家年谱》，江苏教育出版社2001年版。

朱关田：《颜真卿年谱》，西泠印社出版社2008年版。

后　　记

　　年谱的编订是极为枯燥的工作，在我完成《唐代湖湘客籍文人年谱》后，原本是打算研究《唐代湖湘本土文人年谱》，毕竟这样更具系统性，但至今还没有动笔，也不知今后还是否有勇气和精力重新拾起这项工作。但我却在不知不觉中完成了元结年谱的修订，看着眼前完结的书稿，不禁感慨万分，想去干的事情有时偏难以完成，原本不打算做的事情如今却完成了，这或许与元结的人格魅力相关。

　　当然，在修订《元次山年谱》的过程中，并不尽是枯燥，也有不少开心的事。为了确定元结诗文创作地点，我和夫人进行了大量实地考察，我们先后去过湖南永州、郴州，广东连州，广西梧州、玉林，河南汝州，江西九江，湖北黄石、武汉等地。元结走过之地，我们基本上跑遍了，在对元结生平经历获得感性认识的同时，也感受到了当地的奇山异水与风土人情。即便长时间伏于案牍之上，当某个问题得以释疑时，内心获得的愉悦也是他人难以体会的。

　　对于我而言，研究元结有近地之利，也在我专业研究范围之内，但年谱的编订毕竟是项复杂的工作，牵涉方方面面，如版本学、目录学、金石学、文字学、史学等我专业范围之外的知识也或多或少会涉及。虽然近年来我在尽量弥补知识结构上的缺陷，但受精力之限制，仍不尽如人意，因而在编订年谱过程中难免会出现各种失误，故内心甚为惶恐，期待大方之家批评指正。

　　在本书即将出版之际，感谢我的导师赵晓岚先生一直以来对我学

后　记

术上的关怀，感谢所有对我有过帮助的老师及学界的前辈，感谢中国社会科学出版社的宋燕鹏编审及其他工作人员，还有我的家人，是你们支持激励着我前进。

肖献军于湘科院桂园
2022 年 5 月